A E
_&_ I

Los crímenes de Bartow

Autores Españoles e Iberoamericanos

Óscar Vela Descalzo

Los crímenes de Bartow

© Oscar Vela Descalzo, 2021
© Editorial Planeta Colombiana S. A., 2021
    Calle 73 n.º 7-60, Bogotá
    www.planetadelibros.com.co

Imagen de la página 187: archivo del autor
Diseño de la colección: © Compañía

Departamento de Diseño Grupo Planeta Colombia

Primera edición: agosto de 2021
Segunda edición: septiembre de 2021

ISBN 13: 978-958-42-9581-1
ISBN 10: 958-42-9581-0

Impreso por: Editorial Nomos S.A.
Impreso en Colombia − *Printed in Colombia*

CONTENIDO

Primera parte. Un cuádruple homicidio 13

Centennial Boulevard, Bartow 15
Los crímenes 24
Siete meses antes 35
El corredor de la muerte 42
Cold Case 64
El milagro de Ray. 81
El secuestro de Nelson Serrano 91

Segunda parte. El juicio 103

Discovery 105
El documental de CBS 116
Testimonios I 122
Testimonios II. 139
La imposible línea de tiempo. 164

Tercera parte. Los recursos. 183

Crónica de una infamia 185
¿Escribir una novela
o colaborar en la defensa? 201
Un triste peregrinaje 205
Nuevas esperanzas. 211
Un año fatal 219

Cuarta parte. Se acerca el final. 237

Correspondencia con la prisión. 239
Huele a muerte 272
Un asesino en serie 276
¿Un nuevo y sorpresivo sospechoso? 285
El final de esta historia 310

Epílogo. 329

Álbum fotográfico 337

Gracias... 341

A Stefi, compañera y cómplice en este nuevo viaje.

*A Óscar Andrés, Felipe, Julia e Ignacio,
que empiezan a descubrir el lado más oscuro de la humanidad.*

No hay ficción tan horrorosa
como la vida.

JOYCE CAROL OATES

Todos estamos rotos,
así es como entra la luz.

ERNEST HEMINGWAY

UN CUÁDRUPLE HOMICIDIO

CENTENNIAL BOULEVARD, BARTOW

La historia que me dispongo a contar empezó en esta calle, Centennial Boulevard, el 3 de diciembre de 1997, un día que sería fatal para varios de los habitantes de Bartow, la pequeña y desangelada población ubicada en el condado de Polk, centro del estado de Florida, en los Estados Unidos de América.

Nuestro viaje en automóvil había comenzado tres horas antes en Sarasota, una luminosa ciudad costera del suroeste del mismo estado. Francisco Serrano, un hombre de raíces latinas, bajo y robusto, de piel blanca, pelo lacio y mirada transparente, que acaba de cumplir cincuenta y cinco años, condujo nuestro automóvil hasta aquí. Él conoce, como pocos, lo que sucedió alrededor de estos crímenes y sus enredados detalles, y también conoce bien la historia que se cierne sobre el condado de Polk y su mítica xenofobia vinculada desde hace varias generaciones al Ku Klux Klan. De hecho, Francisco y su familia han sentido de cerca el racismo que impera en el centro de Florida, un lugar en el que aún hay una silenciosa pero intensa presencia del grupo supremacista.

Francisco fue uno de los sospechosos iniciales del crimen, pero en medio de las investigaciones quedó liberado de toda responsabilidad. A pesar de su exculpación, como veremos a lo largo de esta historia, se convirtió en una de las víctimas colaterales.

Precisamente una de las razones por la que Francisco nos acompaña a mi esposa, Stefanie, y a mí en este viaje es porque trabajó durante siete años en la empresa Erie Manufacturing, en cuyas oficinas, hace veinte y dos años, aproximadamente a las cinco y media de la tarde, se cometieron los peores crímenes de la historia reciente de Polk.

Además de haber trabajado en este lugar, Francisco tiene otra razón poderosa para estar aquí esta tarde con nosotros. Esa razón es la que nos ha traído a este sitio para reconocer la escena de los crímenes e intentar recrear los hechos que concluyeron en una tragedia con cuatro personas asesinadas de forma brutal y varias víctimas colaterales de un caso turbio e intrincado.

Años atrás, la narración de los eventos llegó a mí por notas de prensa y por un par de documentales que se produjeron sobre la tragedia. Cuando empecé la investigación, por un encuentro casual con un amigo y colega de profesión, el abogado Eduardo Pólit, supe que este crimen había afectado directamente a su familia cercana. Meses después conocí a Francisco Serrano, primero a través de conversaciones telefónicas y luego de forma personal en un viaje que nos reunió en el Ecuador alrededor de este caso. De este modo, aunque mi primera intención era hacer este viaje con el objetivo principal de escribir un libro sobre los crímenes de Bartow, de algún modo terminé involucrándome también como uno de los abogados que ha intervenido en la causa. Más allá de los hechos cruentos que relataré en esta historia, me interesa ahondar en la vida y el destino del hombre al que se acusó y se juzgó como autor material de esos crímenes, un hombre que a sus ochenta y dos años es el presidiario más longevo del corredor de la muerte en los Estados Unidos.

Ahora, mientras Francisco apaga el motor del vehículo frente a sus antiguas oficinas, no puedo dejar de pensar en lo que siente al venir otra vez a este lugar. Imagino que en su memoria deben revolotear inevitablemente las imágenes que él y su familia habrían deseado olvidar, aunque por la particular situación que les tocó vivir desde aquel día no tiene otro remedio que seguir invocando esos recuerdos que han trastocado su vida para siempre.

Los tres permanecemos en silencio observando aquel edificio de oficinas que parece abandonado. Francisco suspira. Stefanie, que viaja en el asiento de atrás, sujeta su hombro. Los dos comprendemos lo que significa volver aquí para él. En su mirada vidriosa y triste se refleja la desazón y pesadumbre que ciertamente lo envuelven. Rompo aquel silencio al abrir la puerta de mi lado. *Vamos*—les digo, mientras salgo del vehículo—. Desde este momento toda nuestra atención se centrará en el edificio gris que tenemos enfrente, una construcción fea y de aspecto desolador que he visto muchas veces en las fotografías de los abundantes expedientes judiciales del caso.

Finalmente, nos encontramos a pocos pasos de la escena criminal. Al descender del vehículo los tres sentimos el aire cálido, ligeramente húmedo, que se apodera de Bartow en las tardes de invierno. Un clima moderado si lo comparamos con las altas temperaturas y humedad típicas del verano en esta zona. La idea, quizás un poco loca o a la larga tal vez incluso inútil, es imaginar los hechos a partir de los expedientes judiciales que hemos revisado de manera minuciosa los últimos meses, y también del extenso interrogatorio al que hemos sometido a Francisco durante esta primera parte de nuestro viaje.

En silencio, nos ubicamos delante de nuestro automóvil, exactamente en el mismo sitio en que lo hizo John Purvis, el único testigo ocular del hecho hace veintidós años. Esa tarde, poco antes de las seis, Purvis, un trabajador de clase media como casi todos los que residen en Bartow, salió en su automóvil del estacionamiento que se encuentra delante de su oficina sobre la misma Centennial Boulevard. Francisco nos señala el lugar en que estaba aquel día el automóvil del testigo, justo donde los tres nos ubicamos ahora, a pocos pasos de la rampa de acceso a la avenida. Al otro lado de la calle, a unos quince metros de distancia, se sitúa el edificio de Erie Manufacturing, donde se cometieron los crímenes.

Veintidós años atrás, John Purvis abrió la puerta de su automóvil, se acomodó en el asiento del conductor, se puso el cinturón de seguridad, introdujo la llave en el encendido y arrancó el motor. Avanzó tan solo tres metros para detenerse en la salida hacia esta calle poco transitada, Centennial Boulevard, sobre la rampa de acceso. Purvis se detuvo unos segundos antes de tomar la calle por la que se encaminaría a casa después de su jornada laboral. Miró de forma automática a la derecha y a la izquierda y constató que no vinieran vehículos en ninguno de los dos sentidos de esta avenida de doble vía, pero en ese instante algo llamó su atención y el vehículo no avanzó hacia la vía despejada. No hubo detonaciones ni gritos, tampoco algún ruido que pudiera alertarle sobre lo que sucedía al interior de las oficinas de Erie Manufacturing. Lo que él describió más tarde en los distintos interrogatorios que le hizo la policía fue la presencia extraña de un hombre joven de entre veinticinco y treinta años, con rasgos asiáticos (aunque en posteriores versiones afirmara que los rasgos eran hispanos), que se encontraba junto a un reluciente Cadillac beige, en el sitio de estacionamiento situado delante del edificio en que se cometían los asesinatos.

John Purvis describió a aquel hombre como una persona de estatura media que vestía un elegante traje negro, camisa blanca y corbata también negra y delgada. En ese momento, cuando el testigo lo vio, aquel hombre de vestimenta tan disonante con la que se lleva usualmente en esta zona industrial, llena de obreros y gente de aspecto sencillo, encendió un cigarrillo con un mechero platinado que resplandeció en su mano izquierda. Tras guardar el encendedor en el bolsillo lateral de su chaqueta, el hombre cruzó una mirada con Purvis.

Frente a nosotros, el edificio de la empresa Erie Manufacturing parece estar desolado. Los tres observamos el entorno sin hacer comentarios. Recurro a mi memoria para no perder un solo detalle de lo que conozco sobre los crímenes basado en mis lecturas de los expedientes judiciales.

Al parecer ya no queda nadie en este complejo industrial, tampoco en el interior de las oficinas a las que nos dirigimos. Una de nuestras principales preocupaciones al llegar aquí parece disiparse por ahora mientras contemplamos el edificio a corta distancia. No sería agradable para Francisco encontrarse en este sitio con el propietario actual de la empresa, Phill Dosso, o con alguno de los trabajadores o empleados antiguos que no comprenderían por qué razón él ha vuelto al lugar de los hechos después de tantos años.

Mientras cruzamos la avenida con paso lento, observamos la puerta de cristal de acceso a las oficinas y, en su interior, el mueble que es parte del recibidor. A un costado, inmediatamente, el corredor que se pierde en el fondo oscuro de las oficinas. Vienen a mi mente las imágenes fotográficas de una de las víctimas tirada en ese corredor en medio de un charco de sangre. Francisco recuerda los muebles y el recibidor. Nada ha cambiado a simple vista desde la época en que trabajaba allí.

El día de los crímenes, aquel Cadillac beige había doblado muy despacio la esquina que se encuentra a nuestra izquierda e ingresó en la calle Centennial Boulevard con dirección a la calle Agrícola que está del lado derecho. El automóvil avanzó unos metros e hizo un giro lento. Se detuvo en el estacionamiento de Erie Manufacturing, que solo estaba ocupado entonces por el Ford Taurus rojo de propiedad de George Gonsalves, gerente de la empresa y una de las cuatro víctimas.

Por las circunstancias en que se produjeron los asesinatos, por la versión de Purvis que vio a ese hombre extraño afuera de la empresa y por el número de armas que se dispararon según los informes de la policía y los reportes forenses, imagino que en el Cadillac debían viajar al menos tres hombres. Esta es una de las tantas teorías que se manejaron en el proceso, y a la luz de las evidencias y los hechos que relataré bien podría ser la más lógica, pero no necesariamente fue la teoría más conveniente para las personas que llevaron este caso en la fiscalía de Bartow, ni tampoco para los investigadores de la policía y del FBI que buscaban cerrar el juicio, años después, con una sentencia de culpabilidad que pudiera dejar tranquilas a las familias de las víctimas, al sistema de justicia de Florida y a los habitantes del condado de Polk.

Al parecer aquel hombre joven al que había visto Purvis era el conductor y el que vigilaba la entrada a las oficinas, pues se encontraba de pie, junto a la puerta delantera del lado izquierdo del Cadillac. Los otros dos, que debían ocupar los asientos delantero derecho y uno de los asientos posteriores del vehículo, seguramente fueron los autores materiales de los crímenes.

De este modo, las evidencias apuntan a que el lujoso Cadillac arribó al lugar minutos antes de que Purvis saliera de su oficina. El vehículo se detuvo al lado izquierdo de los arbustos que flanquean la entrada a las oficinas, mientras que al lado derecho estaba estacionado el Ford Taurus de Gonsalves. Los hombres que cometerían los asesinatos debieron salir del vehículo cuando constataron que no había nadie que se percatara de su presencia. Uno de ellos quizás llevaba una llave, pues no hubo forcejeo de las cerraduras ni rotura de cristales o violencia cuando ingresaron a las oficinas de Erie Manufacturing. La otra posibilidad es que alguien que reconoció a uno de los tipos o simplemente se confió les hubiera abierto la puerta desde adentro, pero lo que sí sabemos es que a esa hora ya no había un solo empleado en las oficinas ni en la planta, y las únicas tres personas que quedaban al interior de la empresa eran George Gonsalves, George Patisso o Frank Dosso, tres de las cuatro personas asesinadas. Francisco nos ha hablado durante el viaje sobre este detalle, y aunque todo lo que ha explicado cae en el campo de la especulación, lo cierto es que se trata de uno más de los extraños acontecimientos que rodearon al suceso.

Mientras cruzamos la calle y nos acercamos a las oficinas de Erie Manufacturing, imagino que paso junto al conductor que permanece al lado del Cadillac, aquel elegante y misterioso hombre descrito por el testigo. Su misión seguramente era permanecer alerta ante cualquier circunstancia imprevista en el exterior mientras sus compañeros se encontraban adentro, y estar preparado para abandonar el lugar apenas ellos salieran.

Al llegar a la puerta de vidrio, sabemos que no podremos avanzar más allá y que deberemos contemplar el interior de las oficinas desde allí, tal como estaba previsto, pues nadie de la empresa estaría dispuesto a colaborar con la aventura que hemos emprendido. Desde este lugar, los tres observamos el lugar en que, veintidós años atrás, se cometían los crímenes.

A nuestra mano izquierda —igual que hoy— se encontraba el recibidor vacío, y, frente a nosotros, el corredor que desemboca en las oficinas. *Todo está igual*—pienso, al recordar decenas de fotografías que se tomaron en la escena del crimen.

No puedo dejar de pensar qué pasará en este momento por la cabeza de Francisco. Imagino que los recuerdos de aquella época estarán tomando por asalto su mente. Debe haber atravesado este *hall* y recorrido estos pasillos cientos de veces durante el tiempo que trabajó en la empresa. Y tampoco puedo dejar de pensar en la imagen de su padre que, de forma persistente, debe estar taladrando los recovecos de su memoria, irradiando desazón en todo su cuerpo. Su padre, Nelson Iván Serrano Sáenz, un hombre que se encuentra recluido desde hace dieciocho años en una celda de dos por tres metros en el corredor de la muerte de una prisión en Florida, que entonces tenía cincuenta y nueve años, y que fue declarado culpable y sentenciado a cuatro penas capitales, una por cada víctima, como el autor material de este cuádruple crimen.

LOS CRÍMENES

Por disposición de los socios de la empresa, a partir de las cinco de la tarde de cada día laboral ningún empleado o trabajador debía permanecer en las oficinas de Erie Manufacturing, salvo algún margen de tolerancia que se tenía con el personal administrativo, que podía salir entre cinco y diez minutos luego de la hora de salida fijada.

Si partimos de la teoría de que el objetivo era asesinar a George Gonsalves, uno de los tres socios de las compañías, tal como la policía y los investigadores federales pensaron desde el inicio, entonces los asesinos parecían desconocer esta disposición, pues llegaron a las oficinas pasadas las cinco y media cuando, supuestamente, nadie estaría allí. De hecho, durante el proceso que se llevó a cabo algunos años después, varios testigos, trabajadores de Erie Manufacturing, dijeron que las disputas más frecuentes entre los dos socios, Gonsalves y Phill Dosso, durante los últimos meses antes del crimen eran sobre la hora de salida del primero, que jamás se quedaba en la oficina hasta la hora de salida del personal pese a que entraba a trabajar varias horas más tarde que este último.

Francisco también fue testigo de estas discusiones de los dos socios de su padre e incluso nos comentó durante el viaje desde Sarasota que el mayor problema que tenían Dosso y Gonsalves, desde mucho tiempo atrás, era que el primero sentía que trabajaba más tiempo para las compañías, aunque los dos recibían la misma remuneración.

Sin embargo, la tarde en que se produjeron los crímenes había sucedido algo extraño en Erie Manufacturing, pues, pasadas las cinco y media de la tarde, cuando los delincuentes entraron, escucharon una discusión de varias voces que salían de la oficina del fondo del pasillo que pertenecía a George Gonsalves.

Si los criminales suponían que su objetivo, Gonsalves, estaría solo aquel día en que curiosamente se quedó más allá de las cinco de la tarde, debía ser quizás porque recibieron esa información de su contratante (asumiendo otra de las líneas investigativas que sugerían que se trató de un trabajo profesional realizado por sicarios). De ahí que, al ingresar a las oficinas, ante la duda y el hecho sorpresivo de que otras personas se encontraban allí, con el afán de no dejar testigos, es posible que los criminales decidieran seguir adelante con el trabajo independientemente de la gente a la que debían eliminar. Este hecho no resulta extraño si imaginamos que los sicarios habían llegado a esas oficinas ubicadas en una ciudad algo alejada de las grandes urbes del Estado y si tenemos en cuenta que, según un patrón común de comportamiento criminal del asesinato a sueldo, cuando alguien más se interpone en el camino de su encargo, no muestran contemplación o reparo alguno en cargarse más personas de las que estaban previstas en su encomienda. Y, si alguna de esas personas fue la que les abrió la puerta y ya adentro los descubrió armados, sin duda los criminales no habrían dudado en cumplir a cabalidad con su contrato e incluso exceder el objetivo planteado para garantizar su anonimato. Este inesperado encuentro de los asesinos con más personas de las que se preveía, además de haber sido un hecho fortuito y trágico para quienes no debían estar allí, años más tarde, resultaría decisivo durante el juicio. Sin embargo, dados los antecedentes de Gonsalves y su acostumbrada salida de la oficina antes de esas horas, cabe pensar en otra hipótesis sobre los crímenes, y es que tal vez los asesinos no iban a liquidar a Gonsalves, sino a otra de las personas que se encontraban en el lugar. Esta segunda versión, sumada a la posibilidad de que se hubiera tratado de un robo, será parte esencial de esta historia.

Por ahora, volvamos a la escena del crimen. Nos encontramos en las oficinas de Erie Manufacturing. Seguimos mentalmente el camino que hicieron los asesinos, valiéndonos para esto de las fotografías, videos, diagramas y reportes policiales e investigativos del delito. El que iba adelante, empuñando su Colt .22 con silenciador, un arma de dotación policial que no se puede adquirir libremente en el mercado, llegó de pronto a la oficina de George Gonsalves y con un grito amenazó a los tres hombres, que discutían de forma acalorada por un auto que usaba Frank Dosso y que el gerente de la empresa había prestado esa tarde a otro funcionario, un hecho casual que sería fatídico para tres de las víctimas que, al parecer, no debían encontrarse a esa hora en la escena del crimen: Frank Dosso, Diane Patisso y George Patisso. Sin embargo, por uno de esos giros imprevistos del destino que nos ponen de súbito frente al abismo de la muerte, allí estuvieron todos ellos.

Apenas los asesinos ingresaron a la oficina, vieron a George Gonsalves, que se encontraba sentado en el sillón delante de su escritorio, mientras que Frank Dosso, el hijo de su socio Phill Dosso, estaba en una esquina del lado de la pared, y George Patisso, cuñado de Frank Dosso, se ubicaba en ese momento más cerca de la puerta por la que entró el primer hombre armado. El que iba detrás, un segundo sicario, empuñaba su Colt .32. Aquí me permito hacer una precisión, y es que uno de los dos asesinos (o tal vez una tercera persona) llevaba también un rifle calibre .30, bastante aparatoso, por cierto.

Volvamos a la escena del crimen. George Gonsalves, que se mantuvo sentado en su silla, detrás del escritorio, al ver a los hombres armados debió levantar sus manos ante las amenazas que proferían los tipos que habían entrado de forma repentina en su despacho, mientras que los otros dos jóvenes, que encaraban segundos antes a gritos al gerente por la disputa acerca del vehículo de la empresa, permanecían de pie, estáticos, con sus brazos levantados. El segundo hombre se quedó bajo el umbral de la puerta apuntando con su arma a los dos jóvenes que mantenía a tiro a su derecha. El primero de los asesinos se movió con rapidez para ubicarse junto a la silla de Gonsalves y así tener además una visión completa de la oficina. Este movimiento le permitió al sicario guardar sus espaldas contra la pared y dominar desde aquel sitio la puerta de entrada por si alguien más, de forma inesperada, aparecía en el umbral de la puerta o cruzaba por el corredor. Gonsalves, tembloroso, a lo mejor iba a suplicar al tipo que no le hiciera daño, pero de modo repentino, con agilidad, a pocos centímetros, el asesino le descerrajó el primer tiro frontal en la cabeza, un tiro limpio, acompañado de un leve silbido provocado por el silenciador, que le perforó la frente.

27

Y, cuando Gonsalves caía de bruces al piso por impulso de la mano de su propio asesino, este hizo un segundo disparo en la nuca de la víctima. Fue una "ejecución", a todas luces, tal como se recogió más tarde en los reportes de la policía.

Mientras tanto, en esos segundos que transcurrieron entre los dos disparos del primer hombre contra Gonsalves, George Patisso, un joven de contextura fuerte y atlética que jugaba fútbol americano en la universidad, intentó detener al hombre que había realizado los disparos. Se abalanzó sobre él, pero este lo recibió con un tiro a sangre fría en la frente, y disparó cuatro tiros más con su arma, la Colt .22 con silenciador.

Frank Dosso, arrinconado contra la pared detrás del escritorio, suplicaba a los asesinos mientras se cubría la cabeza con sus brazos. El segundo hombre o un tercero, quizás, se acercó para eliminarlo. Disparó dos veces con el rifle .30, pero las balas de uso militar solo lo hirieron en su antebrazo y en el bíceps derecho, que fue atravesado por una de las municiones. En ese momento se escuchó una voz que provenía del *hall* de entrada a la oficina. El primero, que había ejecutado a los otros dos hombres, caminó hasta el lugar en que se encontraba el joven Frank Dosso, herido, y lo remató con tres tiros de su Colt .22. Uno de esos tiros impactó en la muñeca izquierda, y los otros dos, mortales de necesidad, penetraron en la cabeza sobre la oreja izquierda. Mientras tanto, otro de los hombres salió hacia el corredor y se encontró con Diane, la esposa de George Patisso y hermana de Frank, que había llegado a Erie Manufacturing para recogerlos en su automóvil. La mujer intentó huir hacia la puerta de salida, pero él corrió detrás, la alcanzó en el pasillo, la sujetó con violencia del cabello y le disparó un tiro en la nuca con su .32. Ella cayó al piso arrastrando consigo a su victimario. En la escena apareció entonces el primer asesino y con su Colt .22 hizo un disparo más en la sien izquierda de Diane Patisso cuando ella seguramente ya estaba muerta. En el umbral de la puerta de entrada, debió aparecer el tipo de rasgos asiáticos al que Purvis había visto unos minutos antes. Al darse cuenta de que su compañero había liquidado a la mujer que llegó de pronto a la empresa sin que él la hubiera podido detener en el exterior, regresó al vehículo para ponerlo en marcha. El asesino de Diane se levantó con dificultad, pues uno de sus brazos había quedado debajo del cuerpo de la víctima. En consecuencia, no se percató de que el guante de látex que utilizaba para no dejar huellas en la escena del crimen quedó también atrapado debajo del cuerpo de la mujer.

Como dato adicional, que más adelante tendrá mucha relevancia, debe notarse que los disparos del primer hombre que portaba la Colt .22 con silenciador fueron precisos, casi exactos en su forma y distancia. Este sujeto impactó a sus víctimas diez veces en la cabeza entre la frente, las sienes o la nuca, y una sola vez, a Frank Dosso, en la muñeca izquierda, con la que posiblemente se estaba protegiendo. Los otros disparos hechos por un segundo y tal vez incluso por un tercer hombre, tanto con la pistola .32 como con el rifle .30, impactaron tres veces en los brazos y una vez en la nuca de Diane Patisso. Este no será un hecho menor más tarde durante el juicio.

Una vez que los asesinos liquidaron a las cuatro personas presentes en el lugar, se aseguraron de aparentar que todo aquello había sido un asalto en el que fueron descubiertos y, por tanto, se habían visto obligados a liquidar a los testigos. Las víctimas debían aparecer como si aquella masacre se hubiera producido por mala suerte o por un quiebre del azar que los encontró en estas oficinas a la misma hora en que entraron los ladrones. Imagino entonces a los hombres revolviendo los cajones de la oficina de Gonsalves y de las oficinas contiguas. Al primero, poniéndose de pie sobre una silla de patas rodantes, con cierta dificultad, para mirar si en el techo falso de la oficina había escondido algo de dinero. Este hecho también resultará relevante en el proceso que se llevará a cabo nueve años más tarde. Al otro asesino, revolviendo papeles de los archivadores y tirándolos por el piso, simulando que buscaba las cosas de valor que se podían guardar allí. Pero, al final, los presuntos asaltantes obtuvieron un exiguo botín que consistió en un reloj Rolex de pulsera que llevaba George Patisso y una cadena de oro que fue arrancada del cuello de Frank Dosso. El crucifijo de esa cadena apareció más tarde en la escena del crimen debajo del cuerpo de Dosso. En todo caso, la desaparición de estos objetos fue suficiente para engañar un rato a la ingenua policía de Bartow.

Cuando los dos criminales salieron, la puerta de acceso a las oficinas de la empresa quedó apenas entornada, un detalle que también resultaría esencial unas horas después en el momento más duro de todos, el descubrimiento del espeluznante crimen.

El 3 de diciembre de 1997, un día que debía ser de celebración y alegría para la familia Dosso, pues las hijas gemelas de Frank y María cumplían diez años y se preparaba para ellas un festejo familiar, se convertiría en la más espantosa pesadilla para esta familia. Pasadas las seis de la tarde, cuando ya se había consumado el cuádruple asesinato, aún quedaba algo más de una hora para que los padres y familiares de las víctimas descubrieran el horror. Recién a las siete y media de la noche tendrá lugar este dramático encuentro, pues en vista de que Frank, su hermana Diana y el esposo de esta, George, no llegaron a tiempo a la celebración del cumpleaños de las niñas y no respondían a las innumerables llamadas telefónicas que les hicieron, Phill y Nicoletta Dosso salieron a buscarlos en su propio vehículo hasta Bartow. El camino entre su casa, ubicada en Winter Heaven y las oficinas de Erie Manufacturing, les tomó casi veinte minutos, es decir que ellos salieron hacia Bartow pasadas las siete de la noche al no tener repuesta alguna a sus llamadas.

Cuando los Dosso llegaron al lugar, notaron que las oficinas estaban con las luces encendidas, pues la noche había caído ya sobre Bartow. Estacionaron junto a los dos automóviles que estaban afuera, el de George Gonsalves y el de su hija, Diane, mientras que varias de las luces de las oficinas se encontraban encendidas a pesar de que había un extraño silencio en el lugar. Y entonces sucedió algo que consta en los expedientes y en varios reportes policiales, y es que al llegar a la escena quien se bajó del vehículo para ver qué había sucedido con sus hijos, fue la señora Dosso, Nicoletta, una mujer que en ese momento tenía sesenta y cinco años, mientras que su esposo, Phill, uno de los copropietarios y director de la compañía en la que trabajaba casi todos los días de su vida, permaneció sentado en el interior del automóvil.

Al menos resulta extraño imaginar aquella escena de la pobre mujer, la madre de las víctimas, entrando sola a las oficinas de su marido para descubrir a sus hijos muertos, y mientras tanto él, Phill Dosso, un tipo de aspecto rudo, de mirada penetrante y facciones toscas que se suavizaban levemente por el cabello lacio, escaso y blanco, permanecía sentado al volante de su automóvil. ¿Por qué Phill Dosso no entró directamente a sus propias oficinas y dejó que lo hiciera su esposa? ¿Qué esperaba descubrir allí? ¿Qué miedo irracional lo dejó congelado en su automóvil mientras su esposa, una *nonna* italiana de aspecto dulce, de cabello blanqueado prematuramente, una mujer de casa que no iba casi nunca a esa oficina, descubría el espeluznante crimen de sus hijos? ¿Acaso Phill Dosso ya sabía o suponía lo que había sucedido una hora antes en sus oficinas, algo de lo que quizás podría encontrar?

Los gritos de Nicoletta rasgaron el aire. En ese instante Phill Dosso abandonó su vehículo, entró en sus propias oficinas y sus ojos descubrieron el horror de lo que había sucedido en aquel lugar: su hija Diane, yacía en el corredor en medio de un charco de sangre, su yerno George Patisso y su hijo Frank, y su socio George, ejecutados en la oficina de este último. Solo entonces, Phill Dosso hizo aquella llamada que quedó grabada en la central telefónica del 911. Francisco enciende la grabación que tiene guardada en su teléfono celular. Los tres escuchamos en silencio:

Phill Dosso: … *¡Cuatro personas fueron asesinadas! ¡Oh, mi Dios!*
911: ¿Cuatro personas asesinadas?
Phill Dosso: Sí, ¡Oh, mi Dios! ¡Oh, mi Dios!, mi hijo, mi hija, mi yerno, ¡Oh, mi Dios!…
911: Señor, su hijo, su hija, su yerno…

Phill Dosso: Sí, ¡Oh, mi Dios! mi hijo, mi hija, mi yer-
no, mi socio, ¡mi Dios! ¡Oh, mi Dios!...
911: Señor, ¿se encuentra aún en la línea?
Phill Dosso: Sí, ¡Oh, mi Dios! ¡Oh, mi Dios!
...

Pocos minutos después de esa llamada estremecedora en la que se confunden los gritos de Nicoletta y
Phill Dosso, varios patrulleros de la policía de Bartow
llegaron al lugar de los hechos. De inmediato se acor-
donó el área. Las oficinas de Erie Manufacturing se
convirtieron en un caos de entrada y salida de agentes e investigadores, y, entre ellos, los desolados padres que acababan de descubrir el macabro asesinato
de sus hijos, de su yerno y de George Gonsalves. Es en
este punto cuando en realidad comienza la historia
de la familia Serrano en medio de aquella desgracia,
el momento en que Phill Dosso y su esposa Nicoletta
advierten a los policías, entre gritos y lágrimas, de forma reiterada y sin dejar lugar a dudas, que el autor de
los crímenes es Nelson Serrano, su exsocio: *Nelson lo*
hizo, Nelson lo hizo —repite, Phill Dosso—. *Nelson es mi*
enemigo, él me amenazó con matar a mi familia —afirma
el hombre en un último y desgarrador testimonio que
recoge uno de los policías.
Esas palabras que fueron reproducidas en los reportes policiales señalaron sin duda el curso y el desenlace de la investigación, y marcaron, obviamente,
el destino de Nelson Serrano y los suyos.
Al caer la noche sobre Bartow, envueltos en el silencio perturbador que nos ha provocado esta visita
al lugar de los crímenes, nos encaminamos hacia Gainesville, una coqueta ciudad universitaria que se encuentra a 141 millas.

Esta noche descansaremos en un hotel de Gaines-ville antes de la visita que efectuaremos mañana a Nelson Serrano en el corredor de la muerte de la prisión de Raiford.

SIETE MESES ANTES

Decía que todo había empezado el día 3 de diciembre de 1997, pero en realidad esta historia bien pudo haber comenzado siete meses antes, en mayo de ese año cuando Francisco Serrano, director de operaciones de Erie Manufacturing e hijo de Nelson Serrano, que era uno de los tres socios de la empresa a partes iguales, descubrió que en la contabilidad de la compañía había un faltante aproximado de un millón de dólares.

Durante el viaje de regreso entre Bartow y Gainesville, Francisco nos explica este antecedente fundamental para el caso. Stefanie y yo escuchamos el relato sobre la historia de los crímenes de Bartow.

En mayo de 1997, mientras revisaba las cuentas de la empresa, que era una de mis labores principales, me di cuenta de que había un faltante de dinero en el banco, casi un millón de dólares menos en una de nuestras cuentas más importantes. Mi padre estaba de viaje esos días y por esa razón decidí hablar directamente con los otros socios, con quienes nos unía una amistad de varios años. Esa misma tarde, entré a la oficina de George, en donde también se encontraba Phill Dosso. Les comenté que había descubierto que en las cuentas faltaba casi un millón de dólares, pero, muy molestos, me res-

pondieron que ese tema no lo iban a tratar conmigo, que ese era un asunto que solo les interesaba a los tres socios. Esta discusión, aunque breve, terminó siendo definitiva para mi salida de la empresa. Para entonces, los negocios de la empresa habían dejado una buena ganancia a todos. El año anterior, 1996, cada uno de los socios recibió como utilidades cerca de un millón de dólares, una cifra muy significativa, pero al parecer, por lo que descubrimos más tarde, para Dosso y Gonsalves nada era suficiente.

Erie Manufacturing fue una empresa creada por Dosso y Gonsalves. Ellos se dedicaban a proveer los componentes que requerían los sistemas de transporte y almacenamiento de prendas de vestir desarrollados por mi padre en su empresa, Garment Conveyor Systems, que tenía como clientes grandes cadenas comerciales de los Estados Unidos. Después de algunos años de haberse conocido y de tratar comercialmente entre ellos, en 1989 mi padre, George y Phill se asociaron en partes iguales tanto en Erie Manufacturing como en Garment. A partir de esa unión las dos compañías se hicieron mucho más rentables, y gracias a la invención y diseños de mi padre, que creó un novedoso sistema de transporte y desempacado de prendas de vestir para grandes almacenes, llegó el éxito económico de los años 1996 y 1997...

Mientras escuchamos el relato de Francisco, miro atentamente cómo el paisaje sombrío del crepúsculo en el centro de Florida discurre por la ventana del automóvil: grandes extensiones de naranjos espectrales, melocotones o almendros cuyas siluetas uniformes nos acompañan en el trayecto. Se produce un breve silencio en el automóvil que solo se interrumpe cuando le digo:

—No tengo duda de que hoy todavía se mataría por un millón de dólares en cualquier lugar del mundo, pero esas cuatro muertes, aunque las de los jóvenes resultaran absolutamente casuales, ¿acaso iban a devolverle el dinero a tu padre?

Francisco, que conduce atento a la carretera, responde de inmediato:

—Por supuesto que no, ya vamos a hablar de eso, pero antes déjenme contarles lo que sucedió cuando mi padre regresó de su viaje y se enteró del dinero faltante.

Apenas volvió a Bartow, mi padre tuvo una fuerte discusión con sus dos socios en las oficinas de la empresa. Él proponía la firma definitiva de un acuerdo de compraventa preferente de acciones para cualquiera de los tres, acuerdo sobre el que ya se había hablado varias veces, pero nunca se lo suscribió. En esa última ocasión sus dos socios tampoco lo aceptaron y además se negaron a devolver el dinero de la empresa del que se habían dispuesto de forma irregular. Obviamente, a partir de ese momento la relación entre los tres, que siempre fue fraterna, casi familiar, se rompió de forma definitiva. A los pocos días yo fui despedido de la compañía con el voto de Phill y George, que hacían mayoría, y de inmediato mi padre interpuso una demanda civil para recuperar el dinero faltante. Unas semanas después, los otros socios le quitaron a mi padre el acceso a las cuentas y lo removieron de su cargo como presidente de las dos sociedades.

Mi padre se separó de las empresas en julio de 1997, mientras planteaba el juicio civil contra Phill y George y formaba una nueva compañía conmigo para continuar con el negocio de sistemas de transporte de mercadería con sus diseños. *El conflicto por el dinero desaparecido y el destino de las acciones de Erie Manufacturing y Garment Conveyor Systems escaló en las semanas siguientes con dos altercados importantes entre los tres socios. El primero se produjo a finales de julio cuando mi padre acudió a su antigua oficina para sacar sus objetos personales y no pudo ingresar a esta, pues habían cambiado las cerraduras de la empresa. En ese momento él discutió fuertemente con George a través del intercomunicador porque no lo dejaban entrar a recoger sus objetos personales. George llamó a la policía y mi padre hizo también una llamada al 911 diciendo lo que estaba sucediendo afuera de sus oficinas. El incidente no pasó a mayores, mi padre pudo recuperar sus cosas cuando llegó la policía y se le permitió su ingreso, pero el detalle del cambio de las cerraduras fue esencial algunos meses más tarde en la teoría del crimen, pues ya sabemos que los asesinos entraron al edificio sin forzar las cerraduras, o, tal vez, alguien les abrió la puerta desde el interior...*

El segundo incidente —continúa Francisco—, *este de mayor gravedad, se produjo apenas un mes después del descubrimiento del faltante en las cuentas, aproximadamente en junio de 1997, cuando mi padre habló con Edward Atkins, un reputado abogado de Florida que asesoraba legalmente a las compañías. En esa reunión, mi padre le comentó sobre el dinero que los otros socios habían sacado ilícitamente de las cuentas bancarias y el abogado le dijo que debía abrir otra cuenta distinta para depositar allí los fondos provenientes de futuros contratos para proteger la liquidez de las empresas. Esto se lo confirmó días más tarde en un informe por escrito. Mi padre siguió el consejo del abogado Atkins. En los días siguientes abrió una cuenta distinta y allí depositó un cheque de doscientos cincuenta mil dólares que recibió esos días de parte de su mejor cliente de entonces, los almacenes comerciales JC Penny. Al enterarse de la existencia de la nueva cuenta, George y Phill interpusieron una denuncia penal contra mi padre por fraude, pero esta fue archivada días más tarde cuando el propio abogado de las compañías, Edward Atkins, testificó ante el juez y aclaró que él, como abogado corporativo de las empresas, había asesorado a Nelson Serrano para que abriera otra cuenta y así protegiera el patrimonio de las sociedades. A pesar de que estos hechos fueron parte de las pruebas en el proceso por el cuádruple asesinato, y de que existía un juicio civil por dinero interpuesto por mi padre contra Phill y George, la historia que siempre sostuvo la familia de las víctimas y la historia con la que el fiscal Agüero elaboró su teoría del caso fue que mi padre había robado dinero de la compañía a los otros dos y que ese habría sido el móvil del crimen.*

Interrumpo a Francisco en este momento para hacerle una pregunta que ha estado rondando por mi mente mientras escuchaba su relato sobre los hechos que antecedieron al crimen:

—¿Se recuperó en ese juicio civil el valor que los socios tomaron de las cuentas de la compañía?

Francisco responde de inmediato:

—No, ese juicio jamás concluyó, pues cuando mi padre entró en prisión, varios años más tarde, al no poder presentarse en las audiencias, el juez declaró abandonado el caso y perdimos todo ese dinero…

—Por tanto, ¿los dos socios de tu padre o, al menos uno de ellos, se quedó finalmente con el dinero?

Francisco suspira y responde:

—No solo con esa cantidad sino con mucho más, pues varios meses después de que se rompiera la sociedad descubrimos que la suma total que había desaparecido de las cuentas en 1997 era de casi cuatro millones de dólares.

—¡Cuatro millones de dólares! —repito, asombrado.

—Así es —responde Francisco, que no despega sus manos del volante ni su vista de la solitaria carretera que nos conduce a Gainesville.

Se produce otro lapso silencioso, hasta que lo interrogo de nuevo:

—¿Durante el juicio penal alguien siguió la pista del dinero? No recuerdo haber visto ninguna referencia a esto y, peor aún, sobre una suma tan elevada —concluyo.

—No —responde Francisco, bajando la voz como si alguien más estuviera escuchando nuestra conversación—. A nadie le interesó ni se preocupó por seguir la pista del dinero, a pesar de que nosotros pedimos varias veces que se hiciera esta investigación, pues allí podían encontrarse evidencias sobre el verdadero móvil del crimen…

Tras un momento, suelto la pregunta que he estado elaborando mentalmente:

—¿Para ti cuál fue el verdadero móvil del crimen?

Él hace otra pausa mientras el vehículo que conduce baja la velocidad al entrar en el estacionamiento de la Universidad de Gainesville, en cuyo hotel nos alojaremos esta noche. Al detenerse en la zona de parqueo, concluye:

—Lo único que les puedo decir es que después del crimen mi padre no solo perdió la oportunidad de cobrar judicialmente el dinero que se habían llevado de las cuentas de la empresa, sino también las acciones de la compañía que nunca le pagaron. Mi familia perdió todo su patrimonio; George murió asesinado y únicamente dejó un monto muy pequeño en sus cuentas; y Phill, que se convirtió en víctima y acusador en el proceso penal por la muerte de sus hijos y de su yerno, se quedó como único accionista de las dos empresas, a las que les cambió el nombre. Mi padre es hasta el día de hoy accionista de dos compañías de papel, pues todos los negocios, los activos inmobiliarios y el dinero se traspasaron a las nuevas sociedades de Phill. Y, en relación con tu pregunta, puedo ratificar que ninguno de los investigadores ni la policía siguió jamás la ruta del dinero que se esfumó de las cuentas de la empresa, pero, por un investigador privado que nos ayudó en algún punto, conocimos que un monto que se aproximaba a lo que desapareció de las cuentas fue transferido a una sociedad italiana que tenía como socio a Phill Dosso, y supimos también que, tiempo después, esa sociedad hizo una importante inversión en tierras del sur de Italia.

EL CORREDOR DE LA MUERTE

Dicen los condenados a muerte que aquel lugar es lo más parecido al infierno. Cuentan que allí, en el encierro, se vive cada día como si fuera el último. Dicen que aquel estribillo *"dead man walking"*, *"dead man walking"*, se convierte en una pesadilla constante desde el día en que entras por primera vez en ese pabellón y los guardias de seguridad te reciben con sus rostros cínicos, sonrientes algunos y pérfidos otros, con esas tres palabras envueltas en una entonación macabra. Y entonces, rematan su bienvenida llevándote a visitar el sitio en el que un día te ejecutarán, una lóbrega sala con vistas al auditorio desde el que sus ocupantes te verán morir.

Esa mañana, emprendimos nuestro camino hasta el centro penitenciario Union Correctional Institution, la prisión de máxima seguridad en la que está recluido Nelson Serrano desde 2006 cuando Susan Roberts, una jueza de la corte de Bartow, le impuso cuatro penas de muerte.

Un largo recorrido por las autopistas del estado de Florida nos llevó desde Sarasota, una hermosa ciudad situada junto al golfo de México, a la desoladora Bartow, y luego desde Gainesville hasta la localidad de Raiford, al norte del estado de Florida.

En mi mente da vueltas una frase que leí la noche anterior en una antología de cuentos y relatos del escritor argentino Juan José Saer: "Voluntaria o involuntaria, la memoria no reina sobre el recuerdo: es más bien su servidora". Sé que me quedaron grabadas estas palabras por el temor desmedido que me asalta desde hace años ante la posibilidad de perder la memoria y convertirme en una carga insoportable, en un despojo con sus signos vitales latentes para desgracia de mis seres amados. De forma maniática y silenciosa, además de la lectura diaria, hace tiempo empecé a trabajar mentalmente con ciertos ejercicios básicos: cálculos matemáticos, juegos de palabras y, sobre todo, recuerdos remotos que repaso una y otra vez desde los primeros años de la niñez (quizás entre los tres y cuatro años) para mantenerlos diáfanos y vivos. Cada día viajo a algún punto del pasado para rescatar esas imágenes, olores, sabores o episodios normalmente triviales que han formado parte del olvido durante años y que, ahora, vuelven con más fuerza, con mayor intensidad, para mi consuelo. No puedo imaginar aún que el destino, caprichoso e indescifrable, traerá otra vez a mi mente esta frase de Saer cuando vea a Nelson Serrano y hable con él.

Además de grabar todas las conversaciones que mantenemos con Francisco Serrano, tomo notas en un cuaderno que llevo desde el inicio del caso. Aquí, caóticas, a momentos incomprensibles, están las referencias sobre lo que veo, escucho o me llama la atención, incluso algunas sensaciones que caen sobre mí estos días durante el viaje, como las interrogantes que me embargan antes de conocer a Nelson Serrano remarcadas con varios signos de interrogación. La noche antes de visitar el corredor de la muerte, luego de la cena, ya en la habitación, hablamos con Stefi sobre estas sensaciones compartidas. Los dos tenemos aún muchas dudas sobre este caso, aunque la visita a Erie Manufacturing y la conversación con Francisco nos ha ayudado a comprender mejor los hechos. Compartimos, en especial, una enorme interrogante sobre ese hombre que lleva dieciocho años encerrado por un crimen que asegura no haber cometido.

Hablamos también con mi esposa sobre la postura soberbia de Nelson Serrano en los videos del juicio e incluso compartimos todavía ciertas dudas sobre su participación en el crimen, no como autor material, pues las pruebas sobre la presencia de al menos dos personas son claras, pero sí como uno de los sospechosos de ser el autor intelectual, aunque la historia que nos ha relatado Francisco esta tarde sobre el dinero de las empresas ha disipado en parte nuestra suspicacia.

Sabemos, porque nos lo habían anticipado, que entraremos en la prisión sin ninguno de los aparatos que hoy resultan tan útiles para atesorar recuerdos: una grabadora, un teléfono celular, un computador personal… La vida actual parece imposible sin al menos uno de estos artilugios de los que nos hemos vuelto tan dependientes y que no será posible llevar en nuestra visita al corredor de la muerte. En otro apunte de mi cuaderno, que prueba mi espantosa caligrafía, con esfuerzo, descifro otra frase de Saer que escribí anoche y que tiene conexión con la primera: "… el recuerdo es materia compleja. La memoria no basta para asirlo". Me abruma en ese momento la posibilidad de entrar sin teléfono y sin cuaderno a esa sala de visitas. Apelaremos, por tanto, a la memoria de Stefi y a la mía para retener la mayor cantidad de datos e información sobre lo que suceda durante esas horas que compartiremos con Nelson Serrano, y, quizás, con suerte, a las breves notas que podremos hacer allí en unos pequeños papeles reciclados que nos entregarán los guardias de seguridad.

Francisco conduce nuevamente el vehículo. Nuestra conversación se interrumpe cerca de las nueve de la mañana, cuando estamos aproximándonos a la prisión en medio de una niebla espesa y de una llovizna persistente. Es un domingo inquietante para Stefi y para mí.

Apenas entramos en el parqueadero del Union Correctional Institution, entre la bruma que se disipa lentamente, aparecen los espectrales edificios que conforman este centro penitenciario. Mientras estacionamos el vehículo, Francisco nos comenta que visita a su padre en la prisión al menos una vez al mes, siempre en domingo, que es el día fijado para los internos del corredor de la muerte. Al bajar del automóvil nos protegemos del frío. Dejamos en la guantera todos nuestros efectos personales. Apenas llevamos algo de dinero para comprar víveres en el bar de la sala de visitas.

Lo primero que nos llama la atención son las construcciones del complejo, rectangulares y lúgubres, pintadas de gris en su mayoría y de un amarillo pálido el de máxima seguridad. Y, por supuesto, nos impactan las enmarañadas alambradas que rodean el lugar entre dos cercas metálicas paralelas, rematadas por la parte alta con varias líneas disuasivas con cables de alta tensión.

Nuestra presencia en el corredor de la muerte ha sido autorizada con varias semanas de anticipación, de modo que en el primer filtro los guardias verifican las identidades de cada uno. Francisco es un visitante asiduo y conoce el procedimiento, pero para mi esposa y para mí esa es la primera visita a una prisión estadounidense, y aunque hemos seguido este caso de cerca, es también la primera ocasión en que veremos en persona a Nelson Serrano.

La noche anterior miramos otra vez los dos documentales que se filmaron sobre su caso, el primero de la CBS, que inculpa claramente a Serrano, lo muestra como un asesino en serie y descubre a Tommy Ray, el agente policial que tuvo a cargo la investigación de los crímenes de Bartow como el héroe de la historia; y también el trabajo de Janeth Hinostroza, una periodista de investigación que desnuda el sistema corrupto de la justicia estadounidense, critica la pena de muerte como institución e intenta demostrar la imposibilidad de que Serrano hubiera cometido los crímenes, según la teoría de Ray y de la fiscalía. Los dos resultan fundamentales para comprender los distintos rostros que puede tener una misma historia, y, sobre todo, para descubrir los vacíos e inconsistencias que envolvieron a la teoría elaborada por Ray y llevada a la corte por los fiscales John Agüero y Paul Wallace. Sobre estos dos trabajos audiovisuales y sus protagonistas volveremos más adelante, pues, por ahora, cuando Stefi y yo estamos a punto de entrar como visitantes en el corredor de la muerte, tenemos las mismas preocupaciones: la primera, relacionada con el lugar que visitaremos y, más concretamente, con nuestra seguridad allí dentro. Nos han prevenido quienes visitaron antes a Nelson Serrano sobre la forma en que debemos actuar, y, sobre todo, a mi esposa le han sugerido que vaya vestida con ropa holgada, sin nada llamativo en sus prendas, pues compartiremos una pequeña sala con unos quince o veinte detenidos, todos inculpados por homicidio en primer grado. Esta preocupación se desvanece cuando atravesamos los primeros filtros de seguridad y los guardias nos revisan y nos tratan con seriedad y profesionalismo. La segunda preocupación, en cambio, es la percepción que ambos tenemos sobre Nelson Serrano antes de conocerlo personalmente, una percepción acentuada por las imágenes que habíamos visto de él durante el juicio que terminó por encontrarlo culpable. Durante el trayecto le revelamos algo de esto a Francisco, pues a los dos nos quedó la sensación de que en el juicio Nelson Serrano se había mostrado soberbio, casi altanero en sus gestos frente al jurado, frente al juez y sobre todo frente a la familia de las víctimas. De hecho, hemos comentado con Francisco que en nuestra opinión aquella imagen de su padre pudo tener un efecto negativo en la decisión del jurado y, sin duda, lo tuvo en la jueza que, además, aunque suene extraño y absurdo, era compañera de trabajo de una de las víctimas: Diane Patisso.

—Un hombre inocente, en esas circunstancias y bajo asesoría legal, debía mostrarse deshecho, humilde, afectado por un caso que lo podía llevar a ser ejecutado, y sin embargo la actitud de tu padre durante el juicio fue sorprendentemente arrogante…

Ante esta visión, y sin ocultar su sorpresa, Francisco responde:

—Mi padre es así. Es un hombre que nunca se deja ver derrotado, y ahora que ustedes me dicen esto me doy cuenta de que sí, que durante el juicio se veía fuerte porque nunca se iba a mostrar de otra forma ante Phill Dosso, su exsocio que lo había llevado a ese lugar con sus acusaciones; sin embargo, les recuerdo que, por su sordera, él escuchaba lo que se decía en la Corte un instante después, a través de un computador, de modo que sus reacciones no coincidían exactamente con lo que escuchábamos.

Tras unos segundos de reflexión, Francisco concluye:

—Además, mi padre y los abogados estaban tan confiados sobre las pruebas que tenían a su favor, y sobre todo confiados por las pruebas que no tenía la fiscalía para acusarlo, que todos actuamos con la certeza de que sería declarado inocente...

En todo caso, aunque no se lo digo, pienso que sus abogados no solo se habían confiado de que el juicio parecía simple para la defensa, sino que también actuaron de una forma sospechosamente negligente. Esta idea me da vueltas por la cabeza ahora que los tres nos encontramos en el interior del pabellón de máxima seguridad de la prisión de Raiford.

Tras cruzar las primeras puertas de acceso, caminamos por un corredor exterior cubierto completamente por rejas, una suerte de jaula forjada con hierro y alambre de púas. En los patios del centro de reclusión, a cierta distancia, distinguimos un grupo de prisioneros vestidos con trajes azules. Son los convictos por delitos comunes que se mantienen separados del corredor de la muerte.

Finalmente, llegamos a la sala de visitas del pabellón de máxima seguridad. En su apariencia exterior no es muy distinto a los otros, aunque allí dentro se encuentran solo quienes han cometido delitos atroces, en su gran mayoría homicidas en primer grado. En estos días la población del corredor de la muerte es de algo más de doscientos veinte prisioneros, pero esta sección está habilitada para albergar allí cuatrocientas personas en celdas unipersonales.

En el interior de la sala de visitas hay catorce presidiarios vestidos con llamativos uniformes de color naranja, acompañados de sus familiares. Nelson tarda unos minutos en salir. Lo esperamos sentados en una de las mesas ubicada al fondo de la sala. Apenas lo vemos entrar, se nos encoge el corazón. Es un hombre de piel blanca, ojos claros de tinte verdoso y opaco, pequeños y profundos; de cabello lacio, castaño claro, con un porte altivo, elevado y, sobre todo, desde la primera impresión, dueño de sí mismo. Nelson está bien acicalado, afeitado, limpio y de algún modo sereno, pero nos provoca desazón verlo con sus pies y sus muñecas recién liberados de sus esposas, caminando hacia nosotros con pasos cortos y con cierta pausa. Los tres nos levantamos para recibirlo. Luego de las presentaciones que hace Francisco, más bien breves y en voz baja (todo lo que allí se dice está siendo grabado, según nos han advertido), tomamos asiento en los bancos de metal que están sujetos por pernos a las mesas cuadradas cuyas patas también han sido atornilladas al piso. Nuestra primera impresión es que Nelson se encuentra mejor físicamente de lo que lo vimos en el documental de Janeth Hinostroza, que fue filmado un par de años antes en este mismo lugar. Sabemos que su salud es delicada, pero su aspecto, sin duda, es bueno.

Finalmente tenemos enfrente a Nelson Iván Serrano Sáenz. Lo primero que él nos dice, seguramente para cubrirse un poco ante nosotros que somos todavía unos desconocidos, es que lleva dentadura postiza, que tiene graves problemas auditivos, una seria deficiencia visual y fuertes dolores del nervio ciático. A fin de cuentas, es un hombre de ochenta años.

Luego del breve repaso de su condición médica, es él quien rompe el hielo al preguntarnos cómo estuvo nuestro viaje y cuántos días más nos quedaremos en los Estados Unidos. La charla empieza de forma distendida: hablamos del frío intenso que cae esos días en la zona de Raiford. Francisco vuelve a los asuntos relacionados con su salud, uno de los temas que resulta inevitable en sus visitas. Nelson nos cuenta entonces que los aparatos del oído le sirven bien y que la última dentadura que le hicieron está funcionando a la perfección. Esos pequeños detalles le dan cierta tranquilidad, pues durante muchos años su vida en el corredor de la muerte fue un calvario: sin dentadura, sin los aparatos auditivos y sin recibir la menor atención de los carceleros, ni siquiera por un mínimo sentido humanitario. Bajando un poco la voz, nos comenta que ciertos guardias de la prisión son corruptos y si no estás dispuesto a darles algo, ellos te someten a todo tipo de vejámenes y tratos crueles, incluso a torturas y confinamientos en celdas de castigo, como ya le pasó hace tiempo. En todo caso, nos confirma bajando todavía más la voz, *yo jamás les voy a pagar un solo centavo.*

A pesar de su situación, Nelson conserva la fuerza imponente de su presencia. Más tarde Stefi y yo coincidiremos en esta impresión, que él jamás aceptaría que alguien le tuviera lástima, por el contrario, se siente tan seguro y orgulloso de sí mismo que los dos salimos de la prisión con la sensación de que nos ha hecho un favor al reunirse con nosotros. Comentaremos que, durante esas horas que pasamos con él, tuvimos enfrente a un hombre de gran fortaleza mental, además de una aguda inteligencia. Los dieciocho años que ha pasado en una celda no lo han doblegado, y, por el contrario, se muestra altivo y orgulloso de lo que es y de lo que ha sido su vida aun a pesar de la tragedia que vive. Nelson Serrano no pretende ser una víctima ni tampoco dar lástima, solo busca que su caso sea revisado y que se le conceda la oportunidad de tener el nuevo juicio que le ha sido negado todos estos años.

Durante las horas que pasamos juntos este domingo, entre las 10 de la mañana y las 2h30 de la tarde, conversamos sobre muchos temas. Nelson nos cuenta, por ejemplo, que los detenidos en el corredor de la muerte se pueden bañar pasando un día y que tienen quince minutos para esa tarea. El resto del tiempo están encerrados en su celda particular, un espacio de dos por tres metros en el que hay una cama con un colchón delgado, una frazada, un lavabo pequeño, un servicio higiénico y una caja metálica en la que guardan los objetos personales que le están permitidos: cepillos, dentífrico, jabón, alguna fotografía familiar y cuatro libros por persona como máximo. Justamente empezamos a hablar de esos cuatro libros que Nelson tiene en ese momento en su celda, todas novelas de suspenso de autores estadounidenses. Nos habla de la obra *The Cuban Affair*, del escritor Nelson DeMille, que es la novela que está leyendo. Nos asegura que durante el tiempo que ha estado encerrado, ha leído más de mil libros. Luego nos cuenta además sobre una de sus posesiones más preciadas, algo que está prohibido en la prisión pero que casi todos los detenidos se fabrican y lo esconden: un calentador de agua hecho con dos monedas de veinte y cinco centavos de dólar y un alambre de cobre. Nos explica que aquel "desarrollo" se ha ido transmitiendo entre los presos y que eso les permite hervir agua, hacer café, cocer huevos o sopas de sobre que compran en la cafetería del pabellón y así evitan alguna de las *pésimas comidas* que preparan en la cocina del centro de reclusión.

Nos habla sobre sus compañeros, algunos verdaderamente temibles como ese hombre (nos señala con la cabeza un tipo grande y ancho que tiene un cráneo descomunal, la mandíbula adelantada y una actitud simiesca, que se pasea de un lado al otro de la sala de visitas del brazo de su esposa), que es un conocido asesino en serie próximo a ser ejecutado. La imagen de aquel hombre que va y viene de un lado hacia el otro con paso calmado, un asesino múltiple confeso, nos perseguirá mucho tiempo después de haber dejado el centro de reclusión.

Nelson Serrano nos relata que él es el mayor de todos los reclusos del corredor de la muerte y que sus relaciones, salvo con un par de compañeros que ocupan las celdas contiguas a la suya, son de total indiferencia. *Aquí nadie habla de sus casos* —dice Nelson, aprovechando algún momento en que las conversaciones de los visitantes suben de tono—. *No es común que alguien te pregunte, ¿eh, usted es inocente o culpable del crimen que se le acusa? Sin embargo, con los que llegas a hacer amistad algo se habla, sin mayor profundidad, por supuesto… Yo aquí, por ejemplo, solo tengo dos amigos, y con ellos hablamos sobre las noticias que cada uno ha recabado, y además nos intercambiamos libros, pero no crean que se puede hablar mucho, sino tan solo lo necesario para romper el silencio, unas pocas palabras al día, nada más…*

Las dos primeras horas de la visita transcurren volando. Nelson es un notable conversador: ameno, dotado de una amplia cultura. Hablamos de la situación política del Ecuador, de América Latina y Europa, y, cómo no, de los Estados Unidos. Además de ser un hombre interesado en la lectura, está al tanto de las noticias del mundo gracias a que tiene una pequeña televisión en la que puede ver tres canales locales. Tiene un iPad, regalo de su hijo Francisco, y cuando puede conseguir alguna señal de wifi en el patio central del pabellón, al que solo salen una vez a la semana por un par de horas, se logra descargar alguna película o juegos con los que se entretiene.

A media mañana, mientras conversamos rodeados de los otros convictos que han recibido visitas esa tarde y de cinco guardias de seguridad mal encarados que nos vigilan a todos como sospechosos, Francisco le revela cuáles son los propósitos de nuestra visita. Le dice que, además de estar interesado en escribir una novela sobre su historia, estoy revisando su caso en la parte jurídica e intentando recopilar toda la información necesaria para interponer con ayuda del gobierno ecuatoriano los recursos pendientes, recursos que podrían servir para que en otras instancias se revisen y reparen los errores procesales de fondo de su expediente y así lograr un nuevo juicio tras el que podría ser liberado. Nelson se muestra a gusto con la idea de la novela, le interesa que alguien desee contar su historia y que mucha gente conozca a fondo los detalles que rodearon al caso. En cambio, respecto al tema judicial es cauto. Sus palabras nos revelan pronto que ha perdido la fe y, aunque lo agradece, piensa que todo lo que hacemos no va a llegar a ningún lugar.

En ese momento sale a flote otra faceta suya muy particular, imagino que derivada del tiempo que tiene en su celda para pensar, y es una manía por calcular todas las operaciones numéricas que puede como, por ejemplo, el tiempo de vida que le quedaría a un hombre como él, en sus condiciones de salud, si estuviera libre, o las posibilidades ciertas de que muera en su celda antes de que lo ejecuten, y así... Recuerdo otra vez a Saer y esa cadena de imágenes que se engarzaron en mi mente a partir de aquella frase, "voluntaria o involuntaria, la memoria no reina sobre el recuerdo: es más bien su servidora". Imagino que Nelson Serrano, además de entretenerse, también busca entrenar su mente para soportar el encierro y, al mismo tiempo, mantener a prudente distancia los delirios que se ciernen sobre la gente en este infierno.

Para finalizar el tema de los recursos judiciales, que le resulta claramente escabroso, le dice a Francisco, enfáticamente: *Si con esos recursos de los que me hablan solo vamos a conseguir que me sustituyan la pena de muerte por cadena perpetua, prefiero que me den la inyección letal...*

Hablar sobre su caso, revestido de cientos de detalles, conjeturas, teorías, nos toma el resto del tiempo de visita. Stefi y yo tomamos notas en esos pequeños papeles recortados que nos han entregado en la puerta junto con unos lápices rústicos cuyas puntas, muy pronto, se agotan. A pocos pasos de la mesa en la que nos encontramos, detrás de una ventanilla con rejas, uno de los detenidos atiende la cafetería. Comemos juntos unas hamburguesas con papas fritas. Nelson nos explica que la comida en la prisión es muy mala y que él apenas consume un tercio de lo que le dan, *lo más rescatable* —confirma, y para no morir de hambre se alimenta con sopas instantáneas, palomitas de maíz y bocadillos que adquiere en esa cafetería—. Francisco destina desde hace años un pequeño valor mensual en la cuenta de su padre para los gastos que incluyen ese tipo de cosas, además del pago de las "estampillas" digitales del servicio de correo del sistema de prisiones de los Estados Unidos. *Por esa vía* —anticipa Nelson— *podremos conversar en adelante sobre lo que usted necesite, siempre con precaución, pues todos los mensajes serán leídos previamente por la seguridad del centro.*

A propósito de los guardias, hay uno en especial en esta visita que nos mira continuamente. Con cautela, en voz baja, se lo pregunto, y me dice: *Es un miserable que me acosa desde hace varios años.* Hoy el tipo está de turno y no despega los ojos de nuestra mesa. A momentos se levanta y camina hasta el lugar en que nos encontramos, siempre con una mirada suspicaz y una sonrisa irónica marcada en la boca. *Él ha sido mi pesadilla desde que entré en esta prisión* —dice Nelson—. *Es uno de los corruptos que les mencionaba. Para estar de su lado debes pagarle un monto mensual. Yo no he recibido coimas en mi vida, tampoco las he entregado nunca, no lo voy a hacer ahora* —enfatiza una vez más. Y luego, bajando un poco más la voz, hasta volverse casi inaudible, revela:

—Desde que llegué aquí me hizo la vida imposible, pero ya estoy acostumbrado, pues cuando entré en la otra prisión en Miami, luego de mi secuestro en Ecuador, durante los primeros días pensé que me querían matar. Me golpeaban con frecuencia en la madrugada y me mantuvieron durante varias semanas desnudo en mi celda, sin abrigo, con el aire acondicionado a tope y con dos luces potentes encima para impedirme dormir. No me volví loco de milagro, pero enfermé de neumonía y debieron llevarme al hospital. Entonces comprendí que solo estaban buscando un pretexto para sacarme de allí y llevarme a un hospital para poder administrarme pentotal sódico, el suero de la verdad. En la prisión era ilegal hacerlo, pero en el hospital me lo dieron con anuencia de un doctor de apellido Vargas que me atendió, y claro, con el pentotal en el cuerpo, me interrogaron…

—¿Y qué sucedió? —interrumpo.

Nelson nos mira con cierto aire de picardía, frunciendo ligeramente sus labios, y responde:

—Asumo que les dije la verdad, pero no era esa la verdad que ellos buscaban, de modo que no les sirvió de nada… Estoy seguro de que todo aquello fue obra de Tommy Ray, como todo lo sucio y oscuro que me sucedió en este caso…

Tras una pausa en la que él aprovecha para tomar su bebida, una Coca-Cola de botella plástica, reanuda su historia:

—Luego de ese episodio del pentotal, me tuvieron doscientos diez días en aislamiento. Me debilitaron hasta el punto en que perdí buena parte de mi dentadura y sobre todo perdí mi capacidad auditiva en un ochenta por ciento. Ya aquí, cuando me trasladaron luego del juicio, conocí a este tipo que se ha convertido en mi tormento. Por ejemplo, yo tengo en la puerta de mi celda un letrero para que los guardias sepan que soy discapacitado y que no puedo escuchar la alarma que nos despierta a las cinco de la mañana, pero ese tipo —señala de forma disimulada hacia el guardia que ahora está sentado en un escritorio junto a la puerta de ingreso a la sala— pasaba por alto el letrero y muchas veces me dejaba sin desayunar o me castigaba sin salir el día que me correspondía por haber incumplido los horarios. De hecho, me temo que hoy cuando vuelva a mi celda lo encontraré todo revuelto, es lo que suele hacer cuando recibo visitas…

Mientras el tiempo sigue su marcha, Stefi y yo sentimos una opresión y una energía pesada seguramente generada por todas esas personas que nos rodean en la salsa de visitas del pabellón de la muerte, no solo por los presidiarios y sus turbulentos pasados, sino además por esos hombres que hacen guardia en un lugar como aquel. El ambiente de la sala, sin duda, está cargado por las historias que arrastran estas personas, historias impresionantes en casi todos los casos, y un destino común para la mayoría de ellos: la muerte por inyección letal.

Cuando comenzamos a hablar sobre los crímenes, Nelson nos sorprende con su más reciente descubrimiento:

—He estado leyendo otra vez mis expedientes, los que tengo disponibles en versión digital, y acabo de descubrir una nueva prueba a mi favor que ocultó la fiscalía —en ese momento mira a Francisco—. ¿Te acuerdas de la lista de armas que me requisaron los días posteriores a los crímenes?

Francisco asiente. En la mirada que le devuelve a su padre descubro una enorme carga de compasión, y también un poco de resignación, como si esta recreación constante del caso y el descubrimiento de errores u omisiones deliberadas de parte de la fiscalía y los investigadores fueran realmente interminables (y de algún modo resulta que lo son, pues sigo aquí, mucho tiempo después, escribiendo su historia y revisando expedientes, colaborando con los abogados y asistiendo en lo jurídico y cada día de trabajo siempre aparece algo más que nos ofrece una bocanada de aire, pero que siembra en nosotros cierta desesperanza por la inmensidad de detalles y evidencias ocultas o enterradas por los fiscales y los investigadores). Nelson suelta su descubrimiento:

—Pues esa lista ha sido adulterada y han incluido allí una pistola Colt calibre .22, que no es de mi propiedad...

Todos nos miramos un instante sin comprender aún la relevancia del tema, hasta que el propio Nelson reanuda su explicación:

—Esa arma, que además tiene añadido a su número de serie la letra S, es decir tiene silenciador, debe ser el arma que se usó en el crimen.

Por un instante los cuatro permanecemos en silencio. Francisco suspira. Los más perdidos en la historia somos Stefi y yo, así que me apresuro a hacer la primera pregunta ante aquella oscura revelación:

—¿Nunca tuvo usted un arma como esa en su colección?

Nelson responde:

—No, jamás he tenido una Colt, y además las armas con silenciador son de uso policial, su venta al público está prohibida. Como coleccionista, siempre compré mis armas con los documentos en regla.

Aunque algo nos aclara esa primera respuesta, mi esposa y yo seguimos en Babia. Insisto con mis dudas:

—Pero, si esa arma constaba en aquella lista y era la que se usó en el crimen, ellos no necesitaban más pruebas en su contra, todo habría sido más fácil, ¿o no?...

Nelson me mira fijamente y dice:

—¡Exacto!

Y, tras una breve pausa, añade:

—Alguien incluyó esa pistola en la lista de mi colección, seguramente para incriminarme con ella después de haberse llevado mis armas, pero por alguna razón no usaron esa prueba en mi contra. De hecho, la lista aquella, aunque consta en los expedientes, solo forma parte de los documentos de investigación que aportó la policía. Allí fue donde la descubrí, entre cientos de reportes policiales sobre los que nadie dijo nunca una sola palabra ni fueron parte del juicio…

Francisco, que conoce como nadie todos los detalles del caso, comenta:

—Si Tommy Ray tenía esa prueba y no la utilizó en tu contra, seguramente es porque descubrieron algo más sobre esa arma…

A Nelson se le iluminan los ojos y apunta:

—Eso es lo que he pensado. Y lo que supongo es que, al buscar los registros del arma, posiblemente encontraron que había sido identificada en otros crímenes y ya no podían implicarme a mí en todos ellos… Es obvio, por esa razón la ocultaron… Recuerden, además, que todas las armas que se fabrican en los Estados Unidos son disparadas antes de su entrega para dejar un registro de su huella, una especie de huella de identidad…

Stefi y yo nos miramos desconcertados. Nelson, con un destello en sus ojos, dice, dirigiéndose hacia Francisco:

—El arma seguramente pertenecía a unos de los sicarios que cometieron los crímenes, y si era el arma de un sicario, sus balas ya debían haber aparecido en otros asesinatos, por eso no les servía como prueba en mi contra… Ray tenía en sus manos el arma que se usó en el crimen y nunca dijo nada al respecto, y tampoco los fiscales mencionaron este asunto…

Francisco toma nota, igual que yo, y luego comenta, mirándonos a todos:

—Pues vamos a buscar los registros del arma…

Sin embargo, al repasar otra vez mis anotaciones de aquel día, casi un año después, caigo en cuenta de que no hemos logrado descubrir si esa arma a la que se refería Nelson estuvo implicada en otros crímenes, y no es que nos hubiéramos descuidado de este asunto sino que una investigación de ese tipo, además del tiempo que toma hacerla, cuesta mucho dinero, y no es precisamente dinero lo que sobra en este caso, por el contrario, es lo que ha escaseado durante todos estos años...

Este nuevo hallazgo en los enredados expedientes del juicio nos lleva a especular a los cuatro sobre lo que pudo pasar el día de los crímenes. Mis sospechas apuntan a un crimen cometido por al menos tres hombres, posiblemente sicarios, por la forma y circunstancias en que se produjo cada una de las muertes. Todos en la mesa coincidimos entonces en la misma premisa inicial, pero para Nelson y Francisco el autor intelectual de los crímenes podría ser Phill Dosso, el socio que meses antes se había deshecho de Nelson Serrano en las empresas y que para consolidar el cien por ciento de los negocios necesitaba sacar del medio a George Gonsalves. Nelson nos explica que las relaciones entre Phill Dosso y George Gonsalves tras su salida solo se agravaron, y que varios empleados de las compañías los habían visto discutir frecuentemente por dinero. Y, de pronto, Nelson nos cuenta por primera vez la historia de los supuestos vínculos de Dosso y su familia con personas de ciertas mafias de Nueva York. Esta mención dispara en nuestra memoria los hechos revisados en los expedientes en los que se hablaba de otras teorías que ligaban los crímenes de Bartow a tres sicarios que habrían sido contratados por un hombre de Nueva York que tenía negocios de narcotráfico. Aquel día no comentamos nada sobre la posible relación de estas teorías, pero el asunto quedará flotando en nuestra mente.

En todo caso, a Stefi y a mí esa primera versión de Phill Dosso contratando unos sicarios para eliminar a su socio Gonsalves y consolidar la propiedad de las empresas, aunque podía resultar forzada, se sostenía en ciertos hechos que siempre nos resultaron extraños: el primero tenía que ver con la ruta del dinero desaparecido de las empresas, que nunca se investigó por parte de la fiscalía o de la policía; el segundo era la certeza de que Phill Dosso, después de los crímenes, pasó a ser el único propietario de las dos compañías y, en consecuencia, no tuvo nadie a quien rendirle cuentas, y menos a Nelson Serrano, que ya era un convicto y su juicio civil para recuperar su dinero había sido archivado al no asistir a una de las audiencias; y el tercero era aquel misterioso comportamiento de Dosso la noche de los asesinatos cuando llegó a la escena y no se movió de su vehículo, petrificado por alguna extraña razón, y dejó que sea su esposa, Nicoletta, la que descubriera el crimen. Si creemos de alguna forma en que existe el karma o que todo-se-paga-en-esta-vida, ¿era posible que Phill Dosso hubiera planeado el asesinato de su socio el día en que toda su familia tenía una excelente coartada para alejarse de Erie Manufacturing (la fiesta de sus nietas, hijas de su hijo Frank, en la que estarían todos reunidos a las seis de la tarde) y que el destino hubiera logrado voltear la desgracia en su contra? ¿Fue solo un hecho circunstancial, ciertamente fatal, que sus hijos y su yerno debieran quedarse más tarde en esas oficinas aquella tarde? ¿Acaso aquella reacción inicial de permanecer en el auto y no entrar a sus propias oficinas tenía que ver con lo que él esperaba encontrar allí, quizás un cuerpo, el de su socio? O ¿fue Phill Dosso de verdad una de las víctimas directas del hecho de sangre?

Cuando Nelson nos pregunta cuál es nuestra teoría sobre los crímenes, sin entrar en detalles de lo que hemos revisado en el proceso sobre los presuntos sicarios, ni tampoco sobre las versiones de otros testigos que resultaban demasiado coincidentes sobre aquella persona que estuvo afuera de las oficinas a la hora del crimen y sobre la contratación de parte de "alguien" para que tres sicarios acabaran con la vida de Frank Dosso, o quizás de George Patisso, o, quién sabe, del mismo George Gonsalves, le decimos que para ambos es evidente que en el crimen intervinieron al menos tres personas como autores materiales y tal vez uno como cómplice, pues los disparos se hicieron casi al mismo tiempo con tres armas distintas y el hombre al que vio Purvis afuera de las oficinas aparentemente vigilaba el lugar. Y, por supuesto, añadimos nuestra opinión sobre los abogados que defendieron su caso en la primera instancia en la que fue declarado culpable.

—Creo —empiezo, buscando las palabras más apropiadas— que su defensa fue muy débil, Nelson. Sus abogados nunca mostraron al jurado lo descabellada que era esta historia, lo vacía, insostenible e improbable que era la teoría de la fiscalía, y, sin embargo...

Nelson me interrumpe en ese momento:

—... Esos abogados se quedaron con todo lo que teníamos, no nos dejaron nada, y cuando ya no pudimos seguir pagándoles, se vendieron a la otra parte...

Pocos minutos antes de la hora en que debemos abandonar la sala, con cierto aire de resignación, Nelson nos dice una vez más que es inocente y que espera salir algún día de esa prisión para disfrutar en libertad del poco tiempo que le queda. Al despedirnos con un abrazo y con un nudo formándose en nuestras gargantas, tanto mi esposa como yo sentimos también cierto alivio (lo hablamos esa noche a solas en Sarasota, la ciudad a la que volveremos durante un par de días), pues hemos despejado más dudas que albergábamos sobre Nelson Serrano. En todo caso, las sombras que para nosotros se ciernen sobre este caso empiezan a difuminarse lenta y silenciosamente.

La contundencia de los hechos que descubriremos durante los meses siguientes, nos van a permitir aclarar aún más ese panorama.

COLD CASE

Esa noche, tras la entrevista con Nelson Serrano en la prisión de máxima seguridad de Raiford, nos reunimos a cenar con Francisco en un concurrido restaurante de Sarasota. Allí, los tres nos ponemos al tanto de nuestras vidas. Entre cervezas y Martinis, charlamos sobre varios temas que nos sacan un rato de la historia de su padre, pero, inevitablemente siempre volvemos al tema. En algún punto de la conversación, Francisco pronuncia esas palabras: *Cold Case*.

Se refiere al estatus en el que debía caer el proceso inicial de investigación de los crímenes de Bartow, luego de la etapa en que intervinieron tres Gran Jurados entre 1999 y 2001 evacuando las pruebas y analizando la responsabilidad de Nelson Serrano, el único acusado por la fiscalía en esa instancia. Pero ¿cuáles eran las consecuencias de declarar en *Cold Case* al caso? Y, sobre todo, ¿qué implicaciones tuvo en la práctica este hecho que jugó de forma definitiva en contra de Nelson Serrano?

Para responder estas preguntas que Francisco absuelve para nosotros esta noche en Sarasota, antes es necesario conocer otros antecedentes que rodearon el suceso desde el inicio. Por ejemplo, hay que saber que los crímenes ocurridos en Bartow fueron catalogados por los medios de comunicación y por el propio sistema judicial de Florida como los más espantosos en la historia del condado de Polk. Ese membrete sin duda se ajustaba a la magnitud de una tragedia que no se parecía a nada que la gente pudiera recordar hasta entonces, pero no tomaba en cuenta que, en este condado ubicado en el centro de Florida, cuya capital es precisamente Bartow, a finales del siglo XIX e inicios del XX, se cometieron más de veinte linchamientos a personas negras como parte de la violencia racial que imponía en el sur del país la tesis de supremacía blanca. De hecho, en 1895, tres hombres de raza negra, acusados de violación, fueron asesinados en un ajusticiamiento masivo, y en los años siguientes, hasta 1921, varias personas afrodescendientes fueron acusadas de distintos delitos que casi nunca se comprobaron, pero que los llevaron a la muerte de las formas más brutales. Y, solo para citar un hecho relevante sobre Polk, es importante señalar que el Ku Klux Klan fue un movimiento activo en el condado hasta su desaparición pública en 1979, cuando realizó su última marcha. Pero, por si faltara algo más, todavía hoy se hacen en esta zona reuniones más bien clandestinas de gente que dice pertenecer en pleno siglo XXI al renombrado y tristemente célebre Ku Klux Klan.

No debe extrañar por tanto que los Estados Unidos de América aún se vean sacudidos por una ola creciente, progresiva, de protestas y altercados serios en contra del racismo y la xenofobia que se mantiene latente en esta nación a nivel social, político y judicial. No pasa un día en ese enorme territorio en el que no aparezcan escenas de brutalidad policiaca contra negros o latinos, o reportes de personas de esas minorías raciales que han sido liberados de extensas condenas (cuando han tenido suerte), o que se los ha exculpado de sus cargos luego de años o decenas de años después de haber sido ejecutados en la horca, en la silla eléctrica o mediante la inyección letal, la nueva y benévola arma criminal de la justicia en el primer mundo.

En este orden de ideas, me pregunto: ¿cuál ha sido la reacción histórica de esas minorías contra aquel sistema contaminado desde sus orígenes por la segregación? La primera respuesta es, sin duda, bajar la cabeza, pedir perdón, humillarse aún más ante sus dueños; y luego, tras la emancipación, levantar apenas la voz, exigir igualdad con la ley en la mano, olvidar el pasado y convivir en una sociedad que exigía de ellos perdón y olvido pero que, en el fondo, nunca los ha perdonado por ser diferentes; y, más tarde, señalarlos como sospechosos, marcarlos como delincuentes por su aspecto, acusarlos sin pruebas, confundirlos con criminales simplemente por el color de su piel, por su lengua, por sus costumbres… Y, ante la ira, ante la explosión de esa furia que se había contenido durante varias generaciones, ni una sola muestra de arrepentimiento, ni una sola señal de cambio, tan solo miedo y represión y más injusticia y más violencia como respuesta a la violencia.

De modo que los medios de comunicación de Bartow y, en general de todo el condado de Polk, así como los funcionarios de su sistema judicial, olvidaron rápidamente esta amplia historia de crímenes infames por delitos de odio y aquella fantasmagórica presencia de grupos supremacistas, para concluir que el crimen de 1997 era el peor de su historia. Por supuesto, en esta visión pesaba sin duda el hecho de que se trataba de un cuádruple asesinato y las condiciones de violencia extrema en que se había producido, pero en la zona tenía una importancia relevante, por no decir, determinante, el hecho de que las cuatro víctimas eran blancas, y una de ellas, Diana Patisso, era fiscal adjunta del condado, es decir, compañera de trabajo de quienes más tarde conducirían y decidirían la suerte de Nelson Serrano, el principal sospechoso del crimen, que era latino. Y, para completar el cuadro, desde el mismo día de los crímenes, a Serrano en Bartow se lo trató públicamente, de forma despectiva, como "el Mexicano".

Con estos antecedentes, volvamos por un momento a la noche del 3 de diciembre de 1997 para intentar disipar alguna de las dudas y misterios que envolvieron al crimen. Alrededor de las 19h30, Phill Dosso hizo aquella angustiosa llamada al 911, y, minutos después, ya con los policías en la escena del crimen, entre gritos desesperados, inculpó en reiteradas ocasiones a Nelson Serrano, su exsocio, como el responsable de los asesinatos. Desde esa noche, la policía de Bartow, a pesar de su falta de experiencia, dada la publicidad que generaría el caso, decidió en primera instancia que se haría cargo de todo el proceso prescindiendo para el efecto de los investigadores del Federal Department of Law Enforcement de Florida (FDLE); sin embargo, setenta y dos horas después, cuando había pasado la parte más crítica de la investigación, recién apareció en escena la FDLE al mando de aquel personaje que ya hemos mencionado y que en adelante se llevará buena parte de las páginas de esta historia: el agente Tommy Ray, creador de la teoría que llevó a juicio a Nelson Serrano y de los pasajes más oscuros del proceso de investigación de los crímenes.

En varios de los reportes policiales que se redactaron aquella noche tras el descubrimiento de la tragedia, tanto Phill Dosso como su esposa, Nicoletta, señalaron a Nelson Serrano como autor de los crímenes e incluso mencionaron en distintas versiones que él los había amenazado y que había llegado a decir que "arruinaría a toda su familia". Estas versiones de las supuestas amenazas proferidas por Serrano nunca se comprobaron, y, por el contrario, en reiteradas ocasiones, otros testigos las contradijeron o negaron haberlas escuchado alguna vez en las oficinas de las empresas.

La policía de Bartow y los agentes del FDLE se vieron desbordados por la complejidad del evento, y tan solo pasaron setenta y dos horas para que apareciera en escena el FBI en medio de las investigaciones. Para ese momento ya se habían elaborado decenas de informes forenses y se habían hecho cientos de fotografías, videos y diagramas de las escenas del crimen; se recolectaron todas las evidencias y se efectuó la autopsia de los cadáveres que permanecían en la morgue de Bartow. Así, los agentes del FBI entraron a la investigación de los crímenes tomando como base el trabajo realizado por los inexpertos policías de la ciudad.

Por supuesto, como había anticipado Phill Dosso, padre de dos de las víctimas, suegro de otro y socio de George Gonsalves, el principal sospechoso, en realidad inculpado más que sospechoso, era Nelson Serrano, el socio en discordia con los dos ya mencionados. Pero, el primer problema que se les presentó a los agentes que iniciaron la investigación la misma noche de los sucesos fue que el día en que se cometieron los asesinatos Nelson Serrano no se encontraba en su casa de Lakeland, una localidad del condado que está a veinte minutos por carretera de Bartow, sino que el hombre al que apuntaban como responsable directo de los crímenes estaba en Atlanta, Georgia, aproximadamente a quinientas millas del lugar del crimen. Y la peor noticia para ellos fue que Nelson Serrano podía probar su coartada con un video del hotel en que se alojaba.

La esposa de Serrano, María del Carmen Pólit, se enteró de los crímenes que se habían cometido al interior de la antigua empresa de su marido por la visita que hizo en su casa, esa misma noche, la policía de Bartow. Su hijo, Francisco Serrano, que vivía en Plant City, a veintitrés millas de Bartow, también se enteró esa noche sobre el múltiple asesinato cuando, cerca de las 22h00, dos policías de esa ciudad timbraron afuera de su casa y pidieron que los acompañara a sus oficinas para ser interrogado. Al principio, ni los policías de Plan City ni los que llegaron de Bartow para interrogarlo revelaron algo sobre los hechos acontecidos en Erie Manufacturing, hasta que la esposa de Francisco, Maureen, llamó a su celular para decirle que se había producido un accidente en su antiguo lugar de trabajo. De ahí en adelante, durante varios meses, Francisco fue investigado e interrogado en distintas ocasiones por la policía, aunque esa noche, luego de rendir su primer testimonio y de someterse a la prueba de parafina para ver si había disparado armas de fuego recientemente, lo dejaron volver a casa.

Nelson Serrano, mientras tanto, se alojaba en el Hotel LaQuinta de la ciudad de Atlanta. Por la noche, a las 22h29 recibió en su habitación un llamado telefónico de su esposa desde Lakeland. Ella le contó lo que había sucedido horas antes en su antigua empresa. El día siguiente, jueves 4 de diciembre de 1997, Nelson Serrano regresó a Orlando en un vuelo doméstico y se puso a las órdenes de la policía para las respectivas investigaciones.

Además de interrogarlo durante varias horas, se le hicieron también las pruebas de parafina para determinar si había disparado un arma el día anterior. Los resultados de esas pruebas fueron negativos. Durante los días siguientes, Serrano fue interrogado en distintas ocasiones, y la policía allanó su vivienda varias veces sin encontrar un solo indicio o evidencia que pudiera inculparlo en el crimen.

Durante el primer allanamiento que se hizo en su vivienda, en su ausencia, la misma noche de los crímenes, con la comparecencia de su esposa, María del Carmen, los policías descubrieron una buena colección de armas y municiones que pertenecía a Nelson Serrano. Allí se afincaron, seguramente, las nuevas sospechas en su contra. Sin embargo, a pesar de que todas las armas fueron requisadas y llevadas a los laboratorios para su investigación, no se encontró nunca entre ellas a ninguna de las armas utilizadas en los asesinatos. Serrano en sus testimonios declaró que era un coleccionista de armas de marcas Browning y Beretta, especialmente, y que no había tenido jamás un arma como la Colt .22 con silenciador que había disparado doce tiros en la escena del crimen. Obviamente, tampoco pudieron vincular a Serrano con la pistola calibre .32 o con el rifle con el que se hicieron dos de los disparos.

Veintidós años más tarde, en nuestra visita a la prisión de Raiford, el propio Nelson Serrano nos contaría que acababa de descubrir que el acta realizada aquel día de la incautación de las armas también había sido adulterada de forma misteriosa por alguien involucrado en las investigaciones de los crímenes, pero aquella adulteración fue tan burda, o quizás resultó más peligrosa de lo que pensaban quienes la hicieron, que debieron ocultar el documento entre miles de hojas del expediente y nunca lo utilizaron en su contra.

En las primeras declaraciones que hicieron ante la policía y los agentes encargados de las investigaciones, tanto Francisco como Nelson Serrano pidieron varias veces a los investigadores y policías que siguieran el rastro del dinero que había desaparecido de las cuentas de las empresas, porque allí probablemente podían encontrarse pistas sobre los autores de los asesinatos, pero nadie investigó nunca la ruta del dinero y todas las pesquisas se concentraron en los dos Serrano, padre e hijo, como sospechosos principales de los asesinatos.

Para entonces, hacia finales de 1997, cuando la tragedia era aún muy reciente, estaba claro que tanto la policía como los fiscales encargados de este escabroso y mediático caso necesitaban encontrar pronto a los culpables de los crímenes y así impedir que sus carreras, vinculadas al proceso electoral para elegir fiscales distritales del condado en 2002 se vieran afectadas por su inacción.

De modo que las primeras semanas, mientras el asunto se mantenía en primera plana de los medios de comunicación y de las conversaciones en Bartow y poblaciones aledañas, la policía local, el FBI, Florida Law Enforcement Department (FDLE) y los fiscales a cargo del caso y los agentes encargados de las investigaciones, revoleteaban alrededor de Nelson y Francisco Serrano, y nada o casi nada hacían los investigadores en relación con otros posibles sospechosos de haber cometido los crímenes.

Desde el primer día, según apuntan los expedientes policiales y sus reportes diarios, se intervinieron las líneas telefónicas de la familia Serrano en Florida y los agentes emitían reportes periódicos sobre todas las llamadas hechas y recibidas por ellos. Cada vez que alguna persona era contactada por Francisco, Nelson u otros miembros de su familia íntima, de inmediato la policía los buscaba e interrogaba. Hay decenas de informes sobre estos contactos y centenares de llamadas interceptadas por los agentes, y, sin embargo, no hay una sola evidencia resultante de estos reportes que hubiera sido utilizada contra Nelson Serrano durante el juicio.

Otro de los hechos curiosos de esta pesquisa era que cada día un agente de la policía de Bartow acudía al bote de basura de la casa de los Serrano para revisar minuciosamente los desperdicios que esa familia dejaba. También existen decenas de reportes con datos intrascendentes e insólitos sobre esa basura: productos que usaban, recibos de supermercado, objetos reciclables… Todo este trabajo tampoco arrojó una sola prueba en contra de Nelson Serrano o de alguno de sus familiares.

Entre todas las particularidades y misterios de los crímenes de Bartow, uno de los que más llamó la atención fue la historia de un trabajador de Erie Manufacturing de quien, tras los primeros días de interrogatorios al personal de las empresas, se descubrió que dos semanas antes había sido parte de un confuso y violento episodio tras una discusión con su jefe, George Gonsalves. Al día siguiente, este hombre, Bob, llegó a Erie Manufacturing y, mostrando un arma a varios de sus compañeros, les dijo que iba a matar a Gonsalves. Al parecer, según ciertos testimonios, el trato de Gonsalves no era del todo amable con sus empleados y esto había enardecido los ánimos del empleado. Sin embargo, el incidente no pasó a mayores porque sus compañeros de trabajo le recomendaron que se fuera a casa y que se tranquilizara. Este hecho, que, en manos de investigadores profesionales, objetivos y capaces, debió haber sido revisado y aclarado para no dejar una sola duda al respecto, se quedó sin seguimiento pocos días después cuando este hombre, Bob, confirmó con testigos que tenía una buena coartada: la tarde de los crímenes, a la misma hora, había estado bebiendo cervezas con varios amigos que podían corroborar esa versión. En los reportes policiales respectivos hay un sucinto detalle de esas investigaciones preliminares que se quedaron archivadas sin más. Allí quedó para los investigadores todo el incidente sobre la amenaza de muerte proferida por el empleado de Erie Manufacturing en contra de George Gonsalves, una de las víctimas del crimen.

Otros datos relevantes que aparecieron durante esos días de indagaciones preliminares, pesquisas y seguimientos eran los recogidos en testimonios de trabajadores de Erie Manufacturing que relataban la sospechosa visita que habrían realizado a las oficinas de la empresa, el mismo día de los crímenes en horas de la mañana, dos hombres de aspecto latino a los que también identificaron de modo general como "mexicanos", que habrían llegado supuestamente buscando empleo. Afirmaron los testigos que, cuando la recepcionista de las compañías les estaba dando información sobre las aplicaciones de empleo para las dos empresas, se dio cuenta de que ellos solo intentaban espiar el interior de las oficinas y no se interesa-

73

ban en el trabajo. Ella pensó que los dos hombres podían ser ladrones y así lo consignó en su testimonio. Curiosamente, esta pista tampoco fue seguida o investigada por la policía y los agentes. De hecho, ni siquiera se pidió a la testigo de este hecho que intentara reconstruir con asistencia de dibujantes expertos los rasgos fisonómicos de los sospechosos. Quedaron abandonados allí, entre miles de reportes y documentos, los testimonios sobre los dos hombres que visitaron la misma mañana de los crímenes las oficinas de Erie Manufacturing, a pesar de que al menos dos testigos oculares identificaron cerca de la empresa a un hombre con los mismos rasgos de esos "mexicanos" minutos antes de los crímenes.

Aaron Adams, residente en la ciudad y profesor del colegio de Bartow, fue el primero en llamar a la policía después de los crímenes, concretamente el 11 de diciembre de 1997, para rendir su testimonio. El oficial Hamil lo visitó esa misma tarde y recogió la siguiente versión: "El día 3 de diciembre de 1997, entre las 16h30 y las 17h30, observé a un mexicano o portorriqueño vestido con pantalón negro, camisa y gorra negra, que caminaba hacia el sur en la calle 555, aproximadamente a cien yardas de Erie Manufacturing. El tipo llevaba una chaqueta negra o algo como una bolsa envuelta en su brazo…".

Dos cosas resultaban curiosas sobre este testimonio, primero que la descripción de ese hombre vestido de forma inusual para la zona, justo unos minutos antes de que se cometieran los crímenes, correspondía exactamente a la descripción del "único" testigo ocular del caso, John Purvis, lo que podía reforzar su testimonio y la teoría de que se trató de un crimen cometido por al menos dos o tres ejecutores. Sin embargo, el oficial Hamil se limitó a escribir este corto texto que reproducía la versión de Adams y a continuación, con mucho detalle, hizo una extensa descripción de todas las actividades de los últimos días en relación con la pesquisa a Nelson Serrano. Ni Hamil ni nadie de la policía ni de la fiscalía volvió a hablar jamás con Adams, ni se siguió la pista que él había abierto y que conducía, a lo mejor, a los hombres que visitaron Erie Manufacturing ese día en horas de la mañana o, quizás, al mismo tipo que vio John Purvis a la hora en que se cometieron los crímenes.

Pero eso no es todo lo que se omitió y ocultó en esta etapa de indagaciones que se encaminaba irremediablemente al *Cold Case*, pues, unos meses más tarde, a inicios de 1998, apareció otra historia vinculada con la teoría de los sicarios, esta vez por versión de Joe Manes, un amigo de Frank Dosso que contó la historia de un hombre de apellido DeRoot, que había amenazado por el teléfono a Frank Dosso en agosto de 1997. Concretamente, dijo Manes en su testimonio, que él estaba presente en la oficina de Dosso ese día y que, al recibir aquella llamada, Dosso, bastante alterado, puso el aparato en altavoz para que Manes pudiera escuchar lo que decía aquel hombre. DeRoot, luego de una acalorada discusión, amenazó a Dosso diciendo: "Me voy a encargar de ti". Más tarde, ese mismo día, Dosso le contó a Manes que ese tipo trabajaba para una empresa de la competencia en Los Ángeles, y que se trataba de una disputa por negocios y que no tenía temor de la amenaza que le había proferido. Pero, en octubre de 1997, en otra de las ocasiones en que Manes vio a Frank Dosso antes de su asesinato, este le preguntó si recordaba aquella llamada que había escuchado en su oficina en agosto, y ante la respuesta afirmativa de Manes, Frank Dosso le dijo: "Es mejor que la olvides, déjalo ahí y no lo comentes con nadie". Manes insistió a su amigo para que le dijera qué era lo que estaba sucediendo con aquel hombre, pero Dosso respondió diciendo que tenían un "desacuerdo" y que DeRoot lo había amenazado con "hacerse cargo de él y de su familia". Luego de esta conversación entre Manes y Dosso, que sería la última que mantuvieran los dos amigos, se produjeron los crímenes. Y, apenas transcurrido un mes, en enero de 1998, Manes se encontró casualmente con ese hombre, DeRoot, en una feria comercial en Nueva York. Lo reconoció por la tarjeta de presentación que llevaba en una escarapela al cuello. Recordó aquella llamada y las amenazas. En algún momento del evento, Manes se acercó a DeRoot y le dijo que habían escuchado una discusión entre él y Dosso meses antes, y le preguntó si ya sabía lo que le había sucedido a Frank Dosso. El hombre, sorprendido, le respondió: "Yo nunca hablé con Frank Dosso, yo no lo conozco. Tú métete en tus asuntos…". Manes le dijo que él no quería problemas, y menos aún con un caso de homicidio, pero antes de retirarse de allí, DeRoot, agresivo, sosteniendo en su mano un vaso en el que apenas quedaba un poco de agua, le dijo: "No sabes con quién estás tratando. No conoces a esos tipos. Mantente alejado y mete tu nariz en tus propios asuntos", y, antes de retirarse, Manes afirmó que DeRoot lanzó sobre sus zapatos el agua restante del vaso.

Unos días después de este incidente, cuando Manes se encontraba en su casa en Filadelfia, escuchó un tiro muy cerca. Al salir, vio que alguien había disparado contra su automóvil. Denunció el hecho a la policía, pero nunca hicieron nada por él. Al final, según el reporte policial, luego de haber rendido su primera versión, Manes se rehusó a seguir colaborando con la investigación de los crímenes de Bartow, e incluso les dio un número de teléfono falso para que dejaran de llamarlo. En ese reporte se confirmaba que DeRoot trabajaba para una empresa competidora y que esperaban una fotografía suya para continuar con la investigación... Y, claro, los agentes jamás recibieron esa fotografía y tampoco les interesó seguir la huella de esa nueva historia que ensombrecía aún más el caso en el que ya había un sospechoso: Nelson Serrano.

Entre la tozudez y los conflictos de interés que se cernían sobre los fiscales, policías e investigadores, que pronto verían sus cargos en riesgo si es que no descubrían al autor o autores de los crímenes antes de las elecciones de fiscal de distrito del año 2002, pesó por sobre todas las cosas una teoría que nació de la imaginación del agente Tommy Ray, un tipo cínico y mentiroso, tal como comprobaremos a lo largo de esta historia, que desde el principio apuntó en una sola dirección todas sus baterías, en la dirección que le habían marcado Phill y Nicoletta Dosso, padres de dos de las víctimas. La enfermiza fijación de Ray por acusar y llevar a juicio a Nelson Serrano se sostenía en el señalamiento de la familia y también en aquella lógica retorcida suya en la que, por un lado, Serrano tenía un móvil económico para los crímenes, pero, al mismo tiempo, bloqueaba de forma deliberada el mismo móvil que bien podía tener Phill Dosso, la persona que se quedó con la totalidad de las empresas y con todo el dinero que estas habían producido.

Pero ¿en verdad Nelson Serrano tenía una causa para asesinar a su socio? Recordemos que en junio de 1997 él ya había salido de la empresa Erie Manufacturing y había interpuesto una acción civil para intentar recuperar el dinero que los otros accionistas se llevaron arbitrariamente de las cuentas de las empresas. Recordemos, de igual manera, que luego de los crímenes, desaparecido George Gonsalves, que no dejó herederos, el cien por ciento de la empresa quedó en manos de Phill Dosso, una de las víctimas del cuádruple crimen en el que murieron dos de sus hijos y su yerno. Y, recordemos, finalmente, que nunca, ni siquiera por curiosidad, las investigaciones siguieron la ruta del dinero que se esfumó para siempre de la contabilidad de las compañías. Ese dinero que, se pensaba, era el móvil de Nelson Serrano, no solo que había desaparecido sin dejar rastro después de los crímenes, sino que el juicio civil interpuesto por Serrano para recuperar la parte que le correspondía se declaró abandonado pocos años más tarde. Me he preguntado en varias ocasiones si ¿la ira o el deseo de venganza podía haber sido para Nelson Serrano el verdadero móvil del crimen? Sin duda no es fácil responder esta interrogante o descartar de plano una hipótesis así, pero el peso de los hechos con los que me iba a encontrar en el camino me permitiría en poco tiempo aclarar ciertas dudas sobre lo que en realidad sucedió en Bartow aquel 3 de diciembre de 1997.

A propósito de los relámpagos que han ido apareciendo de pronto en el horizonte oscuro de este caso, mientras escribía esta parte de la historia, la época de las investigaciones y del inminente estado de *Cold Case*, una de las ocasiones en que vi los documentales que se produjeron sobre los crímenes de Bartow reparé en esas palabras de Tommy Ray que recalcaban el hecho de que el móvil del crimen había sido el dinero. Pensé, entonces, ¿por qué él nunca investigó a dónde fueron a parar los cuatro millones de dólares que desaparecieron de las cuentas de las empresas? Si el móvil de un crimen tan espantoso como el de Bartow era económico, lo lógico y, además responsable, era saber en dónde había terminado esa suma exorbitante, aunque aquella persona presuntamente sospechosa hubiera sido etiquetada desde el principio como "víctima" de los crímenes por la desgracia de que ese día estuvieron allí sus dos hijos y su yerno, un hecho que más bien parecía un cruel juego del destino. Pues, curiosamente, desde hace veinte y dos años, nadie ha investigado las cuentas, la empresa y los bienes que Phill Dosso posee en los Estados Unidos o en Italia, su segunda patria.

En medio de este círculo vicioso de indicios desechados, sospechosos exculpados y evidencias archivadas u ocultadas, más dos años después de los hechos criminales, en enero del 2000, se removió a Tommy Ray del caso y se declaró al proceso en *Cold Case*, es decir, congelado jurídicamente porque no había resultado alguno en las investigaciones y no se podía llevar a Nelson Serrano ni a nadie más a juicio.

La carrera judicial de Tommy Ray corría serio peligro. La carrera de John Agüero y de Paul Wallace, asistentes del fiscal del distrito número diez de Florida, se encontraba en la cuerda floja. Y, finalmente, Jerry Hill, el fiscal general, el gran jefe de los anteriormente citados, tenía pocas probabilidades de ser reelegido en las elecciones de 2002. De hecho, sus contendientes del Partido Republicano empezaron a utilizar este caso como muestra de la inoperancia e ineficiencia de Hill para seguir al frente de la fiscalía de Bartow.

Ante este negro panorama al que se enfrentaba el equipo judicial y policial de la ciudad, lo único que podía salvar entonces a todos ellos era un verdadero milagro. Y, a qué no imaginan los lectores lo que sucedió… ¡En efecto! El inefable Tommy Ray consiguió su milagro, y con él no solo resucitó su carrera, sino además la de sus superiores.

EL MILAGRO DE RAY

Todas las pruebas que se habían recaudado en este caso entre diciembre de 1997 y febrero de 2001 señalaban de modo inequívoco que los autores materiales de los crímenes de Bartow eran al menos dos personas, más concretamente, dos sicarios con experiencia en ese tipo de ejecuciones.

Entre decenas de huellas digitales que se descubrieron en la escena del crimen, varias correspondientes a personas ajenas a las empresas, nunca se encontró una sola huella de Nelson Serrano, ni tampoco un cabello, ni un solo rastro de ADN, ni una simple evidencia que pudiera situarlo en esas oficinas aquella tarde. Por el contrario, los informes forenses recogían hechos incontrovertibles a favor de la teoría del sicariato, como que los catorce disparos efectuados contra las víctimas se habían realizado con tres armas diferentes en un cortísimo intervalo de tiempo, quizás unos pocos minutos. Y aunque en relación con las armas utilizadas esos informes también mintieron, o, al menos, ocultaron información que podía resultar inconveniente para la famosa teoría de Tommy Ray sobre la participación de Serrano como el único y solitario autor material de los crímenes, todos los caminos conducían a probar que la ejecución fue el resultado de un trabajo íntegramente profesional. Es decir, la inverosímil teoría del caso elaborada por Tommy Ray, que situaba a Nelson Serrano, un hombre de cincuenta y nueve años en solitario ejecutando a las cuatro víctimas a sangre fría (dos de las víctimas mucho más jóvenes y uno de ellos de contextura fuerte y atlética), habría resultado aún más difícil de ser digerida por un jurado, por más impresionable o parcializado que este resultara, si es que a esa descabellada versión se le añadía aquel rifle calibre .30 y los dos disparos que se hicieron con él y que hasta el día de hoy se desconocen en las cortes de justicia de Bartow y del estado de Florida. Por esa razón, Ray y los demás agentes ocultaron ese "pequeño" detalle sobre la tercera arma en sus investigaciones, además de muchas otras evidencias que aparecían en el camino y que podían quitarle peso a su teoría.

De este modo, entre 1999 y los primeros meses de 2001, tres Gran Jurados conformados por la Corte de Justicia de Bartow, en distintos momentos negaron a la fiscalía la posibilidad de acusar a Nelson Serrano por falta de pruebas en su contra. Así, con Tommy Ray apartado de la investigación, con Agüero y Wallace, asistentes del fiscal pendiendo laboralmente de un hilo y con el fiscal de Distrito, Jerry Hill, poniendo en riesgo su cargo en las elecciones del año siguiente, apareció la milagrosa evidencia que todos ellos esperaban.

La historia de este "milagro" está vinculada inevitablemente a Tommy Ray, un hombre de aspecto ladino, más bien bajo y de contextura fuerte, de cabello lacio y platinado, con ojos vivaces y fama de bobo reivindicado en este caso al convertirse en el tenaz investigador que, a pesar de que la empresa encargada de los estacionamientos del aeropuerto de Orlando había informado en varias ocasiones a la policía que los boletos de parqueo se destruían cada noventa días, y a pesar de que la misma empresa informó que en ese lapso, desde 1997, había sufrido dos inundaciones y como consecuencia de ellas se destruyó el material documental que allí reposaba, insistió para que lo dejaran buscar en una pequeña bodega en la que se almacenaban objetos y otros documentos de la empresa durante años. Y allí, el 28 de febrero de 2001, cuando ya todos los involucrados se encontraban con el agua al cuello, apareció en una caja de zapatos (sí, en una simple caja de zapatos) el boleto de estacionamiento de un auto alquilado el mismo día de los crímenes por un joven conocido por Nelson Serrano, Álvaro Peñaherrera. Pero, por si esto no fuera lo suficientemente sorprendente, en esa misma caja de zapatos, apareció otro boleto de estacionamiento fechado el 23 de noviembre de 1997, diez días antes de los crímenes, del vehículo particular de Nelson Serrano que estuvo estacionado allí esa noche hasta el día siguiente en uno de sus viajes de trabajo. Es decir, cuatro años más tarde, entre millones de boletos de estacionamiento gestionados por esa empresa, que supuestamente se habían destruido como política común o desaparecido en un par de inundaciones, aparecieron dos boletos de estacionamiento de dos automóviles conducidos presuntamente por la misma persona con diez días de diferencia.

Pero aún había otro hecho increíble que reforzaría aquel milagro, y es que en cada uno de los referidos boletos de estacionamiento apareció, como caída del cielo, la mitad de una huella borrosa del dedo índice izquierdo de Nelson Serrano, y por si faltara algo más, esas dos mitades de huellas formaban con exactitud asombrosa una sola huella completa del sospechoso principal de estos crímenes. Solo para que se comprenda mejor la magnitud del milagro que tocó de forma divina a Tommy Ray, es importante que se sepa que los dos boletos sobrevivientes de entre millones de boletos que se habían destruido esos años en la empresa de estacionamiento del Aeropuerto Internacional de Orlando, descubiertos además en una caja de zapatos de una bodega de la misma empresa, habían sido marcados, con diez días de diferencia, por el mismo dedo índice de la mano izquierda del sospechoso de los crímenes. Un verdadero prodigio que resulta, por imposible, absolutamente irrepetible. Y otra maravilla más, en ninguno de los *tickets* había más huellas de Nelson Serrano ni tampoco de las personas que entregaron o recibieron aquellos boletos en la entrada o salida de aquel estacionamiento, ni tampoco de los empleados de la empresa que, por error o por la gracia del destino, guardaron los dos boletos juntos en aquella caja y en esa bodega. La única huella que esos boletos mágicos tenían impresa era la del dedo índice izquierdo de Nelson Serrano, y por si alguien tuviera alguna duda del fenómeno, además se trataba de una huella completa, es decir, como si se tratara de un capítulo de la novela de H. G. Wells, *La máquina del tiempo*, la misma huella fue impresa con diez días de anticipación en dos documentos y momentos distintos por el sospechoso de los crímenes de Bartow.

Durante el tiempo que he investigado este caso me he preguntado muchas veces ¿cuáles son las probabilidades de que esto sucediera de verdad? Aunque no tengo la respuesta precisa, pues no cuento con el detalle exacto de los millones de boletos emitidos en

84

ese período, y tan solo sé que en aquel lapso los pasajeros anuales del aeropuerto Internacional de Orlando superaban los veinticinco millones de personas, puedo afirmar que Tommy Ray tenía más opciones de ganarse el premio mayor de la Lotería de Florida cinco semanas seguidas (tal vez más incluso) antes de que se produjera su famoso milagro.

Pero así sucedieron los hechos. Así fue como este héroe estadounidense consiguió la única prueba que podía llevar a Nelson Serrano a juicio, y era la que situaba a su sospechoso algo más cerca de la escena de los crímenes (a sesenta y tres millas) y no a las quinientas millas a las que se encontraba aquel hotel de Atlanta en el que Serrano se había hospedado y en cuyo *lobby* central aparecía dos veces, según los videos de las cámaras de seguridad.

Pero, claro, este hallazgo portentoso de los dos boletos más de cuatro años después tenía un antecedente en el que la policía de Bartow, la FDLE y el mismo Ray habían afincado sus esperanzas, y era aquel alquiler de los dos autos, uno de ellos justamente el día en que se cometieron los crímenes, el 3 de diciembre de 1997.

Desde que me interesé por el caso de Nelson Serrano siempre me pareció que había demasiadas casualidades sobrevolando alrededor de los hechos. La primera y más desafortunada casualidad para al menos tres de las víctimas fue que se encontraron en el lugar, en el momento y con las personas equivocadas aquel día y a esa hora porque George Gonsalves había prestado aquella tarde la camioneta de la empresa que usaban Frank Dosso y George Patisso, y, por esa razón, permanecieron allí hasta la hora en que entraron los asesinos. Sin embargo, cuando leí todos los informes policiales, comprendí que a lo mejor no era una casualidad que Dosso y Patisso estuvieran allí esa tarde hasta esa hora, pues varios testimonios señalaban al joven hijo de Phill Dosso como el objetivo de un grupo de criminales a sueldo. Esta historia, cronológicamente, saldrá a la luz unos años más tarde.

Otro caso extraño era el alquiler del vehículo que había realizado Álvaro el día de los crímenes. Revisé entonces cada documento y cada testimonio que tenía relación con este hecho. Efectivamente, el 3 de diciembre de 1997, a las 9h25, Álvaro Peñaherrera, un muchacho de diecinueve años, hijo de unos amigos muy cercanos de Nelson Serrano, alquiló un vehículo Nissan verde con placa PEV-23V, lo sacó del estacionamiento de la empresa Dollar Rent a Car en el aeropuerto de Orlando y lo dejó en uno de los estacionamientos del propio aeropuerto. La llave y el boleto del estacionamiento se ocultaron en un pequeño espacio entre el aro de una de las llantas delanteras. Peñaherrera fue interrogado varias veces por este hecho, primero ante la policía y el agente Ray, y años después, por la fiscalía y los abogados de Serrano ante los jurados que se designaron en distintos momentos. Todas las versiones de Peñaherrera son contradictorias, sospechosamente contradictorias, pues al principio dijo que alquiló el auto para un amigo panameño, pero cuando la policía le pidió datos sobre ese amigo se retractó. Dijo que Nelson Serrano le pidió que mintiera para protegerlo, pero ¿para protegerlo de qué o de quién? La verdad, al menos una parte de ella salió a la luz en los siguientes interrogatorios, cuando Peñaherrera confirmó que Nelson le pidió alquilar ese auto para una amiga que debía llegar ese día desde Brasil y que recogería el auto para viajar a Tampa. Aquella amiga, a la que llamaremos Alicia, una brasilera a la que Nelson conoció en Quito años antes, era su amante. Según se verá más tarde en el proceso, Álvaro Peñaherrera, por petición del propio Nelson Serrano, intentó ocultar esta información para evitar causar más daño a su esposa, María del Carmen, pero lo cierto es que la relación de los cónyuges se había enfriado mucho antes de estos hechos, y, aunque siguieron casados un tiempo durante y después del juicio, toda esta historia terminó por separarlos.

Pero ¿por qué se encontraron dos boletos en el asombroso hallazgo de Ray aquel febrero de 2001? ¿Qué conexión tenían esos dos boletos con Nelson Serrano? La historia del segundo boleto, o mejor dicho del primero, pues correspondía a una fecha anterior, esto es, el 23 de noviembre de 1997, diez días antes de los crímenes, era, según la teoría de Tommy Ray, el día en que supuestamente Nelson Serano adquirió de forma personal y pagó en efectivo los dos boletos de avión entre Atlanta y Orlando, y entre Tampa y Atlanta bajo dos identidades falsas. Y, para completar los misterios e incongruencias de estas pruebas, el boleto de estacionamiento del 23 de noviembre de 1997 tenía la otra mitad exacta de la huella digital del dedo índice de Nelson Serrano, es decir, que los dos boletos fueron "tocados" (no "tomados", pues en caso de que los hubiera asido con los dedos debía aparecer en el reverso la huella del dedo pulgar de su mano derecha) por su dedo índice en el mismo momento, aunque en realidad fueron adquiridos y registrados en el estacionamiento con diez días de diferencia.

Por supuesto, resultaba muy extraño que el día de los crímenes apareciera un auto alquilado por alguien cercano a Nelson Serrano, justamente la persona sobre la que recaían todas las sospechas. Tommy Ray debe haber pensado lo mismo cuando alguno de sus colegas, o quizás él mismo, descubrió aquello. Ray debió imaginar en ese momento que acababa de encontrar la prueba madre que iba a sostener su teoría, pero entonces empezaron sus verdaderos problemas, pues aunque Peñaherrera había alquilado el auto presuntamente para Serrano aquel día, ese auto estuvo en el estacionamiento de Orlando desde la mañana del 3 de diciembre hasta las 15h49, cuando salió el vehículo desde el aeropuerto de Orlando en una dirección que nunca fue aclarada aunque esa misma noche el automóvil terminó su trayecto en el aeropuerto de Tampa. Tampoco se conocía quién había conducido aquel vehículo ese día, si fue la amante de Nelson Serrano que debía llegar a la ciudad o si fue el propio Álvaro Peñaherrera, o, como dijo Tommy Ray en su teoría, si fue Nelson Serrano el que se llevó el vehículo burlando todas las cámaras de seguridad de tres aeropuertos distintos.

En todo caso, aquel vehículo llegó al aeropuerto de Tampa en horas de la noche y, al día siguiente, el 4 de diciembre de 1997, Álvaro Peñaherrera lo devolvió en las oficinas de Dollar Rent a Car de ese terminal.

Durante todo ese tiempo, la pregunta clave era: ¿quién condujo el vehículo? En esa respuesta se podía encontrar la solución al misterio del alquiler y su propósito final, sin duda, pero al no haber ninguna prueba concluyente sobre este hecho y ante las versiones contradictorias de Álvaro Peñaherrera y la inexistencia de videos u otras pruebas que demostraran la identidad de la persona que llevó el vehículo de Orlando a Tampa, por simple deducción del jurado, incitado obviamente por la fiscalía, se asumió que fue el propio Nelson Serrano, que además en un lapso de nueve horas con cincuenta y seis minutos, entre las 12h21 y las 22h17 que él aparecía en los videos de seguridad del *lobby* del Hotel LaQuinta Inn en Atlanta, había estado en el aeropuerto de Atlanta, había viajado en un avión de la compañía Delta, aterrizado en el aeropuerto de Orlando, había recogido el vehículo, conducido hasta Bartow a sesenta y tres millas de distancia, entrado a su antigua empresa, ejecutado él solo a las cuatro víctimas con tres armas distintas, luego condujo el vehículo hasta Tampa a cincuenta y un millas de distancia, lo dejó en el estacionamiento de ese aeropuerto, tomó un vuelo de la compañía Delta hacia Atlanta y llegó a esta ciudad a las 22h17 para aparecer en aquel video del *lobby* del hotel con la misma ropa que vestía al mediodía. Y, lo que resultaba más asombroso aún, que su imagen no salía en ninguno de los videos de seguridad de esos tres aeropuertos, ni tampoco en los estacionamientos ni en las calles, ni en ninguno de los sitios que supuestamente visitó. Como lo comprobaría años más tarde la periodista Janeth Hinostroza en su documental sobre este caso, trabajo sobre el que también hablaremos un poco más adelante, la teoría de Tommy Ray sobre la autoría de los crímenes por parte de Nelson Serrano no se podía cumplir simplemente porque el tiempo que transcurrió entre sus dos apariciones en el *lobby* del hotel de Atlanta, nueve horas con cincuenta y seis minutos, era imposible de lograr, pero a pesar de todas estas inconsistencias, mentiras y alteraciones de los hechos y evidencias, Nelson Serrano fue condenado sin una sola prueba real y fehaciente que lo situara aquel día en Bartow, el lugar de los crímenes.

De modo que, en 2001, cuando el panorama se oscurecía por completo para todas las personas que investigaban este caso, Tommy Ray descubrió la pieza que le faltaba al rompecabezas que él mismo había construido junto a sus colegas: la supuesta huella digital que situaba a Serrano en un aeropuerto a sesenta y tres millas de la escena de los crímenes, es decir, aproximadamente a una hora en automóvil si se conduce a algo más de sesenta millas por hora, lo que convertía a esta evidencia en puramente circunstancial y, por tanto, no podía llevar a ningún jurado ni a un juez probo e imparcial a concluir que Nelson Serrano era el autor de los crímenes. En todo caso, a pesar de la incoherencia de una teoría imposible, había otros ingredientes que resultarían decisivos en este caso para convencer al jurado sobre la culpabilidad de Serrano y lograr así su condena.

Aquel 28 de febrero de 2001, cuando se produjo su milagroso descubrimiento, Ray y sus jefes surgieron de entre las cenizas y recuperaron el aliento a costa de inculpar a Nelson Serrano como autor material de los cuatro crímenes. Allí nació también la leyenda, un tanto patética pero bien promocionada por ciertos medios de comunicación estadounidenses, del héroe que descubre un crimen imposible con base en su tenacidad, astucia y perseverancia: Tommy Ray, el agente policial que, como veremos a continuación, para lograr su objetivo, no tuvo ningún empacho en sobornar policías, fabricar pruebas, ocultar evidencias, violar las leyes migratorias de otro país y cometer varios delitos para llevar a su sospechoso a ser juzgado ante una corte de Florida.

EL SECUESTRO DE NELSON SERRANO

Adelantemos un momento el calendario de esta historia. Dejemos por ahora el proceso de investigación de Nelson Serrano en *Cold Case*, y vayamos al sur del continente americano, más concretamente situémonos sobre la línea equinoccial en la capital del Ecuador, Quito, la ciudad andina en la que nació Nelson Serrano Sáenz y a la que regresó en el 2000, después de haber vivido y trabajado durante treinta y siete años en los Estados Unidos y de haber conseguido su jubilación en aquel país meses antes de volver a su país.

Era el sábado 31 de agosto de 2002, un día que será recordado siempre por la familia Serrano como uno de los peores de su vida. Esa mañana típicamente veraniega, ventosa y soleada, Nelson Serrano y su esposa, María del Carmen Pólit, fueron a almorzar junto a una pareja de amigos en el restaurante del Hotel Embassy, ubicado sobre la calle Wilson y avenida 6 de Diciembre, en el norte de la ciudad de Quito. Alrededor de las tres de la tarde, luego de pagar la cuenta, los cuatro comensales salieron del restaurante por la puerta que da justamente a la tranquila calle Wilson. De pronto, delante del hotel, aparecieron varios hombres armados, vestidos de civil. Uno de ellos se acercó a Nelson Serrano y le pidió que este confir-

91

mara su identidad. Cuando Nelson Serrano pronunció su nombre, los otros hombres se abalanzaron sobre él, lo sometieron, lo empujaron contra uno de los vehículos estacionados en la calle, lo cachearon y lo metieron violentamente en el interior de otro automóvil con vidrios polarizados.

Durante el incidente, que apenas duró un par de minutos, tanto sus acompañantes como Nelson Serrano preguntaron varias veces a esos hombres quiénes eran y con qué autoridad lo trataban de aquella forma. Sin embargo, ninguno de ellos respondió. Instantes después, esos vehículos sin placas, con vidrios polarizados, desaparecieron llevándose en su interior a Serrano. Todo aquel operativo aparentaba ser un secuestro, y, en efecto, lo era.

María del Carmen Pólit y la pareja de amigos fueron asistidos por un taxista que había visto la escena y que identificó a varios de los hombres como policías de migración ecuatorianos que se encontraban vestidos de civil. Aquel taxista aseguraba conocer a esos hombres que normalmente hacían operativos de migración en la zona. Esa tarde de sábado, en aquel taxi recorrieron varias dependencias policiales, juzgados de flagrancia, hospitales, comisarías, pero no había rastro alguno de Nelson Serrano...

Regresemos otra vez por un instante en esta línea de tiempo para comprender exactamente y con todos los detalles lo que pasó ese día. Volvamos dos años atrás, al 21 de agosto del 2000, cuando Nelson Serrano llegó para radicarse otra vez en el Ecuador en un vuelo procedente de Miami, con escala en Bogotá, Colombia. Serrano se había jubilado en los Estados Unidos y había dejado su nueva empresa, American Slick-Rail Conveyors Inc., bajo la dirección de su hijo,

Francisco. El hecho más relevante de este dato es que aquel día, 21 de agosto de 2001, en su último viaje de regreso a Quito, Nelson Serrano ingresó formalmente al país con un pasaporte ecuatoriano que había sido emitido por el consulado en Miami en mayo del mismo año, acogiéndose a la doble nacionalidad que se estableció en la Constitución ecuatoriana de 1998. Así, luego de treinta y siete años de haber renunciado expresamente a su nacionalidad ecuatoriana para adoptar la estadounidense, Serrano había vuelto a ser ciudadano del Ecuador y en esa condición regresó a su país. Sin embargo, los tentáculos de la corrupción judicial y policial del estado de Florida, entrelazados con los del Ecuador que no eran menores, iban a frustrar definitivamente aquel sueño para convertirlo en la más espantosa de las pesadillas.

Pero ¿cómo y dónde se armó aquel operativo delincuencial para secuestrar a Nelson Serrano en su país de origen? Para responder a esta pregunta recordemos que, desde diciembre de 1997, el caso sobre los crímenes de Bartow seguía en investigación, aunque para entonces tres Gran Jurados habían resuelto que no existían méritos ni pruebas para llevar a Serrano a juicio. Si ese proceso seguía en el mismo estado de estancamiento en cuanto a las pruebas necesarias para encauzar a Serrano, terminaría archivándose el caso y varias carreras judiciales de fiscales e investigadores de Bartow, en consecuencia, se verían truncadas. Recordemos, además, que en febrero de 2001 el agente Tommy Ray, que había sido apartado del caso por no haber encontrado "la prueba madre" contra Nelson Serrano, descubrió milagrosamente aquellos boletos de estacionamiento con una supuesta huella de Serrano impresa en ellos. Pues, a partir de aquel descubrimiento milagroso, se concluyó que Nelson Serrano había tocado con su dedo índice izquierdo aquellos boletos, emitidos con diez días de diferencia.

Por supuesto, para Tommy Ray, un tipo que se jugaba su propia carrera, además de la de sus jefes, y que también buscaba reivindicar su nombre manchado hasta entonces por este proceso, no había imposibles, y, en efecto, no los hubo. Una vez que recibió los resultados del laboratorio sobre las huellas dactilares, asumo que bailó y saltó de felicidad, pues con esa prueba podría pedir de inmediato que un nuevo Gran Jurado se decidiera a llamar a juicio a Serrano. Así sucedió. Conformado un Gran Jurado al que se le presentó la nueva evidencia, resolvió llamar a juicio a Nelson Serrano. Se emitió una orden de captura en su contra, pero lo más curioso de todo, lo más indignante de la más reciente prueba presentada por Ray en la corte, era que en el laboratorio la supuesta huella de Nelson Serrano se borró por los químicos que se usaron en el análisis, una consecuencia muy conveniente para alguien que tuviera la suficiente astucia como para fraguar una prueba y luego desaparecer los vestigios de esa alteración para que no quedaran huellas en los expedientes del proceso que terminó condenando a muerte a una persona.

Así, con los boletos supuestamente descubiertos por Ray, el 17 de mayo de 2001, la corte del circuito del condado de Polk emitió una orden de captura contra Nelson Iván Serrano Sáenz, al que se acusaba como autor material de los cuatro crímenes de Bartow. Paul Wallace se sirvió de esa orden para iniciar un proceso de extradición de Serrano desde el Ecuador, país en el que residía desde el 2000. Pero entonces alguien les advirtió que aquel proceso de extradición no podía ser ejecutado, puesto que Nelson Serrano había recuperado su nacionalidad ecuatoriana y este país no admitía en su Constitución la extradición de sus nacionales. Aunque falta mucho camino por recorrer y muchas sorpresas por descubrir, ya hemos visto que Ray nunca tuvo problema alguno en saltarse o eludir o pasarse por el forro las leyes y los códigos éticos básicos, así que, con esa orden, decidió viajar al Ecuador para llevarse a Nelson Serrano incluso por encima de la recomendación de su propio gobierno.

Años más tarde, en el documental que le hiciera la CBS a propósito de este caso, Tommy Ray se burlaba del Ecuador, ese pequeño país a la vez tropical y andino al que había llegado para sobornar autoridades y policías, y cumplir con la misión de llevarse a Nelson Serrano de regreso a los Estados Unidos. Decía Tommy Ray en pantalla, con el gesto desvergonzado, que el soborno a los policías ecuatorianos le costó la módica suma de un dólar por cada hora de trabajo. En total, afirmó Ray, el operativo le costó, entre sobornos a autoridades y policías, un poco más de mil dólares, una cantidad ínfima para los montos que el investigador debía estar acostumbrado a gastar en su país, pero muy significativo para los pobres y corruptos ecuatorianos que, por migajas, ayudaron a secuestrar a una persona.

Volvamos en el tiempo hasta agosto de 2002 cuando el fiscal adjunto Paul Wallace y el agente Tommy Ray, acompañados de un miembro del FBI, aterrizaron en Quito, Ecuador, el día 25. Previamente, Ray ya había pasado por esa ciudad un par de ocasiones, la última en junio de 2002 cuando llegó para confirmar cuál era la situación jurídica de Nelson Serrano en

Ecuador, en qué lugar vivía, y, de manera especial, hacer los contactos necesarios para lograr llevarse a Serrano sin pasar por la vía de la extradición, que ya se le había advertido era ilegal e inconstitucional. En otras palabras, llegó en junio para abonar el terreno del operativo de secuestro y traslado ilegal de Serrano a los Estados Unidos.

En este punto debo hacer un paréntesis para que conste aquí otra pregunta que aún no tiene respuesta, pero que bien podría resultar decisiva a futuro en los procesos y recursos que aún tiene Nelson Serrano en las cortes estadounidenses. La cuestión es ¿quién pagó todos los gastos de viajes que hizo Tommy Ray hacia el Ecuador para preparar el secuestro de Nelson Serrano? Me atrevo a especular que en caso de que lo hubiera hecho la corte de Bartow o el departamento judicial para el que trabajaba Ray, The Florida Department Law Enforcement (FDLE), dos entidades públicas sometidas a los controles de la administración de los Estados Unidos y de su propia normativa jurídica, que seguramente juzgaría con rigor cualquier uso de ese dinero para sobornos de policías y funcionarios ecuatorianos (como afirmó Ray haber actuado en Quito) o, peor aún, haber financiado con sus fondos aquel viaje para secuestrar a un ciudadano ecuatoriano en su propio país (como lo confirmaría la Comisión Interamericana de Derechos Humanos, CIDH, en 2020), las consecuencias serían catastróficas para los funcionarios que aprobaron y entregaron los fondos al ejecutor material de los delitos. En conclusión, quienes financiaron el viaje y la operación delictiva de Ray que nos aprestamos a relatar a continuación son ahora cómplices de todos los delitos que se cometieron en ese viaje, ya sea los funcionarios públicos de Florida antes citados o, por ejemplo, algún familiar de las víctimas que hubiera estado interesado en que Nelson Serrano sea imputado como autor de los crímenes.

Regresamos a agosto de 2002. A partir del día 26, Ray y su comitiva se entrevistó con funcionarios de la embajada de los Estados Unidos en Quito, quienes les previnieron que aquel proceso de extradición no se podía llevar a cabo, pues Nelson Serrano era ecuatoriano y su gobierno no podía extraditar a uno de sus ciudadanos. Al final de aquellas reuniones, los miembros de la embajada le sugirieron a Ray y a sus acompañantes que se abstuvieran de seguir con el proceso. Sin embargo, estos personajes se mantuvieron esos días en la capital ecuatoriana para poner en práctica su plan B. Para esto, contaron con la ayuda de un hombre vinculado a la embajada, alias "Pepa", con quien planificaron la forma de llevarse a Serrano a los Estados Unidos. Se contactaron con un desaprensivo intendente de Policía, alias "Dol", que podía hacerse el despistado y conocer un supuesto caso de deportación; y, por último, para cerrar el círculo, contaron con el apoyo de varios policías ecuatorianos que estuvieron dispuestos a llevar a cabo el operativo de captura, secuestro, ocultamiento y traslado ilegal de Nelson Serrano Sáenz a los Estados Unidos de América.

El día anterior al secuestro, es decir el viernes 30 de agosto de 2002, Paul Wallace, fiscal adjunto de la corte de Bartow, y el agente Tommy Ray, tenían listo y armado un expediente judicial de deportación del ciudadano *estadounidense* Nelson Iván Serrano Sáenz. De hecho, se reunieron ya con el intendente de Policía alias "Dol" y le explicaron el caso, a su manera, por supuesto, mostrándole fotos de la escena del crimen y señalando a Serrano, el *estadounidense*, como su autor material, que tenía una orden de arresto en los Estados Unidos. Omitieron, obviamente, el hecho de que Serrano era ecuatoriano, pero incluyeron en el expediente de deportación, por error o por torpeza, además del pasaporte y las pruebas de la nacionalidad estadounidense de Serrano (en efecto, tiene hasta el día de hoy doble nacionalidad), un certificado de movimiento migratorio en el que aparecía el último ingreso al Ecuador, fechado el 21 de agosto de 2000, proveniente de Bogotá, Colombia, en cuyo texto se muestra claramente que Nelson Serrano entró con el pasaporte ecuatoriano número DL 71.513, otorgado el 8 de mayo de 2000 en el consulado de Miami. Sin embargo, el hábil Ray y el ingenuo (o ciego, o ambas) alias "Dol" omitieron mencionar aquel pasaporte ecuatoriano en la petición de deportación y solo hicieron referencia al ingreso de Serrano al Ecuador del día 3 de abril del 2000 con visa T3, es decir, todavía como ciudadano estadounidense cinco meses antes de su último ingreso. Y, como no hay un crimen perfecto, y menos aún en este caso plagado de mañoserías, a los funcionarios de la justicia estadounidense y ecuatoriana se les quedó olvidado en el expediente oficial aquel movimiento migratorio que delataba y descubría a todos los que participaron de esta concurrencia de delitos contra Nelson Serrano. Así, el viernes 30 de agosto de 2002, una vez revisados los documentos que le exhibieron las autoridades estadounidenses, el intendente de Policía, alias "Dol", solícito, dispuso el arresto del ciudadano *estadounidense* Nelson Serrano Sáenz en cualquier lugar del territorio ecuatoriano en que fuera encontrado.

Al día siguiente, sábado 31 de agosto de 2002, a las 15h00, varios agentes policiales locales que no se identificaron como tales, junto con Ray, Wallace y un agente estadounidense del FBI, sin tener competencia alguna en territorio ecuatoriano, secuestraron a Nelson Serrano con una orden ilegal de deportación, afuera del restaurante del Hotel Embassy de Quito, Ecuador, su propio país.

La idea de los perpetradores de la deportación ilegal, incluidos los policías ecuatorianos sobornados, y de los propios funcionarios de la intendencia, era hacer un juicio sumario, brevísimo, a Serrano y llevárselo lo antes posible a los Estados Unidos, pero el problema que se les presentaba era que el único vuelo disponible hacia aquel país era el del día siguiente a las seis de la mañana con la compañía American Airlines. Ray, entonces, suspicaz, imaginó que la familia de Nelson Serrano lo buscaría intensamente durante las primeras horas de realizado el secuestro y si lo llegaban a encontrar, posiblemente iban a frustrar aquella deportación fraudulenta, mostrando el pasaporte y los demás documentos originales ecuatorianos de Serrano. Por esa razón, desde el instante en que fue retenido, Nelson Serrano únicamente recordaba que se lo llevaron oculto en unos vehículos hasta unas oficinas que no reconoció. En sus versiones, que más tarde fueron corroboradas por la Comisión Interamericana de Derechos Humanos y por los testimonios de los propios policías que intervinieron en el caso, se confirmó que nunca llevaron al secuestrado a la intendencia de policía, pues allí corrían el riesgo de ser descubiertos por la familia y los abogados de Serrano, que lo estaban buscando frenéticamente. De este modo, los agentes nacionales y extranjeros se vieron obligados a llevar a Serrano a algún otro lugar cercano, quizás alguna oficina pública en donde lo mantuvieron oculto mientras se efectuaba el simulacro de audiencia y enjuiciamiento de deportación. Por esa razón, Serrano jamás vio a su supuesto abogado de oficio, un doctor de apellido Escalada, quien suscribió el acta de audiencia sin la presencia de su defendido, pues, en una declaración posterior durante el proceso penal que se les siguió por secuestro y tortura a todos los implicados, este abogado aceptó que firmó aquel documento sin haber intervenido en el juicio.

Así, a las cinco de la tarde, en un tiempo récord para cualquier sistema judicial del mundo, ya se había dictado la sentencia en el fraudulento proceso de deportación de un ecuatoriano en su propio país, y a las siete de la noche ya se había notificado con la sentencia a las autoridades de migración del Ecuador.

Pero, para entonces, la pesadilla de Nelson Serrano y de su familia apenas había empezado, pues mientras todos sus allegados en Ecuador lo buscaban, sus secuestradores, al mando de Tommy Ray y bajo la asesoría de alias "Pepa", que tenía a su cargo el manejo de los canes de la policía de migración del antiguo aeropuerto de Quito, se lo llevaron precisamente a ese terminal aéreo y escondieron a Serrano en una de las jaulas para los perros que trabajaban allí en el control de drogas y estupefacientes. En esa jaula tétrica, sucia, los enérgicos policías ecuatorianos se ensañaron con su compatriota torturándolo hasta el amanecer para que confesara los supuestos crímenes de los que había sido acusado en Estados Unidos, pero Nelson Serrano, a pesar del dolor y del maltrato, y de sufrir la fractura de su nariz y la contusión de varias costillas, no dijo una sola palabra.

La madrugada siguiente, apenas salió el sol, Serrano fue sacado de la jaula y conducido a pie por la pista del aeropuerto, escoltado por los policías ecuatorianos y por Ray y Wallace, hasta el avión de American Airlines que debía partir a las seis en punto rumbo a Miami. Sin embargo, un último incidente se produciría en ese operativo, pues Nelson Serrano, al ver que lo iban a subir al avión, ensangrentado y sin documentos, empezó a gritar a las azafatas del vuelo que aguardaban al final de las escaleras en la puerta de la aeronave. En medio del aborto y del desconcierto de Ray y de sus cómplices, Serrano tropezó y cayó de bruces en las escaleras. Gritaba, según contaría años después, que "lo estaban secuestrando", que "era ciudadano ecuatoriano y que se lo querían llevar ilegalmente". De su nariz volvió a manar abundante sangre. Las azafatas, ante este evento comunicaron a la tripulación sobre lo que sucedía y el vuelo sufrió un retraso considerable, un retraso en el que se sabe que Ray, Wallace y el agente del FBI hablaron con los pilotos y los convencieron de que debían llevar a Serrano como pasajero del avión.

Así fue, se lo llevaron en ese vuelo comercial sin documentos, herido, sangrando, escoltado por los dos funcionarios estadounidenses, Tommy Ray y Paul Wallace.

Desde esa misma mañana, su vida cambió para siempre.

SEGUNDA PARTE

EL JUICIO

DISCOVERY

—

Lo medular de un juicio son las pruebas que cada una de las partes aporta para sostener su posición y convencer a los jueces sobre la verdad de sus pretensiones. Obviamente, partimos en este presupuesto de la buena fe que debe imperar en los litigantes para presentar y actuar pruebas fehacientes y auténticas, y, por supuesto, también de una premisa fundamental en todos los sistemas procesales democráticos del mundo: la seguridad jurídica, esto es, el derecho de ser juzgado de forma imparcial por un juez competente con base en las leyes aplicables al caso. Partiendo de estas premisas, me sumerjo en la fase preliminar y en el juicio que se le siguió a Nelson Serrano ante una corte del condado de Polk, en la ciudad de Bartow.

Como ya sabemos, las investigaciones del caso se habían mantenido en un estado de congelamiento hasta que Tommy Ray condujo el operativo de secuestro y traslado ilegal de Serrano, en agosto de 2002, desde el Ecuador hasta los Estados Unidos. Los principales medios de comunicación de Florida, y también algunos medios nacionales que siguieron de cerca el caso, aunque este se había diluido por el tiempo transcurrido, volvieron sus cámaras y micrófonos a *la increíble historia protagonizada por un nuevo héroe estadounidense, el agente especial Tommy Ray, que había persegui-*

do y atrapado a un famoso asesino en serie en el último rin-cón del mundo... Así, se vendió esta historia al ávido público aficionado a la farándula y a los programas de entrevistas (*talkshows*).

La etapa preliminar de presentación de pruebas, *Discovery*, en términos procesales anglosajones, hasta llegar a la conformación del jurado, tuvo un enorme despliegue de prensa. La historia, además, tenía el morbo del final feliz de muchas historias criminales: habían atrapado al presunto asesino, lo mantenían detenido en un centro de reclusión de máxima seguridad y solo faltaba el espectáculo del juicio para llevarlo lo más pronto posible hasta la sala de ejecuciones y vitorear allí, "justicia", "justicia", el día en que le aplicarían la inyección letal.

Mientras se preparaba este espectáculo mediático-procesal, en forma paralela, la prensa amarillista de Florida recogía la hazaña de Ray y la maligna perversidad del "Mexicano" al que habían atrapado en un pequeño país de Sudamérica que la mayoría de los estadounidenses ni siquiera sabían que existía, o si alguna vez lo habían escuchado, su nombre les sonaba africano: *Ecuador, ¿dónde queda eso?* —se preguntaban los habitantes del centro y norte de Florida que estaban pendientes del caso—. Por todas estas razones, asumo, resultaba más fácil catalogar a Nelson Serrano de mexicano. Así, incluso los más incultos comprenderían que se trataba de un latino.

En medio de esta euforia propagandística, por ejemplo, se supo ya que las audiencias de juicio se transmitirían en vivo y en directo por televisión nacional, tal como había sucedido antes en casos criminales que involucraban gente famosa, como el del jugador de fútbol americano O.J. Simpson o el de la cantante Selena Quintanilla. En este caso, por supuesto, no había una estrella de por medio ni un famoso de la farándula gringa o latina, pero sí había un sudamericano acusado como autor material de un crimen brutal contra cuatro estadounidenses blancos, una de ellas además fiscal del distrito donde se celebraría el juicio. De modo que, aquel hombre al que se mostraba en todos los medios casi como un asesino en serie, un criminal nato por su origen, había sido condenado de antemano por los habitantes del condado de Polk y de la ciudad de Bartow, que en parte añoran aún los tiempos del Ku Klux Klan.

Con todos estos hechos, era evidente que el caso contra Nelson Serrano tenía varios factores decisivos para lograr una condena en su contra, aunque no se tuvieran las pruebas necesarias para conseguirla: el primero, que tanto los fiscales como sus colaboradores en la función judicial, incluida la jueza Susan Roberts, habían sido muy cercanos a Diane Patisso, una de las víctimas, su compañera de trabajo que ejerció funciones de asistente de la Fiscalía del Estado en Bartow hasta su muerte. Era notoria y descarada incluso la parcialidad que podía pesar sobre las personas que tenían a cargo la acusación y el juzgamiento del imputado, algo que, como veremos más tarde, terminó siendo decisivo en el juicio contra Nelson Serrano y en todos los recursos posteriores que se interpusieron en Florida; el segundo factor era, por supuesto, la influencia enorme de los medios de comunicación que habían recogido con grandes aspavientos la historia del héroe que atrapó al peligroso asesino en serie, Nelson Serrano, en el último confín del planeta; y el tercero, que la defensa de Serrano fue tan pobre y negligente durante el juicio que al final la familia Serrano tuvo la sensación de que había ocurrido algo extraño en el camino, o, al menos, que se despreocuparon tanto del proceso (que siempre les pareció fácil y estaban seguros de ganar, o al menos así lo manifestaban de labios para afuera) y confiaron de tal forma en la justicia de Florida que terminaron perdiendo de forma increíble un juicio del que debían salir airosos sin mayores inconvenientes.

Como veremos, la parcialidad de los fiscales y de la jueza del caso fue notoria desde el principio, y al Jurado, conformado en aquel sistema judicial por personas comunes que pueden ser fácilmente impresionables, se le contaminó desde el primer día con la imagen de Nelson Serrano como un asesino que había sido capaz de ejecutar a cuatro personas a sangre fría por asuntos de dinero.

En este punto es necesario hacer otra puntualización, y es que Tommy Ray declaró públicamente en varias ocasiones que Nelson Serrano era uno de los tipos más brillantes que había conocido en su vida, y, obviamente, esa inteligencia que Ray vio en Serrano le había servido para cometer un crimen casi perfecto. En principio, estoy de acuerdo con la impresión de Ray sobre Nelson Serrano, de hecho cuando lo conocí personalmente una de las cosas que más me sorprendió fue su memoria, su notable conversación, sus conocimientos de temas tan variados como complejos y su agudeza y agilidad mental; es decir, sin duda, es un hombre muy inteligente y por eso precisamente resulta poco creíble que alguien con esa brillantez, que tiene en marcha un proceso civil y que aspira en algún momento a recuperarlo con una sentencia judicial, asesine a una de las personas de las que espera cobrar ese dinero. Visto en retrospectiva, desde que se cometieron los crímenes, a Nelson Serrano se le complicaron aún más sus opciones de recuperar aquel monto que le pertenecía por su parte en la sociedad, y en 2002 se archivó su juicio cuando él entró en prisión. Por tanto, ¿no resulta tan brillante el análisis que hizo el supuesto asesino, verdad? Y, en cambio, desde la misma fecha, Phill Dosso, que fue siempre una de las víctimas de este caso en el que murieron su hija, su hijo, su yerno y su socio, se quedó como único propietario de las compañías, con el negocio y con el dinero que había tomado arbitrariamente de las cuentas de las empresas antes de los incidentes. *¡Bingo!*, diría alguien que pudiera tener mucha mala leche y la conciencia muy negra.

En todo caso, volviendo al inicio del juicio, la situación antes de empezar estaba muy clara: Nelson Serrano, el *ecuatoriano/mexicano*, que había sido secuestrado en su país y que ya había pasado tres años en prisión acusado por un crimen cuádruple con todos los ingredientes para una película de héroes y villanos, estaba condenado antes de presentarse por primera vez en la sala de audiencias de la Corte de Bartow.

También es importante señalar en este punto que el "detalle" de la subjetividad notoria de acusadores y juzgadores no fue solo un tema de percepción de la familia Serrano y de sus allegados, un simple delirio de persecución y acoso que sintieron en todo momento, desde el primer día, sino que ha sido evidente y generalizado en casi todos los casos contra personas pertenecientes a minorías raciales que, culpables o no, deben enfrentar al monstruo de la justicia estadounidense y sus múltiples tentáculos, una justicia que se vende y se promociona como confiable (que no lo es en muchos casos) e implacable (que casi siempre lo es, aunque cometa errores garrafales de identidad de los acusados y sentenciados), pero que en estados como Florida y Nueva York, especialmente, por poner los peores ejemplos, está contaminada por xenofobia, racismo, corrupción y por los vicios políticos del propio sistema en el que únicamente sobreviven aquellos funcionarios que han logrado con su concurso más condenas y más condenados a la pena de muerte.

Resulta fácil imaginar lo retorcido y perverso que puede ser un sistema de justicia en el que se premia a los investigadores y fiscales que más condenas logren en su favor. Basta mirar cada día las noticias sobre los casos de exculpados en los Estados Unidos luego de haber pasado años encerrados o incluso tras haber sido ejecutados para comprender que algo no está funcionando bien en aquel sistema. Basta seguir a los grupos de abogados defensores de gente inocente o presuntamente inocente, como *Innocence Project*, por ejemplo, que se dedican a descubrir la verdad de miles de casos envueltos en corrupción o alteración de pruebas y uso de testigos falsos para comprender que aquel sistema judicial tiene serios vicios desde su origen. Y, por supuesto, basta saber que una enorme mayoría de los convictos a los que se ha acusado o sentenciado sin pruebas o con pruebas falsas o con testimonios alterados, son negros o latinos, para tener conciencia de que, en los Estados Unidos de América, en el país de las libertades y de una de las democracias más sólidas, las minorías raciales nunca están seguras, ni gozan de la misma libertad que los blancos, ni tienen los mismos derechos, aunque de labios para afuera se diga lo contrario.

A propósito de esta realidad que sufren los negros, latinos, árabes, asiáticos y otros en los Estados Unidos, Francisco Serrano me dijo un día: *Desde diciembre de 1997, vivo con una sensación de impotencia absoluta. No importa lo que hagamos ni lo que demostremos, siempre aparece algo o alguien que nos ata las manos. Siempre...*

Así, la teoría del juicio que debía presentar la fiscalía ante el jurado se basaba en la insólita hipótesis fabricada por Ray a partir de un boleto de estacionamiento del aeropuerto de Orlando, que supuestamente tenía media huella digital del dedo índice del acusado, y que, por tanto, lo situaba a más de sesenta y tres millas de la escena de los crímenes, es decir, una prueba circunstancial, a todas luces extraña, por no repetir lo de milagrosa, que en un sistema de justicia fiable jamás habría servido para inculpar y sentenciar a nadie.

Durante la etapa de *Discovery*, a pesar de que era su obligación descubrir todas las pruebas que tenía la fiscalía para acusar a Serrano y también aquellas que podían servir para defenderlo, John Agüero y Paul Wallace, los fiscales a cargo de la acusación, ocultaron desde el principio muchas de las evidencias que, notoriamente, podían exculpar a Nelson Serrano. Así, por ejemplo, ocultaron el hallazgo del guante de látex de uno de los asesinos, que además tenía el ADN del que ejecutó al menos con un disparo a Diane Patisso, y que nunca fue exhibido o analizado en esta etapa del proceso. Más tarde, durante la apelación, se analizó y se presentó como prueba en contra de la teoría del fiscal el guante de látex y las pruebas de ADN que se le hicieron a este, y ¿por qué no adivinan los lectores lo que se encontró allí? Exacto, ninguna huella ni rastros de ADN de Nelson Serrano, pero sí se descubrieron las huellas de la persona que usó el guante, uno de los asesinos, sin duda, al que jamás se investigó, ni se buscó, ni se cotejaron sus huellas con la base de datos del país, que estaba disponible entonces y que sigue hoy, veintidós años después, aún disponible para sacar del corredor de la muerte a un inocente. Y, como corolario de esta barbaridad jurídica y moral del guante de látex y del ADN, años más tarde, en un hecho que debe quedar marcado como una de las más grandes e ignominiosas estupideces de la historia del derecho estadounidense, la jueza de segunda instancia concluyó sobre esta prueba que: *el hecho de que el guante de látex encontrado en la escena del crimen no tenga muestras de ADN de Nelson Serrano no significa que él no haya sido el asesino.* Todos mis profesores de Derecho y los grandes juristas del mundo se habrían revolcado en vida o en sus tumbas ante este racionamiento que, en pocas palabras, tira por la borda el principio universal de presunción de inocencia y el derecho a la seguridad jurídica que tienen todas las personas en regímenes democráticos.

Pero, sigamos, pues aún podemos hablar sobre muchas más anormalidades en este juicio. Se ocultaron durante la etapa de *Discovery* las versiones de testigos como Joe Manes, el amigo de Frank Dosso que relató el incidente que había presenciado entre Dosso y DeRoot semanas antes de la tragedia, y que narró aquella amenaza que le hiciera días después de los crímenes, conminándolo a que se alejara y olvidara de ese asunto. La fiscalía ignoró el testimonio de Aaron Adams, el profesor del colegio de Bartow que aseguraba haber visto, poco antes de la hora del crimen, a un hombre extraño de origen latino, vestido con pantalón negro y camisa blanca, con una chaqueta oscura doblada sobre el brazo derecho, caminando cerca del lugar en que se cometieron los crímenes, una versión que coincidía exactamente con la declaración de John Purvis, el que sería el único testigo ocular del caso. Tras el interrogatorio que se le hiciera a Adams, apenas unos días después de los crímenes, su declaración quedó archivada entre miles de reportes policiales que nunca conducirían a ningún lugar ni tampoco tendrían seguimiento alguno, pues ni a la fiscalía ni a los detectives e investigadores les interesaba seguir una pista diferente a la de Nelson Serrano, la persona señalada por las familias de las víctimas y, obsesivamente, por Tommy Ray.

Resultaba increíble que la defensa de Nelson Serrano no hubiera llamado como testigo a Adams para fortalecer su posición legal, apoyar la versión de Purvis y con ella confirmar al jurado la existencia de varios autores materiales, y, obviamente, destruir la inverosímil teoría de la fiscalía. Pero, otra vez, ya fuera por negligencia, error o incapacidad, para no entrar todavía en otras hipótesis demasiado elaboradas, los abogados de Serrano desperdiciaron una nueva oportunidad de que su cliente fuera declarado inocente y liberado sin cargos.

En esta etapa previa al juicio, mientras la fiscalía armaba el caso en contra de Nelson Serrano, los policías e investigadores bajo el mando de Tommy Ray interrumpían o archivaban las investigaciones que podían resultar inconvenientes o contradictorias con la versión de que Serrano era el asesino, de que había trabajado solo y que todo lo realizó en un tiempo récord pasando por tres aeropuertos, estacionamientos, varias ciudades, más de ciento treinta millas recorridas en un vehículo de alquiler, y nadie, en ninguno de esos sitios lo había visto o lo había reconocido, ni siquiera en Bartow, donde pasó muchos años de su vida, lo habían identificado aquella tarde. Por supuesto, como parte del trabajo realizado por los agentes de policía también había que desaparecer un arma de la escena del crimen, y borrar además cualquier indicio sobre los disparos que se hicieron con aquella arma. Y es que de los catorce disparos que recibieron las víctimas aquella tarde, en el informe resumen de las autopsias de las víctimas únicamente se contabilizaron doce disparos, y no los catorce que efectivamente se hicieron. Y, algo más sobre este curioso detalle, y es que entre las mentiras que dice Tommy Ray en el documental de la CBS que se hizo en su honor, afirma que "Frank Dosso recibió tres disparos...". Por supuesto, él sabía que Dosso había recibido cinco disparos, pero convencer al jurado y a la jueza de que Nelson Serrano había usado todo ese armamento frente a cuatro personas, dos de ellas varones jóvenes y mucho más fuertes que él que era en ese momento un hombre de cincuenta y nueve años, resultaba al menos riesgoso para su teoría. Y, por ese escollo que sin duda vio venir el agente Ray, decidió ocultar los documentos donde se referían a los disparos con balas de calibre .30, así como toda referencia al rifle con el que se habían realizado esos dos disparos no mortales.

No fue sino hasta que empecé a escribir esta historia, a inicios de 2019, cuando los nuevos abogados contratados para defender a Nelson Serrano e interponer los recursos legales pendientes descubrieron el ocultamiento de esa prueba que habría sido determinante para él durante el juicio.

Cuando repaso una vez más la larga lista de pruebas que se ocultaron o ignoraron en este proceso, comprendo menos aún cómo el juez de apelación pudo confirmar la culpabilidad de Serrano en esa etapa posterior en la que aparecieron una parte de esas pruebas que destruían por completo la teoría del caso de los fiscales. ¿Fue quizás la defensa de Serrano tan negligente o descuidada o pobre incluso, que con todas esas pruebas a su favor no logró convencer al juez? Me he preguntado muchas veces en esta investigación, ¿por qué los abogados de Serrano no presentaron como testigos de su propia teoría a Manes, Adams o al propio Purvis? O ¿si hicieron al menos el esfuerzo de buscarlos, de hablar con ellos y confirmar sus versiones, de llevarlos ante el jurado, de utilizar sus testimonios para hacer menos creíble todavía la fantástica teoría de la fiscalía? ¿Si influyó en este caso, además del racismo, de la corrupción y de la evidente inclinación de los medios de comunicación contra Nelson Serrano, también la falta de recursos de la familia, que no pudo pagar otros abogados para su defensa durante el primer juicio? Algunas de estas interrogantes encontraron sus respuestas durante la investigación y mientras escribía esta novela, como ya se verá más adelante, pero otras se quedaron en eso, en preguntas que no tenían contestación y tampoco explicación alguna.

EL DOCUMENTAL DE CBS

Más de tres años después de su secuestro y de que Nelson Serrano fuera llevado por la fuerza, ilegalmente, desde Quito hasta una prisión del estado de Florida, en noviembre de 2005 empezó el juicio penal en su contra como autor material de los cuatro crímenes de Bartow. La conformación del jurado, todas personas residentes en el condado de Polk, concluyó recién en agosto de 2006 y la fase inicial del proceso, llamada *Guilty Phase* o etapa de declaración de culpabilidad o inocencia, empezó bajo la atenta mirada de una enorme audiencia que seguía el proceso en vivo y en directo por televisión nacional.

Para entonces, la cadena estadounidense CBS había empezado ya la producción de un documental en el que presentaba a Nelson Serrano como un asesino que había cometido el crimen casi perfecto. El capítulo correspondiente a Serrano de hecho se titula "To Catch a Killer" ("Atrapar a un asesino"), bajo conducción del presentador Harold Dow. El video pretende ser un reportaje periodístico que destaca y promociona a Tommy Ray como el héroe de la historia, mostrándolo como un detective sagaz y perseverante que en una obsesiva persecución localiza a Serrano en Quito, capital de Ecuador, lo atrapa y lo lleva de regreso a Estados Unidos para que enfrente un juicio por los execrables crímenes de Bartow. Sin embargo, el periodista, pese a que intenta mostrar una impostada objetividad durante la filmación del programa en el que entrevista también a la familia Serrano y a personas cercanas a él, cae en el juego de elevar la imagen de Ray para sostener su fantasiosa teoría del caso y promocionar así su programa bajo cierto suspenso alrededor de la forma y el lugar en que se atrapó a Nelson Serrano. Dow, un periodista reconocido en pantalla como presentador, no hace en este caso ningún trabajo de investigación sobre las pruebas que podían exculpar a Serrano, y tampoco contrasta las aseveraciones de su héroe Tommy Ray, muchas de ellas descaradamente falsas, con los hechos reales y con los expedientes del proceso, y, por último, cae además en una insultante exaltación de los delitos cometidos por Ray en el Ecuador como parte de los daños colaterales que fueron necesarios para lograr la aprehensión del supuesto asesino.

El documental recrea el viaje del detective Ray a Quito, el soborno a los policías ecuatorianos, a los que se muestra como una banda de menesterosos y desocupados que fueron capaces de secuestrar y torturar a una persona a cambio de pagarles un dólar por cada hora de trabajo, pero también encubren el secuestro de Serrano y su ocultamiento en las jaulas para perros del antiguo aeropuerto de la capital ecuatoriana, un hecho que a todas luces resulta descarado, arbitrario y violatorio de los más elementales derechos humanos.

Alrededor de esta producción de CBS y su pertinencia, en especial sobre el tiempo en que se la hizo, es decir, durante el juicio a Nelson Serrano, he dado muchas vueltas. Me niego a creer que el presentador y los productores del documental no se cuestionaran, aunque sea una sola vez, si la "hazaña" de Ray y los corruptos policías y autoridades estadounidenses y ecuatorianas era además de un delito grave, la confirmación del trato inhumano que recibió Serrano en su propio país. Me niego a creer que la productora jamás se cuestionó si se trataba de un procedimiento normal y legítimo esconder a un hombre durante toda la noche en una jaula para perros, torturarlo, fracturar su nariz a golpes e impedir que se defendiera en un simulacro de juicio de deportación sin que contara con sus abogados. Y, por último, al parecer tampoco les llamó la atención que aquel viaje realizado en un vuelo comercial con una persona indocumentada desde el Ecuador hasta los Estados Unidos resultaba no solo ilegal sino también un hecho extraño para una época, en la que ya predominaba la seguridad y un estricto control de documentos en los principales aeropuertos del mundo, no se diga en Miami, una de las puertas de entrada a los Estados Unidos.

Lo cierto es que, a estas alturas, cuando he logrado empaparme de todas las irregularidades, inmoralidades, faltas y delitos cometidos en este proceso, no me llama la atención que una productora como CBS exaltara a Tommy Ray como un héroe, cuando era evidente que había tomado varios atajos subterráneos y había infringido la ley todas las veces que necesitó hasta atrapar a su sospechoso. Tampoco llama la atención que, en medio de la filmación de este documental, que termina siendo en realidad un reportaje publicitario sobre Ray, la CBS haya pasado por alto el hecho de que Nelson Serrano era un ciudadano ecuatoriano al que no se podía extraditar a los Estados Unidos, y por esa razón Ray tuvo que llevárselo a la

118

fuerza del Ecuador. Y nadie de esa empresa podrá decir que no lo sabía, porque en su propio trabajo se reproduce la entrevista a Francisco Serrano y a María del Carmen Pólit, el hijo y la esposa de Nelson, que les explican la forma y el tiempo que le tomó recuperar su nacionalidad de acuerdo con las leyes del Ecuador. Como se podrá leer a continuación, nadie en la CBS puede decir que no sabía que Tommy Ray mentía en cada frase, pues en el propio documental se exponen las contradicciones del agente policial al que reivindican como el prototipo del héroe americano que consigue descubrir al asesino de origen latino (también servía si era negro, desde luego), que supuestamente había matado a cuatro blancos, pasándose por encima de todo el derecho internacional público, instrumentos internacionales sobre derechos humanos y la propia legislación de los Estados Unidos.

El documental de CBS hace un recuento del caso desde sus inicios hasta el final del juicio. El objetivo claramente era mostrar la verdad de una sola parte de la historia, la que relata su protagonista, Tommy Ray, acerca de los obstáculos que se le presentaron para atrapar a un asesino y lograr así que se lo condenara a la pena de muerte. Sin embargo, quizás sin quererlo, el propio trabajo fílmico descubre a Ray como un tipo descarado, inescrupuloso y mentiroso, según se puede apreciar en las frases rescatadas de su actuación durante la filmación, de su testimonio durante el juicio y de los informes de su departamento de investigación. Por ejemplo, cuando el periodista interroga a Ray por primera vez este dice textualmente ante las cámaras que "no hubo testigos ni confesión en este caso", y luego afirma que "no había un solo rastro de ADN, ni huellas digitales...", pero en el expediente aparecen decenas de documentos, informes forenses y de laboratorio, y también reportes policiales en los que se menciona que se encontraron más de quince huellas digitales en la escena del crimen, correspondientes a personas extrañas distintas a Nelson Serrano y distintas a los trabajadores de las empresas o a las víctimas. Lo que no dice el documental es que jamás se cotejaron en los archivos policiales esas huellas ni se siguió la pista de las personas a las que podían pertenecer, pues ese trabajo "extra" los iba a desviar necesariamente de la investigación a Nelson Serrano, su sospechoso; y desde luego que hubo testigos, al menos dos que declararon haber visto a una persona vestida de forma similar, John Purvis, a quien se interrogó en un par de ocasiones en la policía (pero su versión contradecía la teoría de fiscalía) y a quien se llamó como testigo dentro del proceso, ocho años después y la fiscalía usó sus declaraciones a su favor; y también estaba Aaron Adams, a quien nadie volvió a buscar para que rindiera testimonio en el juicio aunque su versión coincidía con la de Purvis; y hubo más testigos, sin duda, como Joe Manes, que tenía algún indicio sobre lo que pudo ocurrir aquella tarde y quién podía ser el verdadero objetivo del crimen, Frank Dosso, pero esa información podía desbaratar el caso que armaban los fiscales alrededor de Serrano y por eso se la omitió; y sobre el ADN que Ray dice ante las cámaras que no existió jamás al parecer olvidó reportar, al igual que sus subalternos, aquel guante de látex que usó uno de los criminales y que se quedó atrapado debajo del cuerpo de Diane Patisso en el confuso momento de su asesinato, un guante en el que se encontraron huellas que no pertenecían a Nelson Serrano sino a una persona extraña a la que nadie buscó jamás.

Cuando el periodista pregunta a Ray por la nacionalidad de Serrano, este responde que era estadounidense, es decir, miente otra vez de forma insolente, omitiendo el hecho de que Nelson Serrano recuperó la nacionalidad ecuatoriana en el 2000, algo que se constituyó en un obstáculo para Ray cuando en junio de 2002 intentó iniciar un proceso de extradición del acusado a los Estados Unidos.

De modo que, al iniciar el juicio para declarar la culpabilidad o inocencia de Nelson Serrano, las únicas pruebas con las que contaba la fiscalía para acusarlo y lograr su condena era la fotografía de un boleto de estacionamiento del aeropuerto de Orlando y con la burda historia de Tommy Ray, descalificado por sus propias palabras.

TESTIMONIOS I

La fantasiosa teoría elaborada por los fiscales para este juicio, apoyada por las investigaciones de Ray y de su equipo, sostenida ciertamente con documentos dudosos, hechos imposibles y una enorme dosis de ilegalidades, era, además de lo dicho, una hipótesis que hacía agua por todos lados y que estaba condenada a sucumbir, pero, de la forma más extraña, se mantuvo a flote hasta el final y tuvo el éxito deseado por sus creadores.

Tanto en las grabaciones del proceso como en los documentos escritos y en el propio reportaje publicitario de la CBS a favor de Ray y en contra de Serrano, se puede advertir que aquel no era un juicio normal, sino más bien un montaje teatral para entregarle al pueblo de Bartow lo que estaba buscando, la ejecución del presunto responsable de los crímenes, y que poco o nada importaba si el imputado era inocente porque, desde el primer instante, Serrano había sido declarado culpable por aclamación.

También es cierto que durante el juicio y de manera especial en el momento del fallo tuvo una enorme relevancia la pobrísima defensa de los abogados de Serrano, miembros de una prestigiosa firma de Florida al mando del reconocido jurista Charles Epson.

He decidido consignar en esta parte de la narración de los hechos el tiempo en que la escribí, pues más tarde ciertas sospechas o conjeturas que había hecho en este capítulo o en otros posteriores se confirmaron o se destruyeron con descubrimientos que hicimos a lo largo de las investigaciones del caso.

Sigo relatando lo que acontecía durante el juicio principal de Nelson Serrano, con la información y la visión que tenía sobre el proceso en esos dos meses de 2019.

Mientras más veces he revisado los videos del juicio de Nelson Serrano y mientras más leo las transcripciones de las declaraciones de testigos y expertos, más me sorprendo por la pasividad de los abogados que estuvieron a cargo de la defensa, su relajación insólita mientras el juicio avanzaba de forma inexorable hacia la condena de su cliente. Y también me sorprendo de nuevo por aquella actitud soberbia que mostraba el acusado mientras desfilaban los testigos en su contra intentando darle solidez a un caso imposible.

Recuerdo otra vez mi visita a la prisión, cuando Nelson Serrano me dijo que nunca se imaginó que pudieran condenarlo sin pruebas, y que él estaba convencido del éxito del juicio. No le di mi opinión sobre su imagen durante el proceso. No le dije que estaba seguro de que aquella postura soberbia le jugó en su contra frente al jurado y que eso debió haberlo advertido su equipo de abogados.

Con el tiempo y la confianza que hoy tengo con Nelson Serrano, con quien me comunico a través del correo electrónico del sistema de prisiones de

Estados Unidos, finalmente he podido decirle estas cosas, y en especial he podido discutir mucho con él y con su hijo sobre todos los errores, omisiones y descuidos que ocasionaron su condena.

Alrededor de los abogados de la firma de Epson hay algo que me sigue inquietando. Por esa razón, recojo en mi cuaderno de notas algunas preguntas y dudas que seguramente serán absueltas por Francisco Serrano una vez más, una de tantas veces durante estos meses desde que empecé a escribir esta historia. Francisco, amable como siempre, me contesta de inmediato. Le digo que he revisado varios testimonios dentro del proceso y que me parece que la defensa de sus abogados fue muy deficiente, incluso negligente. Le doy ejemplos tales como el hecho de no haber contactado nunca a testigos como Adams o Manes, pero lo que me responde Francisco me deja pasmado:

—Los abogados ni siquiera leyeron los expedientes del caso de mi padre, era evidente que no estaban preparados cuando llegaron al juicio...

Me quedo un momento en silencio, mientras al otro lado de la línea, tras una pausa, Francisco dice:

—La contratación de los abogados fue muy extraña en realidad, pero de eso solo he podido darme cuenta ahora después de tanto tiempo y, sobre todo, luego de ver cómo trabajan las actuales firmas de abogados que nos ayudan con los recursos pendientes...

—¿A qué te refieres con que la contratación fue muy extraña? —pregunto.

Francisco, tras una breve pausa, responde:

—Desde que mi padre fue secuestrado y encarcelado en Bartow, dentro de nuestras posibilidades económicas, que no eran mayores, buscamos a los mejores abogados de Florida para que nos representaran. La firma de Epson era una de las más prestigiosas y costosas, así que la descartamos desde el principio, pues no habríamos podido pagar sus honorarios usuales. Es importante que sepas que para afrontar el juicio habíamos vendido ya todo lo que mi padre tenía en Estados Unidos. Recibimos cotizaciones de otras firmas, pero solo contábamos con cuatrocientos mil dólares para la defensa, y el promedio de lo que esos abogados nos pedían era al menos del doble de esa suma. Fue ahí cuando recibí una extraña llamada del propio Charles Epson, uno de los abogados más reputados de Florida, y él me dijo que quería hacerse cargo del caso. Yo sabía que los honorarios de Epson eran mayores aún de los que ya habíamos descartado, pero en todo caso le pregunté cuánto nos cobraría, y, para mi sorpresa, me respondió que *cuatrocientos mil dólares...*

En este punto vuelvo a interrumpir a Francisco, pues ya estaba prevenido de que en este caso las casualidades no eran tales, que siempre había algo detrás de una propuesta de ese tipo, y le comento que me parece demasiada coincidencia que ellos lo hubieran llamado y además propuesto exactamente la cifra con la que contaba su familia para la defensa, incluso aunque hubieran querido llevar el caso por puro prestigio profesional o por la publicidad que iba a tener en los medios de comunicación.

—Ese es el tema justamente —responde Francisco—, que nosotros estábamos siendo investigados durante varios años y la policía y el propio Ray sabían exactamente cuál era nuestra situación económica, y sabían que habíamos vendido la casa de

Lakeland para afrontar los gastos del juicio, y de pronto, uno de los mejores abogados de Florida aparece milagrosamente y nos ofrece hacerse cargo del caso por la misma cifra que habíamos recaudado...

—Aquel adverbio que había usado Francisco, *milagrosamente*, chirriaba en mis oídos a través de la línea telefónica.

—Yo no creo en los milagros —le digo—, y menos en este caso en que resultan tan artificiosos.

—Yo tampoco creo que fue un milagro —responde Francisco.

—Y ¿qué crees que sucedió? —pregunto.

Francisco hace otra pausa y, tras un suspiro profundo,, dice:

—Mi padre está convencido de que sus abogados trabajaron para que él fuera condenado, pero yo quiero pensar que no hicieron bien su trabajo, que fueron negligentes y que no les importaba el caso...

En este punto los dos nos quedamos en silencio, hasta que Francisco concluye:

—Sabes que ellos nunca escucharon las grabaciones de las dos versiones de Purvis antes del juicio, ni leyeron sus testimonios, ni sabían por ejemplo que había otro testigo, Aaron Adams, ni tampoco quisieron pedir a la jueza el examen de ADN del guante de látex que se descubrió en la escena del crimen, ni indagaron a fondo a Álvaro Peñaherrera cuando en su versión durante el juicio dijo que había sido amenazado por Ray, y cuando reconoció que sabía de la recompensa que se ofrecía en este caso por ofrecer pruebas contra mi padre, en plena corte, el abogado Oodegard, socio de

Epson en nuestra defensa, dijo que no tenía más preguntas y se retiró del estrado...

A pesar de que había revisado muchos testimonios ya, aún no había llegado a esas declaraciones claves, y por supuesto, lo iba a hacer de inmediato, apenas colgara esa llamada y consiguiera salir de mi estupor.

Francisco concluye:

—Quisiera pensar que Epson y sus abogados no estuvieron preparados, que no les importó este caso, que tenían otros clientes más importantes que podían pagar sus honorarios completos, pero cuando leas esos testimonios seguramente pensarás igual que mi padre.

En efecto, al leer los testimonios de dos de los testigos principales del caso, John Purvis y Álvaro Peñaherrera, me quedo con la sensación de que los abogados defensores de Nelson Serrano no hicieron su trabajo en forma debida, y que lo poco que hicieron durante el proceso fue tan manifiestamente negligente que da para pensar mal.

Una cosa me sigue rondando por la cabeza, y es si un abogado con el prestigio de Epson y una firma como la suya, que estaba dispuesta a tomar un caso como ese por un valor de honorarios mucho menor al que acostumbraban cobrar, seguramente apareció en escena porque les interesaba la difusión que tendría el juicio y, en consecuencia, la oportunidad de ganar y alcanzar mayores reconocimientos profesionales para ellos con la liberación de Nelson Serrano, el sospechoso al que apuntaban todas las cámaras y al que señalaban todos los dedos. Y, sin embargo, hicieron una defensa tan desafortunada que, además de arruinar la vida de Nelson Serrano, al terminar el juicio fueron señalados por su defendido como unos traidores. Y, por tanto, las sospechas recayeron en su contra...

Regreso al expediente de los testimonios que se efectuaron durante el juicio. El de Purvis es el que más me llama la atención luego de haber revisado las tres declaraciones que hizo en distintos momentos durante la investigación y el juicio. De hecho, la fortaleza de la defensa de Serrano se afincaba, en principio, en la declaración de este hombre que en su primera versión aseguró haber visto a la hora en que se cometieron los crímenes, entre las 17h30 y las 18h00 del 3 de diciembre de 1997, afuera de las oficinas de Erie Manufacturing, a "un hombre extraño, vestido con traje negro, camisa blanca y corbata, algo inusual en esa zona de trabajadores e industrias, que estaba junto a un lujoso automóvil Cadillac de color beige". Y después afirmó: "El hombre tenía entre veinticinco y treinta años, llevaba el cabello corto y parecía de origen asiático... Cuando salí lo observé y vi que tenía un encendedor de metal en su mano, una Zippo, y que estaba encendiendo un cigarrillo".

Esta versión de Purvis, tomada en diciembre de 1997, días después de los crímenes, se amplió bajo hipnosis un año más tarde por decisión de la policía de Bartow. En esa segunda versión, Purvis aclaró un poco más los detalles de lo que había visto, es decir, reforzó la historia del hombre joven vestido con traje negro, que tenía una Zippo metálica en la mano y que encendió un cigarrillo el momento en que el testigo salía hacia la calle Centennial Boulevard. Sin embargo, en esa segunda declaración Purvis afirmaba que el hombre parecía hispano, que estaba junto a un vehículo Cadillac muy lujoso, color beige, y dijo además que llevaba unas gafas de sol tipo Ray-Ban aviador. Y también confirmó algo que debió haber sido definitivo para el proceso y es que, bajo hipnosis, recordó haber visto claramente, detrás de la puerta de cristal de las oficinas de Erie Manufacturing, a otro hombre que miraba desde allí hacia el exterior. Ese hombre misterioso ¿era acaso uno de los asesinos? O, a lo mejor, ¿solo acompañaba como cómplice a los sicarios? Una vez más, ninguno de los policías ni tampoco los abogados de las partes siguieron esta línea de investigación para saber si aquel hombre podía dar más luces sobre lo que había sucedido la tarde de los crímenes.

Las dos versiones de John Purvis, evidentemente, no ayudaban en nada a la teoría del caso de Tommy Ray y de la fiscalía, pues al situar a un hombre joven afuera de las oficinas en un automóvil Cadillac beige, lujoso, y además a un fumador de cigarrillos (cuyas colillas se encontraron afuera de las oficinas y fueron recogidas como evidencia, analizadas en su ADN y reportadas como de una persona distinta a Nelson Serrano), se reforzaba más bien la teoría de un sicariato cometido por al menos dos personas y no la de que Nelson Serrano cometió solo los cuatro crímenes en un automóvil alquilado que no tenía parecido alguno con un Cadillac beige. Pero aquí viene lo más insólito de todo esto, pues entre ambas declaraciones John Purvis trabajó con el experto Richard M. Weiss para hacer un dibujo de los rasgos faciales del sospechoso que estaba afuera de las empresas, y el resultado de esa primera versión realizada en 1997 con base en la descripción de Purvis fue el siguiente[1]:

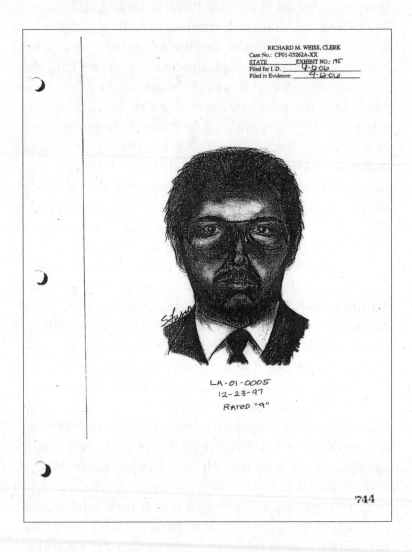

Sobre esta imagen a la que Purvis calificó de 9 sobre 10, según consta en el propio dibujo fechado

1. Este documento forma parte de los expedientes judiciales del caso. Se exhibió en el proceso como prueba de la fiscalía con el número 195.

el 23 de diciembre de 1997, es decir, era una imagen casi exacta a la de la persona que había visto afuera de Erie Manufacturing, me quedan dos dudas: la primera es que la persona retratada no parece tener entre veinticinco y treinta años de edad tal como Purvis afirmó, sino que se ve mucho mayor en aquel dibujo al que el testigo calificó de nueve sobre diez respecto de lo que había visto; y, la segunda, es por qué Purvis decidió que el dibujante le pusiera esos lentes cuando había afirmado que vio al hombre con unas gafas tipo Ray-Ban aviador, y si eran en efecto esas gafas las que vio el testigo, no podía haber visto sus ojos, pues los cristales de las gafas los debían ocultar. O ¿acaso el dibujante experto, Richard M. Weiss, le sugirió retratarlo con esos lentes transparentes o de algún otro modo incidió en aquella descripción? En todo caso, asumamos que Purvis se confundió y que en realidad no eran unas gafas de sol, sino unos lentes fotocromáticos que se oscurecían un poco con la luz, y tomemos en cuenta además que era casi las seis de la tarde en ese momento y el sol estaba en descenso y tal vez no lo iluminaba de frente; pero lo que siempre confirmó hasta el final el testigo es que el hombre de origen hispano tenía entre veinticinco y treinta años, es decir, era un tipo joven y aquella imagen es, sin duda, la de un hombre mayor.

No obstante, las mayores sorpresas en torno a los testimonios de Purvis, llegaron cuando dio su tercera declaración ante el jurado, en pleno juicio, el día 12 de septiembre de 2006, y es allí cuando su historia sufrió un viraje repentino. Lo primero que atrae mi atención al revisar los folios procesales es que John Purvis no fue llamado para ser testigo de la defensa de Nelson Serrano, como era obvio, pues con su versión se destruía la teoría de la fiscalía de que Nelson Serrano actuó solo, sino que compareció como testigo de la propia fiscalía. Supuse que el fiscal Agüero y Paul Wallace intentarían descalificar el testimonio de Purvis para que no fuera tomado en cuenta por el jurado, pero estaba muy equivocado en mis apreciaciones, pues lo que había sucedido en ese interrogatorio era increíble: Purvis relató los pormenores de aquel día y llegó al punto en que salió con su automóvil y vio a ese hombre extraño a pocos metros, frente a las oficinas de Erie Manufacturing a la misma hora en que se cometían los crímenes. Hasta ahí todo era más o menos igual, pues el testigo afirmaba que le llamó la atención el tipo "porque es una zona donde normalmente puedes ver gente recolectando botellas, pero no alguien con traje...". Pero, a continuación, dijo, de forma insólita, que "no había ningún automóvil donde se encontraba el hombre...". Es decir, el único testigo ocular cambió con los años sus dos versiones anteriores, que habían sido grabadas y transcritas, y en las que afirmaba con absoluta certeza haber visto un Cadillac beige lujoso junto al hombre hispano, para luego contradecirse en el juicio y decir que no había ningún automóvil junto a él. Por supuesto, esta declaración sonaba muy extraña y parecía más bien orientada por la fiscalía para evitar mencionar un vehículo distinto al que supuestamente había usado Serrano, según su teoría. Esperaba leer tras el interrogatorio de la fiscalía el contrainterrogatorio de los abogados de Nelson Serrano, en donde seguramente iban a destrozar a Purvis por haber cambiado de modo tan radical su versión, pero para eso todavía debía leer unas cuantas páginas más de este testimonio en donde aparecerían más sorpresas. Decía Purvis a continuación que "vio al hombre sosteniendo un encendedor para cigarrillos", pero ante la repregunta del fiscal, que lo conminaba a recordar si había visto fumar "realmente" a ese hombre, y ante la siguiente precisión que le hizo el fiscal al decirle: "Quizás no estaba fumando, sino que solo hizo un ademán similar al que hacen las personas que van a encender un cigarrillo", Purvis respondió de forma afirmativa, o sea que el hombre quizás no estaba fumando. Confieso que al leer este cambio en la declaración de John Purvis no le encontré el sentido a esta discusión alrededor de si el tipo aquel había encendido un cigarrillo, pero cuando llamé a Francisco para que él me diera su opinión, lo comprendí todo: "La fiscalía estaba usando a Purvis para tratar de confundir al jurado y que creyera que mi padre era el hombre al que él vio afuera de las oficinas, y claro, si es que el hombre estaba fumando no podía ser mi padre, pues ellos sabían que él no fuma…".

Aclarado este primer punto, me centro en las siguientes contradicciones de Purvis, que eran cada vez más llamativas según avanzaba el interrogatorio que le hacía John Agüero. La pregunta del fiscal fue: "¿Le pusieron en contacto con un dibujante para hacer un *sketch* de ese hombre?". A la que Purvis respondió: "Sí, lo hicieron". En ese momento el fiscal se acercó al testigo y le mostró un documento, diciendo: "Reconoce usted la exhibición número 195 con el hombre que vio, y luego la ampliación en la exhibición número 331?". Y Purvis, aparentemente frente a las dos imágenes, respondió: "Sí, es una ampliación y se parece al hombre que vi...". Pero, al revisar las dos imágenes que correspondían a las exhibiciones 195 y 331 (documentos probatorios numerados e incorporados al proceso), me doy cuenta de que son muy diferentes la una de la otra, y lo más grave es que la segunda, es decir la de la ampliación, es muy parecida a Nelson Serrano, mientras que la primera es más apegada a las primeras versiones del hombre que vio Purvis, no tan joven, vestido con traje negro. Aunque, lo más grave no es esto que he descubierto solamente comparando las dos imágenes, sino que los abogados de Nelson Serrano, ante este reconocimiento del testigo frente al jurado y a la jueza de dos imágenes tan distintas, no dijeron una sola palabra, ni siquiera objetaron las pruebas que se habían exhibido al testigo, y tampoco las miraron por debida diligencia para ver si había algo extraño en ese reconocimiento o en esas recreaciones faciales. Silencio de parte de la defensa es todo lo que se recoge en aquellos expedientes.

En todo caso, pienso, quizás estaban esperando el contra interrogatorio para destrozar a Purvis y eliminar de la idea del jurado la imagen de que el hombre al que había visto era Nelson Serrano. Avanzo, por tanto, en la lectura del acta y llego al momento esperado, pero cuando le pidieron al abogado Oodegard de la defensa que iniciara sus preguntas, este se dedicó al principio a hablar de nimiedades con Purvis, como la hora en que salió aquel día, algo sobre lo que no había controversia o a las labores a las que se dedicaba en su empresa, y cuando llegó al punto exacto de las dos imágenes del hombre dibujadas por un experto, le preguntó solamente si ese primer *sketch* realizado el 23 de diciembre de 1997, *¿le tomó mucho tiempo?* Purvis respondió que sí, que fueron algunas horas de trabajo con el dibujante. Oodegard jamás hizo una comparación de las dos imágenes ni confrontó sus enormes diferencias, como parecía obvio, sino que le pidió al testigo que describiera el rostro del hombre que había visto, y Purvis dijo en el estrado: "El hombre usaba gafas, su piel era color oliva, no era caucásico. Tenía el cabello corto y era negro, muy oscuro. Usaba un bigote muy tenue. Tenía entre 25 y 30 años". Es decir, Purvis acababa de describir otra vez al primer hombre, al hispano (ya no asiático, como dijo en su primera versión), moreno, que había descrito en el primer dibujo, hacia finales de 1997, días después de los crímenes, pero, de forma increíble, el abogado de Serrano no dijo nada más sobre este punto, y se quedó tan tranquilo con una versión totalmente contradictoria entre una imagen y otra, en especial la segunda, que es un retrato hecho de forma evidente y mañosa muy parecido a Nelson Serrano, el acusado que en el momento del juicio tenía casi setenta años y que en 1997 tenía, por tanto, cincuenta y nueve años, es decir, que era mucho mayor a veinticinco o treinta años, un hombre de tez blanca, con el cabello castaño claro, ojos claros y que había usado casi toda su vida un bigote espeso. Pero Oodegard no lo vio, y tampoco Epson, o quizás no lo quisieron ver y dejaron instalada en el jurado aquella sensación de que Purvis había visto en la escena del crimen a Nelson Serrano. Para mejor compresión del lector, en esta página siguiente acompaño la segunda versión del *sketch* hecho por Purvis años después ante el mismo dibujante[2]:

Composite Sketch of man seen standing outside Erie Manufacturing on evening of homicides, December 3, 1997.

NS0098993

En ese momento, avanzo rápidamente a hojear lo que seguía del contra interrogatorio pues pienso, de forma ilusa, que Oodegard se había guardado lo mejor para el final, la gran sorpresa en la que haría caer a Purvis por sus versiones contradictorias y a la fiscalía como manipuladora, pero lo que seguía del juicio era tan decepcionante como lo anterior. Luego de esa descripción final de Purvis, que volvía a detallar los rasgos de un hombre igual a su primer *sketch*, Oodegard se fue por las ramas y preguntó: "¿Dónde dice usted que estaba parado el hombre esa tarde?". Pa-

---

2. Este documento forma parte de los expedientes judiciales del caso. Se exhibió en el proceso como prueba de la fiscalía con el número 195.

ra esta pregunta, le mostró un diagrama que había sido desplegado en la corte para mejor comprensión del jurado. Purvis confirmó que "el hombre estaba de pie en la mitad del estacionamiento, pero no había un auto a su lado, aunque sí había tres autos en los sitios ubicados frente al lugar de los crímenes…". Y ante esta respuesta que nuevamente ponía a la defensa en bandeja de plata la posibilidad de sacar a la luz las contradicciones de Purvis, y sacar otra vez la versión del Cadillac beige, el abogado, de la forma más insólita, terminó el interrogatorio confirmando a la jueza que no tenía más preguntas.

En ese momento llamo a Francisco, indignado, asombrado con lo que acababa de leer:

—Esos abogados que ustedes contrataron fueron los que condenaron a tu padre, no solo con su negligencia, sino que parecían estar del lado de la fiscalía…

Francisco me escucha con paciencia, silencioso, y dice:

—Eso es lo que hemos pensado desde entonces, por eso terminamos en tan mala relación con ellos...

Insisto, interrumpiendo a Francisco:

—Oodegard tenía la posibilidad no solo de destrozar el testimonio de Purvis a favor de la fiscalía, sino de darle vuelta y usarlo en beneficio de tu padre, pero no lo hizo, se quedó callado frente a las dos imágenes distintas que había hecho con ayuda del dibujante en dos momentos diferentes, y no dijo una sola palabra frente a la segunda imagen, la que realmente se parece a tu padre, ni habló otra vez del Cadillac, y tampoco hizo la pregunta clave en este tipo de declaraciones, que además resultaba elemental, y era si Purvis podía identificar en la sala al hombre que había visto delante de las empresa el día del crimen...

Francisco se queda otra vez en silencio. Lo escucho respirar al otro lado de la línea, y tras unos segundos dice:

—Tal vez Oodegard pensó que era riesgoso hacer esa pregunta, ¿qué tal si Purvis señalaba a mi padre y decía que él era el hombre?

—Eso era imposible, Francisco, porque si Purvis estaba dispuesto a reconocer a tu padre en el estrado delante del jurado y de la jueza, el fiscal le habría pedido que lo identificara en el interrogatorio, y eso no sucedió porque seguramente el testigo no iba a llegar tan lejos, pero ese era el momento exacto para voltear a Purvis en su favor, cuando él jamás habría podido decir que Nelson Serrano, un hombre blanco de casi sesenta años, era la misma persona que aquel joven de veinticinco años de piel oliva y cabello oscuro...

Francisco hace una nueva pausa y comenta:

—Tienes toda la razón...

Asumo que la cabeza de Francisco está alborotada recordando aquellos episodios del juicio, las imágenes tan distintas, tan tendenciosas contra su padre, y aquel testimonio de Purvis que había servido a la fiscalía para condenarlo cuando en realidad era el testigo principal de su defensa. En ese instante de silencio que se extiende un rato entre ambos, le digo:

—Francisco, a tu padre no solo lo condenó un sistema, unos fiscales y policías que necesitaban un culpable, sino también unos abogados que no lo estaban defendiendo...

Él responde:

—Es lo mismo que siempre ha dicho mi padre...

TESTIMONIOS II

Vuelvo a mirar una vez más el documental de la cadena CBS y en especial esa línea de tiempo que trazó la fiscalía para ajustar su teoría a los hechos. En aquella historia imposible había otro testimonio que resultaba esencial para la fiscalía, el de Álvaro Peñaherrera, aquel joven cercano a Nelson Serrano que había alquilado un vehículo el mismo día de los crímenes, vehículo que, según la teoría acusatoria, había sido utilizado por el acusado para asesinar a las cuatro personas en Bartow y hacer todo un periplo insólito entre Atlanta, Orlando, Erie Manufacturing, Tampa y finalmente Atlanta otra vez antes de aparecer a las 22h17 en el *lobby* del Hotel LaQuinta.

También en la historia de este testigo, Álvaro Peñaherrera, iba a aparecer la mano de Tommy Ray, de los policías que actuaron bajo su mando, así como la manipulación de los fiscales, y, cómo no, un nuevo ejemplo de la apática y sinuosa defensa de los abogados de Nelson Serrano.

Durante el juicio, en octubre de 2006, Álvaro Peñaherrera, un muchacho que tenía veinticinco años, declaró por última ocasión luego de haber sido interrogado varias veces tanto por agentes de la policía como por Tommy Ray personalmente, y también por uno de los Gran Jurados designados antes de 2002.

Quizás la historia de este testigo es la más enredada del caso, pues, desde el inicio, Peñaherrera se contradijo varias veces sobre los hechos a los que aludía su testimonio, y según pasaba el tiempo, sometiéndolo a fuertes presiones y utilizando otras armas *non sanctas*, Ray consiguió finalmente que Peñaherrera dijera algo que a la fiscalía le serviría en el caso, al menos en parte ya que aquellos testimonios incoherentes y falaces iban a ser de poca utilidad procesal para los acusadores aunque, de modo paradójico, fueron decisivos para la condena del acusado.

Veamos cuál fue la evolución y la cronología de las discordantes historias que relató Peñaherrera: en el 2000, luego de que la policía descubriera que Álvaro Peñaherrera, este joven conocido por Nelson Serrano, hijo de unos amigos muy cercanos del Ecuador, había alquilado un automóvil en el aeropuerto de Orlando el mismo día de los crímenes, el foco de atención de las investigaciones apuntó hacia él. En su primera versión, Peñaherrera aseguró que alquiló aquel vehículo el 3 de diciembre de 1997 para un amigo suyo que debía llegar desde Panamá a Orlando ese día. Aquel amigo, cuyo nombre supuestamente era Juan DeVilla, había utilizado, según Peñaherrera, el vehículo en mención. Sin embargo, tras ese primer testimonio, Tommy Ray y los policías que lo interrogaron le pidieron la información sobre Juan DeVilla para corroborar lo afirmado por el testigo. Unos días después, Álvaro Peñaherrera le dijo a la policía que había mentido sobre este supuesto amigo y que alquiló el auto por pedido de Nelson Serrano, una persona a la que guardaba enorme respeto y consideración, pues le había ayudado durante mucho tiempo económicamente desde que llegó a los Estados Unidos. En esa misma declaración, Peñaherrera afirmó que Nelson Serrano había hablado con él sobre la investigación acerca de los crímenes y que le había recomendado que dijera la verdad. Esa *verdad* a la que se refería Peñaherrera era algo incómoda, pues se refería a la existencia de la amante que tenía Nelson Serrano, Alicia, que debía llegar a Orlando justamente el día 3 de diciembre de 1997.

La existencia de la amante de Nelson Serrano y el intento de Peñaherrera de protegerlo provocó muchas suspicacias entre los policías y en especial en Tommy Ray, que pensó que aquella historia era otra mentira del testigo, pero como veremos más adelante, la propia policía descubrió que aquella amante existía y que esa relación había empezado muchos años antes cuando Nelson Serrano vivió en Ecuador durante un corto intervalo entre su residencia en los Estados Unidos.

En todo caso, la versión de Peñaherrera fue confusa y oscura, pues hasta el final, incluso hasta que empecé a escribir esta historia y logré comunicarme con él tras varios intentos infructuosos de que habláramos, siempre había algún enredo en sus nebulosas declaraciones. La realidad, confirmada por Peñaherrera en su último testimonio, y también verificada por la policía al comprobar la existencia de Alicia es que Nelson Serrano, por la confianza que tenía con Peñaherrera, le pidió varias semanas antes que ese día hiciera los trámites de alquiler del vehículo y que él cubriría todos los gastos pues, de lo contrario, su esposa podía descubrir aquella relación. En vista de que Serrano iba a estar de viaje en Atlanta ese día, el favor de Peñaherrera se debía limitar al alquiler del vehículo y a dejar el mismo en un sitio determinado del aeropuerto de Orlando a fin de que Alicia lo recogiera y con él viajara a Tampa, en donde debía alojarse y encontrarse con Nelson Serrano durante los días siguientes. Sin embargo, pese a que esa misma mañana del 3 de diciembre Serrano le confirmó a Álvaro Peñaherrera la necesidad de que alquilara el vehículo (resultó ser un Nissan verde de placas PEV 23V alquilado en Dollar Rent a Car), unas horas más tarde, alrededor de las doce del mediodía, los planes cambiaron porque la mujer no se había embarcado en el vuelo desde Brasil a Orlando, y, en consecuencia, todo quedó sin efecto. En esa segunda llamada que le hiciera Nelson Serrano desde Atlanta, Álvaro Peñaherrera mencionó a la policía que se molestó mucho, pues Serrano le había pedido que recogiera el auto otra vez y lo entregara en Tampa, en las oficinas de la empresa de alquiler, que era el sitio previsto para la devolución. Según Peñaherrera, la única explicación que le dio Serrano era que *los planes con la mujer habían cambiado*. Pero, en esta historia que Peñaherrera debió repetir en varias ocasiones y ante distintas personas que lo interrogaron, todavía quedaba un hueco, y es que en cada una de esas versiones e incluso en la que me dio a mí mientras escribía la crónica de los hechos, la historia cambiaba ciertos detalles de la entrega del vehículo y, sobre todo, acerca de la persona que recogió el mismo en Orlando y lo llevó hasta Tampa aquel día.

En distintas ocasiones, Álvaro Peñaherrera mencionó que se había molestado con su "tío" por el nuevo pedido de que dejara el auto en Tampa, ya que él recién salía de su trabajo como *valet parking* en el International Premium Outlet de Orlando a las cuatro de la tarde, pero nunca aclaró en realidad quién fue

142

la persona que recogió el auto alquilado del aeropuerto de Orlando y lo llevó hasta Tampa. Lo que se conoce a ciencia cierta es que ese vehículo salió a las 15h49 del día 3 de diciembre de 1997 y fue registrado como devuelto en las oficinas de Dollar Rent a Car del aeropuerto de Tampa en horas de la mañana del día 4 de diciembre.

Durante su último testimonio rendido en la fase de culpabilidad, Álvaro Peñaherrera confirmó su versión de que el auto había sido alquilado el día 23 de noviembre de 1997 para la amante de Nelson Serrano, que lo recogería del aeropuerto de Orlando el día 3 de diciembre. También confirmó en esta versión que Nelson Serrano lo llamó temprano y le dijo que había surgido un problema con Alicia y que le había pedido que entregara el vehículo en el aeropuerto de Tampa. Sin embargo, lo más importante de las declaraciones de Álvaro Peñaherrera durante el juicio fue lo que dijo en el contra interrogatorio que le hiciera el abogado de la defensa, Oodegard, que, además de reforzar el hecho evidente de que él se contradijo en todos los interrogatorios anteriores, entre otras sorpresas para el jurado, descubrió lo que había detrás de aquellas discordantes versiones de Peñaherrera.

Recojo a continuación varios fragmentos de aquel contra interrogatorio:

…

Oodegard pregunta: *Ahora que nos ha estado hablando de los anteriores interrogatorios, ¿recuerda usted haber conversado con alguien del FBI?*
Peñaherrera responde: *Sí.*
Oodegard: *Usted habló con un agente especial del FBI y con un agente de Florida Department of Law Enfor-*

cement y, de acuerdo con su testimonio de hoy, usted les mintió a ambos. ¿Podría decirle al jurado cuánto miedo tenía usted entonces? ¿Cuánto miedo sentía usted sentado allí sabiendo que había mentido a los dos oficiales?

Peñaherrera: *¿En una escala del uno al diez?*

Oodegard: *Sí.*

Peñaherrera: *Once*

Oodegard: *¿Qué le dijeron aquellos policías? ¿Le dijeron que era un mentiroso acaso? ¿Qué le dijeron?*

Peñaherrera: *Claro, me dijeron eso.*

Oodegard: *¿Cómo lo trataron?*

Peñaherrera: *Ellos me rompieron.*

Oodegard: *¿Lo presionaron?*

Peñaherrera: *Mucho.*

Oodegard: *¿Lo hicieron llorar, no es cierto?*

Peñaherrera: *Sí, sí lloré.*

Oodegard: *Ellos lo rompieron y luego le pidieron que cambiara su historia, ¿verdad?*

Peñaherrera: *Me sugirieron que dijera la verdad.*

Oodegard: *Cambió su historia, ¿cierto?*

Fiscal Agüero: *El testigo respondió a la pregunta.*

La Corte: *Señor Agüero…*

Peñaherrera: *Sí, cambié mi historia.*

A partir de ese puntazo que había logrado el abogado de la defensa de Nelson Serrano frente al testigo estrella de la fiscalía, un testigo que nunca pudo sostener una sola historia en cinco diferentes momentos, el interrogatorio de Oodegard se desvió curiosamente a intentar demostrar que en una de esas versiones Peñaherrera había afirmado que el día de los crímenes, el 3 de diciembre de 1997, salió de su oficina como era usual a las cuatro de la tarde y que fue directamente a su casa, ubicada en Orlando. Allí, supuestamente lo estaba esperando Nelson Serrano, algo que no era posible, pues recordemos que Serrano se encontraba en Atlanta, pero en la confusión de fechas que tenía entonces el testigo y la presión que había recibido para "cambiar su historia", como había afirmado, Peñaherrera provocó un verdadero caos que tiraba por la borda la endeble teoría de los fiscales en aquel juicio. Agüero y Wallace objetaron en varias ocasiones las preguntas del abogado de la defensa para evitar que el testigo siguiera hundiéndose en sus propias incoherencias, y la jueza de la Corte de Bartow una y otra vez desestimó tales objeciones y permitió que el testimonio avanzara. Sin embargo, mientras el testigo se encontraba en medio de una historia pantanosa, Oodegard, de forma ingenua, seguía insistiendo en que el día de los crímenes Nelson Serrano habría estado en Orlando a las cuatro de la tarde, es decir, de algún modo aceptaba la teoría de los fiscales y situaba él mismo a su cliente muy cerca del lugar de los crímenes. Leo una vez más el interrogatorio e intento comprender cuál era la estrategia que pretendía seguir el abogado de Serrano en ese testimonio que podía resultar definitivo para su cliente, y solo puedo confirmar que lo único que estaba haciendo al jugarse aquella peligrosa carta de ubicar a su cliente en Orlando cuando había pruebas de que estaba en Atlanta era su interés por desprestigiar aún más a un testigo que se había enredado en sus propias contradicciones.

La verdad es que Álvaro Peñaherrera sí había dicho en cuatro ocasiones anteriores que Nelson y él estuvieron juntos el día 3 de diciembre desde las cuatro de la tarde en Orlando, pero hay que tomar en cuenta que el primer interrogatorio que se le hizo fue el 15 de junio de 2000, dos años y medio después de los crímenes, y que ese tipo de confusiones sobre el detalle de fechas era probable. En todo caso, el día del juicio, con la presión encima de Peñaherrera, él se mantuvo casi hasta el final con la versión aquella que destruía por completo a los fiscales y a Tommy Ray que tanto se habían empeñado en llevarse al joven a su lado utilizando todo tipo de artimañas. Así, relataba Peñaherrera que él y Nelson Serrano se fueron juntos hasta Rainbow Parking, una zona de estacionamientos cercana al aeropuerto de Orlando, pero en realidad el testigo se refería al día 23 de noviembre de 1997, diez días antes, cuando, en efecto, Nelson Serrano y él estuvieron un rato juntos en casa de Álvaro Peñaherrera y luego fueron al aeropuerto de Orlando para que Álvaro hiciera la reserva del auto para el día 3 de diciembre, fecha en la que debía llegar a esa ciudad la amante de Nelson Serrano. Oodegard entró en un terreno peligroso en pleno juicio porque, en su razonamiento, además de desprestigiar al testigo de la fiscalía con cuyo testimonio intentaban sostener su teoría, con esa declaración de que él y Nelson estuvieron juntos aquel día por la tarde, resultaba imposible que cualquiera de ellos fuera el autor de los crímenes que se iban cometer pocos minutos después de que ellos salieron presuntamente del aeropuerto haciendo aquella reserva, a cien kilómetros de Bartow.

Pero las sorpresas seguirían saliendo a la luz en aquel extensísimo testimonio y contra interrogatorio realizado a Peñaherrera en octubre de 2005. Y, sobre todo, afloraban ante cada respuesta las acciones ilegales que había cometido la policía y los propios fiscales para ajustar las pruebas y los testimonios a la teoría que habían llevado al juicio contra Serrano.

Oodegard: Es decir, en su declaración ante Tommy Ray el 21 de septiembre de 2000, usted mencionó que el 3 de diciembre de 1997, al atardecer, usted y el señor Serrano fueron a Rainbow Parking en el automóvil de Serrano, ¿es eso correcto?

Peñaherrera: Es correcto.

Oodegard: Ahora, cuando usted reveló a los oficiales estos hechos, tales afirmaciones, ellos estaban muy claros de que lo relatado por usted no se ajustaba a la teoría de lo que ellos creían que había sucedido, ¿verdad?

Peñaherrera: Sí...

Oodegard: ... Porque, si es que el señor Serrano estuvo en su departamento el 3 de diciembre a las cuatro de la tarde, y si es que el señor Serrano se trasladó con usted hasta el aeropuerto para alquilar un auto y luego fueron hasta Rainbow, él no podía haber cometido esos crímenes, ¿verdad?

Agüero: ¡Objeción, señoría, especulativo hacia el testigo!

...

Oodegard: La policía le dejó a usted muy claro que, si esos eran los hechos, no había podido cometer esos crímenes, ¿verdad?

Peñaherrera: Sí.

Oodegard: Es decir, lo que usted les había contado no se ajustaba a la teoría de que el señor Serrano había cometido esos crímenes, ¿cierto?

Peñaherrera: Supongo. Yo no estaba llevando las investigaciones, ellos lo hacían.

Oodegard: *Lo que pasó en ese punto es que la policía le puso presión a usted para que cambiara su historia, ¿no es verdad?*

Peñaherrera: *Sí.*

Oodegard: *Usted estaba bajo presión de la policía, ¿cierto?*

Peñaherrera: *Yo no estaba presionado para cambiar mi historia. Yo estaba presionado para venir acá y ser lo más preciso posible. Como usted dice, señor, la investigación no tenía sentido sobre lo que yo les había contado. Y, a propósito, todas esas fechas y todas esas horas que usted escribió en ese trozo de papel se ajustan al arrendamiento del día anterior. Por eso es probable que yo me haya confundido al estar bajo presión y mezclé algunas cosas.*

Oodegard: *Sin embargo, cuando usted habló con ellos en junio 15, 16 y 19, les dijo que el 3 de diciembre de 1997 dejó el vehículo de alquiler en Rainbow Parking, ¿correcto?*

Peñaherrera: *Porque confundí los hechos...*

Oodegard: *El 16 de junio, el 19 de junio, el 21 de junio, el 24 de junio, el 21 de septiembre, usted les dijo que el día 3 de diciembre de 1997 a las cuatro de la tarde usted estaba con el señor Serrano, ¿correcto?*

Peñaherrera: *Sí, se los dije.*

Oodegard: *¿Y el 21 de septiembre usted habló con ellos otra vez y les mencionó que el señor Serrano fue con usted al atardecer a Rainbow Parking?*

Peñaherrera: *Sí, señor.*

Oodegard: *Muy bien. Y, de hecho, usted estaba bajo presión, ¿verdad?*

Peñaherrera: *Seguro que sí.*

Oodegard: *Porque usted no está acostumbrado a tener dos o tres oficiales de policía u oficiales de la ley encima suyo, en sus palabras, ¿verdad?*

Peñaherrera: *Por favor, ¿puede repetir la pregunta?*

Oodegard: *Usted no está acostumbrado a tener dos o tres oficiales encima suyo, según sus palabras, ¿verdad?*

Peñaherrera: *Sí, no estoy acostumbrado. Sí.*

Oodegard: *Usted mismo ha afirmado que estaba bajo presión, ¿verdad?*

Peñaherrera: *Sí.*

Oodegard: *Usted tenía presión, porque la policía decía que la versión que usted les contaba esencialmente cambiaba su historia, ¿no es así?*

Peñaherrera: *No es exactamente que cambiaba la historia, señor. Esos eventos sucedieron en días diferentes, 33 o 32 días entre los dos alquileres de vehículos [en este caso, Peñaherrera se refería a otro alquiler que realizó el día 31 de octubre de 1997 también por pedido de Nelson Serrano]. Y esto es tres años y medio más tarde. Creo que tengo el derecho de estar confundido.*

Oodegard: *Señor Peñaherrera, no fue hasta julio de 2006, un mes antes del inicio de este juicio que usted, repentinamente, recordó un segundo alquiler de un automóvil, ¿no es verdad?*

Peñaherrera: *No lo recordaba, me lo hicieron recordar.*

Oodegard: *Se lo hizo recordar un oficial de policía cuando le dijo:* Hey, tu historia de Rainbow Parking ahora encaja, *¿verdad?*

Peñaherrera: *Sí, señor.*

Oodegard: *Yo sé, porque lo hemos conversado antes, que a usted no le gusta que use estas palabras sobre que la policía lo tenía bajo presión, pero, ciertamente, ha reconocido que la policía le puso en la dirección de que lo de Rainbow Parking no sucedió el 3 de diciembre de 1997, ¿no es cierto?*

Peñaherrera: *Sí, eso no sucedió el 3 de diciembre de 1997...*

Oodegard: ... *Porque la historia de Raibow Parking no se ajustaba a la teoría de la policía, ellos lo cuestionaron a usted de tal manera que le hicieron creer que no pasó. Y, luego, de cuatro a seis años más tarde, usted repentinamente lo recordó. Oh, sí, debe haber sido durante el alquiler de octubre, ¿es eso lo que sucedió, esencialmente?*
Peñaherrera: *Sí, señor.*

El interrogatorio a Álvaro Peñaherrera avanzaba a tropezones por sus continuas discordancias con testimonios anteriores. Oodegard intentó en varias ocasiones obtener una respuesta clara sobre la persona que había conducido el vehículo desde el aeropuerto de Orlando hasta el aeropuerto de Tampa el 3 de diciembre de 1997, pero Peñaherrera, visiblemente ofuscado, cambió sus distintas versiones sin que pudiera aclarar jamás algo que resultaba definitivo para ese juicio, el nombre de la persona que condujo el vehículo. Tampoco fue claro el testigo cuando se le preguntó por la amante de Nelson Serrano, la persona para la que había alquilado aquel auto para Serrano. En anteriores interrogatorios había afirmado de forma categórica que Nelson Serrano tenía una amante y que ella iba a llegar ese día a Orlando y necesitaba un vehículo para ir hasta Tampa, en donde la pareja se debía encontrar durante los días siguientes, pero en el juicio Peñaherrera negó lo afirmado anteriormente bajo juramento, cambió su versión varias veces y terminó por aceptar que sabía de la existencia de la amante, pero que no conocía quién condujo el automóvil.

Sobre este tema del auto de alquiler es importante hacer un nuevo paréntesis, pues, curiosamente, tal como había sucedido con otras pruebas presentadas en el juicio, ni la policía ni la fiscalía descubrieron jamás un solo documento de la empresa de estacionamientos del aeropuerto de Orlando que acreditara quién fue la persona que condujo el vehículo alquilado. Y aquí, una vez más, apareció la mano de Tommy Ray, porque esa evidencia era tan simple de obtener que resultaba extraño que no constara en el expediente del juicio, así como tampoco constan los videos de las cámaras de seguridad de los tres aeropuertos en los que supuestamente estuvo Nelson Serrano aquel día, videos que la policía pidió y revisó detenidamente los días sucesivos a los crímenes según sus propios reportes.

Este confuso y sinuoso interrogatorio que realizaba el abogado Oodegard a Álvaro Peñaherrera, según aparece del expediente judicial, iba por el camino deseado para la defensa, pues se había aprovechado de las permanentes contradicciones del declarante para poner en tela de duda sus afirmaciones, y en especial, para destruir la teoría de la fiscalía sobre el supuesto uso de aquel automóvil por parte de Nelson Serrano para cometer los crímenes. Así, Oodegard parecía haber destrozado a los fiscales con su propio testigo, pero en varios pasajes del interrogatorio tanto al jurado como a la jueza debió haberles quedado muy claro también que si había algún sospechoso a quien seguir la pista por los asesinatos bien podía ser el propio Álvaro Peñaherrera, que no tenía ningún móvil claro, salvo que se hubiera tratado de efectuar un robo o que hubiera sido contratado por alguien más para hacer ese trabajo sucio. Lo cierto es que las características físicas de Peñaherrera bien podían ajustarse al perfil del hombre que había visto Purvis, un joven de entre 25 y 30 años, tez morena, cabello corto, que calzaba 7.5 u

151

8 según medida estadounidense, que era justamente la talla de la huella encontrada en una silla de ruedas en la oficina en que se descubrieron tres cadáveres. Es decir, Oodegard, además de haber expuesto al testigo estrella de la fiscalía como perjuro, también dejó en el aire de aquella audiencia la sensación de que quizás se encontraban frente a otro sospechoso del delito. Y, por si fuera poco, los abogados de la defensa habían descubierto otra de las movidas sucias de Ray en este caso, una movida que tenía que ver precisamente con el cambio imprevisto de Peñaherrera en sus declaraciones, que ya sabemos por sus propias palabras que había sido presionado por los agentes para ajustar su historia a la teoría que ellos iban a defender en el juicio. Sin embargo, quedaba aún algo más turbio por ser revelado en ese interrogatorio:

> **Oodegard:** *Una cosa más...*
> **Peñaherrera:** *Seguro...*
> **Oodegard:** *Quisiera usted decirle al jurado sobre el interés que usted tenía por los cien mil dólares de recompensa que se ofrecía en este caso.*
> **Peñaherrera:** *¿Qué recompensa?*
> **Oodegard:** *¿No recuerda usted que había una recompensa de cien mil dólares en este caso?*
> **Peñaherrera:** *Yo asumía que había una recompensa, pues todos los casos grandes de seguro la tienen...*
> **Oodegard:** *Y, eso es algo sobre lo que usted y Jessica hablaron, ¿no es cierto? [Jessica era la novia de Peñaherrera, actualmente su esposa, y había declarado también durante el juicio].*
> **Peñaherrera:** *No, no lo recuerdo.*
> **Oodegard:** *Ok. Pero usted sabía que había una gran recompensa en este caso, ¿cierto?*

Peñaherrera: *¿Perdón?*

Oodegard: *Que usted sabía que había una gran recompensa en este caso, ¿no es cierto?*

Peñaherrera: *Yo asumía que había una recompensa porque en todos los casos importantes hay algo de dinero atrás.*

Oodegard: *Cuando este caso termine exitosamente, ¿usted va a tratar de reclamar la recompensa, ¿verdad?*

Peñaherrera: *No. ¿Por qué lo haría? ¿Cómo?*

Oodegard: *¿Usted no desea recibir cien mil dólares?*

Peñaherrera: *¿Usted no? Todos quisieran cien mil dólares...*

Oodegard: *No tengo más preguntas, su señoría...*

Así, abruptamente, cuando Oodegard tenía entre las cuerdas al testigo y lo había llevado al peligroso campo del dinero que este habría recibido o podía recibir luego del juicio para cambiar su historia, algo que sería escandaloso y definitivo en este caso en contra de los fiscales y de Tommy Ray, sin más explicaciones, el abogado concluyó el interrogatorio y no siguió hasta lograr la respuesta que, posiblemente, habría absuelto a su defendido y habría causado serios problemas legales a varios de los agentes y fiscales que intervinieron en el juicio.

En las conversaciones que he mantenido con Francisco Serrano sobre la actuación de los abogados de su padre en esta etapa, me ha dicho varias veces que nadie en su familia comprendió ese día por qué Oodegard decidió parar ahí el interrogatorio y dejó en el aire la sensación de que Peñaherrera había recibido o estaba interesado en ese dinero de la recompensa. De hecho, Francisco y también Nelson Serrano reclamaron airadamente a su abogado por esta repentina conclusión del interrogatorio, y él les respondió entonces que *no tenían de qué preocuparse*, que *no había pruebas para condenar a su cliente* y, además, que Peñaherrera *había quedado como un mentiroso*.

En esta última charla telefónica, Francisco me comenta que ellos no tienen dudas de que Álvaro recibió los cien mil dólares de recompensa, que, por dónde se lo mire o por más vueltas que se le pudiera dar, se trataba de un pago ilegítimo a un testigo fundamental del caso, es decir, un delito en el que quizás incurrieron Ray y posiblemente los fiscales, pues poco después de esta declaración que hizo Peñaherrera en la corte logró pagar un anticipo para comprarse un departamento en Orlando y además apareció conduciendo un vehículo nuevo. *Álvaro jamás tuvo una situación financiera como para comprarse ese apartamento y ese automóvil, si en ese momento era tan solo* valet parking *de un* mall *de Orlando. Con su salario apenas podía cubrir sus gastos y de pronto apareció con esos bienes en su poder* — concluye Francisco.

A propósito de Oodegard y su nebulosa actuación como abogado defensor de Nelson Serrano durante todo el proceso, Francisco me cuenta la última parte de la historia que los vinculó profesionalmente y que acabó destruyendo por completo la confianza que tenía en ese abogado. Resulta que antes del inicio del juicio penal contra su padre, la familia Patisso inició en contra de Nelson Serrano y de su esposa María del Carmen Pólit un juicio de indemnización de daños y perjuicios por la muerte injusta (*wrongfull dead*) de su hijo George. Ese proceso, en vista de que aún no comenzaba el juicio penal, quedó suspendido, pero, al haberse contratado ya a los abogados de Epson para la causa criminal, Francisco pidió a Robert Oodegard que se hiciera cargo también del caso civil. Este abogado aceptó llevar el proceso y recibió un primer pago de 25.000 dólares por su defensa. Luego de la condena de Nelson Serrano, la causa civil se reactivó. Francisco, que había sufrido las consecuencias de una defensa al menos negligente de aquellos abogados, intentó comunicarse varias veces con Oodegard para conocer el estado de la causa civil, pero no recibió respuestas. Meses más tarde, mientras estaban preparando la apelación, un amigo cercano a Francisco lo llamó para contarle que, en el diario local de Polk County, *The Lakeland Ledeer*, salió la noticia de que la familia Patisso había ganado el juicio civil y que Nelson Serrano y su esposa fueron condenados a pagar como indemnización la suma de cuarenta millones de dólares. Francisco llamó varias veces a Oodegard para que le explicara qué era lo que había sucedido y, sobre todo, por qué no le había informado sobre el estado del caso, pero Oodegard nunca respondió sus llamadas. Francisco viajó a Bartow y encontró al abogado en su oficina. Visiblemente nervioso, Oodegard le dijo que había aceptado los cargos contra Nelson Serrano y que el proceso había concluido con esa condena exorbitante a favor de los Patisso. Oodegard adujo entonces que en vista de que no iban a poder pagarle el saldo de sus honorarios, pues sabía que estaban en una mala situación económica, resolvió aceptar los cargos y dejar ese tema ahí. Francisco le respondió que esa decisión no era suya, que solo él o su padre podían haber aceptado esos cargos, que debió haberles advertido que iba a hacer eso en el juicio y que jamás lo habían instruido para que hiciera algo así, pero Oodegard respondió que ya no había nada qué hacer al respecto. Por supuesto, la familia Serrano no tenía ese dinero ni la más remota posibilidad de pagar una suma como aquella. Esa indemnización aún se encuentra pendiente. Así, de forma tan opaca y desgraciada, terminó la relación profesional con aquellos abogados.

A propósito de esta historia, mientras hablo con Francisco, me dice: *Yo debía haber acudido al Florida Bar Asociation [el foro de abogados de Florida] para denunciar a Oodegard, pero la verdad es que ya no tenía fuerzas para nada y el aliento que me quedaba debía ser enfocado a la apelación de mi padre...*

En este punto del caso, entra una vez más mi propia línea de tiempo que avanzará hasta julio de 2019, cuando me puse en contacto por primera ocasión con Álvaro Peñaherrera a través de un chat, aunque al inicio su negativa a hablar conmigo sobre el caso de Nelson Serrano fue rotunda. De todos modos, insistí varias veces comentándole acerca de las pruebas ocultas y otras cosas extrañas que habíamos descubierto en los expedientes del caso que perjudicaron a Nelson Serrano. En fin, apelé a su sensibilidad y a ese recuerdo pasado del cariño que tenía la familia Serrano por Álvaro y por su familia. Durante un viaje a Florida en el mes de agosto intenté que nos viéramos, pero no recibí ninguna respuesta de su parte. Una vez más traté de suavizar su posición poniéndome en sus zapatos: la presión, las amenazas y el acoso que recibió de parte de los policías y de la fiscalía. Insistí con mensajes cada cierto tiempo poniéndolo al tanto de las investigaciones y de los descubrimientos que nos sorprendían cada tanto. Al final, casi como una súplica, le escribí en febrero de 2020 pidiéndole ayuda para comprender la historia del automóvil alquilado y, sobre todo, quién lo había conducido aquel

3 de diciembre de 1997 entre Orlando y Tampa, y recibí esta respuesta: "Nelson me llamó y pidió que alquilara ese auto con mi tarjeta de crédito. Él me enredó diciendo que tenía una amante que venía a Orlando y que no quería que María (su esposa) viera el cargo en su tarjeta. Una vez alquilado el coche, me dio instrucciones de dónde estacionarlo y dejar las llaves escondidas adentro del aro de una de las ruedas. Me pidió que le dejara el boleto en el visor y yo le dije dónde quedó el coche. Yo nunca lo vi. Luego me llamó a decir que la amante había cancelado el viaje y que el coche debía ser devuelto en Tampa. Yo me enojé mucho y él ofreció pagarme la tarjeta de crédito por el favor enorme de manejar hasta Tampa, devolver el automóvil y volver a Orlando. Mi novia me acompañó. Eso es todo".

Ante esta respuesta, para mí evidente sobre lo que había sucedido, esto es, que Álvaro Peñaherrera o su novia habían retirado otra vez el vehículo del estacionamiento del aeropuerto de Orlando para llevarlo a Tampa, le agradecí y le dije que resultaba esencial este dato, pues sospechábamos que el boleto de ese día con la supuesta huella de Nelson Serrano era manifiestamente falso y que sabíamos con certeza que se trataba de un crimen cometido por al menos tres personas, pero él me respondió con el siguiente mensaje: "El coche lo renté y lo dejé en el aeropuerto de Orlando. Luego me llamó Nelson y me pidió que manejara a Tampa para devolverlo. Lo saqué del parqueadero, lo devolví y regresé a Orlando. Yo nunca vi quién recogió el coche".

Una vez más aparecían las contradicciones de Álvaro Peñaherrera tal como había sucedido durante el juicio, aunque a lo mejor yo estaba entendiendo mal

157

su mensaje y efectivamente ni él ni su novia recogieron el vehículo el día 3 de diciembre por la tarde, pero en ese caso quién sino ellos podían haber retirado aquel vehículo que solo ellos sabían dónde se encontraba. Ante estas dudas volví a escribir: "Gracias por tu respuesta. Lo único que necesito saber es ¿quién manejó el automóvil alquilado entre Orlando y Tampa? Eso no aparece en ningún documento". De inmediato recibí esta respuesta: "Si no fuera por la huella del pulgar de Nelson en el *ticket* del aeropuerto, no estuviera donde está ahora. Hubiese sido el crimen perfecto, implicándome a mí como el idiota que alquiló y devolvió el vehículo. ¿No lo ves?".

Una vez más este joven me sorprendía con su dualidad. Comprendí en ese momento que él estaba convencido de que Nelson Serrano era el asesino y que lo había utilizado para cometer un crimen que, en ninguna circunstancia era perfecto sino todo lo contrario, era chapucero, burdo, ingenuo... Por supuesto, asumí también que él se había quedado con la versión final de Tommy Ray y de los agentes de policía que lo acosaron, amenazaron y presionaron para cambiar su historia y acomodarla de alguna forma a su teoría, y que una vez que Nelson había sido condenado y que la familia Serrano cortó relaciones con él y con sus padres por su confusa y extraña intervención en el caso, se había quedado en su memoria la idea de que, en efecto, Nelson cometió el crimen. Por esa razón, respondí de inmediato: "Esa huella y el boleto de estacionamiento son falsos, de hecho, ya no existen y en el juicio nunca apareció el original. Eso es parte de este nuevo caso. Nelson no viajó ese día porque habría salido su imagen en cualquiera de los tres aeropuertos. La policía registró todas las cámaras y nunca encontraron nada. Los boletos fueron falsificados para poder acusar a Nelson. Era la única forma de vincularlo, y te digo esto porque sé lo que está pasando ahora: se conoce que se trató de un sicariato, que fueron entre dos y tres personas las que dispararon tres armas diferentes. Eso se ocultó en el expediente y apareció hace poco. Hay varios nombres y personas involucradas. Te podría contar muchas cosas que han aparecido…". Su respuesta no tardó en llegar. Sus dudas se mantenían: "El aeropuerto de Orlando guarda todos los *tickets* de salida de parqueadero durante años, sino no hubiese habido nada contra él. Si fue una farsa y se puede comprobar, entonces ¿quién fue?". Respondí otra vez sobre la marcha para evitar que esa conversación se cortara definitivamente: "No los guarda, de hecho, la policía pidió los boletos varias veces y consta en los expedientes que los destruyen a los noventa días y que además su bodega se había inundado dos veces. La policía buscó esos boletos durante años y no existían hasta que milagrosamente aparecieron en una caja de zapatos. Dos boletos emitidos con diez días de diferencia, con la mitad de la huella exacta en cada uno de ellos del dedo índice derecho de Nelson. ¿Sabes cuáles son las probabilidades de que eso pase? Por esa razón, cuando hicieron las pruebas de esas huellas desaparecieron los originales y solo constan fotografías de los boletos". Su contestación volvió a sorprenderme: "Wow, siempre sonó raro lo de esos boletos".

En aquel momento, solo con esa información había logrado que él dudara de los famosos boletos y, por tanto, de la hipótesis de Ray. Insistí con otro mensaje intentando que me diera algún otro dato relevante: "¿Alguna vez conociste a la amante de Nelson?".

Álvaro Peñaherrera respondió en un tono más amigable: "No, ni idea. Mi mamá me dijo que siempre fue mujeriego, pero yo nunca lo vi con nadie".

Luego, como siempre sucedía, dejó de responder. Le hice dos preguntas más que consideraba indispensables para aclarar su participación en el juicio, en especial sobre aquel tema engorroso de la recompensa que habría cobrado tras implicar a Nelson Serrano en el tema del auto, pero Álvaro no volvió a responder. Era un riesgo que ya había calculado. Sabía que él no profundizaría más en su versión, enredada y nebulosa, así que dejé estas dos interrogantes en aquel intercambio de mensajes: *¿Cobraste esa recompensa a la que se refirieron los abogados en tu testimonio?* Y, a continuación: *¿Te han vuelto a llamar para declarar en el nuevo proceso de resentencia?* Allí seguían ambas preguntas, solas, sin respuesta hasta estos días en que él respondió de forma escueta: "No, ninguna recompensa. No han vuelto con el caso".

No insistí más. Me quedó claro, eso sí, que el testimonio de Peñaherrera, desestimado por la jueza ante sus evidentes contradicciones, solo había servido para que el jurado tuviera la percepción de que Nelson Serrano ocultaba algo alrededor del alquiler de ese vehículo el mismo día de los crímenes. Esa percepción seguramente jugó en contra de Nelson Serrano y a favor de la fiscalía, de modo que, al final, Tommy Ray logró lo que quería con su testigo estrella a pesar de todas sus contradicciones y enredos. De todos modos, para mi investigación era indispensable aclarar estos puntos con el joven, en especial el hecho de quién fue la persona que sacó el vehículo del estacionamiento del aeropuerto de Orlando aquel día y, sin duda alguna, en mi opinión, fue el propio Álvaro quien lo hizo o, en el peor de los casos, fue su novia bajo instrucciones de él quien lo retiró para devolverlo al día siguiente, el 4 de diciembre de 1997 en el aeropuerto de Tampa, que era donde el contrato de alquiler obligaba a entregarlo. Sobre este asunto conversé varias veces con Francisco, pues era uno de los cabos sueltos del caso. Él siempre me dijo que no tenía dudas de que aquel automóvil había sido conducido por el propio Álvaro cuando su padre le dijo que la amante no se había embarcado en su vuelo desde Brasil. Era lógica su conclusión, pues si aquella mujer no llegó nunca a Orlando, la única persona que podía retirarlo era el propio Álvaro o su novia, que sabían dónde había quedado estacionado, y, la otra opción, la que iluminaba los ojos de Tommy Ray, era que Nelson Serrano lo había usado para viajar a Bartow y cometer los crímenes. Esto es lo que concluyó el jurado y la jueza, obviamente con la ayuda deliberada o inconsciente de Peñaherrera, que debía tener mucho temor de aceptar que él mismo o su novia habían retirado un vehículo que los podía situar, a uno de los dos o a ambos, en la escena del crimen de Bartow.

Volviendo al proceso y al extraño comportamiento de los abogados defensores, la misma justificación vaga y displicente que dieron Epson y Oodegard a Francisco Serrano cuando decidieron no pedir los exámenes de ADN del guante de látex que se encontró en la escena del crimen y que habría sido decisivo en este caso para Nelson Serrano, se la habían dado en relación con el interrogatorio a Peñaherrera, que tal como vemos pudo haber terminado muy mal para la fiscalía. Aquello de que *no debían preocuparse*, que *no hay pruebas para condenarlos*, volvió a jugar en contra

161

de Nelson Serrano cuando no siguieron con las preguntas para un testigo que en ese momento estaba contra las cuerdas a punto de caer noqueado.

En este punto, luego de tantos años, me sigo preguntando si esta actuación de los defensores ¿fue solo negligente o había algo más detrás de la pobrísima participación de los defensores en un caso que era muy claro desde el inicio? Me sigo preguntando hasta hoy: ¿por qué no interrogaron jamás a testigos claves como Manes o Adams, que habrían destruido la teoría de los fiscales? O ¿por qué que no leyeron al menos lo que había dicho Purvis en sus primeras versiones ante la policía? ¿Por qué no objetaron los dos dibujos distintos de la misma persona a la que Purvis había visto el día de los asesinatos? ¿Por qué no se preocuparon por mirar los videos de los aeropuertos (ocultos o desestimados por fiscales y agentes, pues allí no aparecía Nelson Serrano y, en consecuencia, no podía ser acusado)? ¿Por qué no pidieron que se exhibieran los documentos de respaldo de la empresa de estacionamientos de los aeropuertos de Orlando y Tampa sobre la salida y entrada del vehículo que ellos afirmaban que se usó en el crimen? ¿Por qué no impugnaron, por inverosímil y absurda, la línea de tiempo del extenso viaje que debió haber hecho Nelson Serrano para cometer los crímenes en menos de diez horas, como sí lo hizo años más tarde la periodista Jeanette Hinostroza, que recreó el trayecto que debió haber realizado Nelson Serrano para cometer aquellos crímenes y demostró, en su documental, que era imposible que él fuera el autor de los asesinatos? ¿Por qué no descubrieron ante el jurado y la jueza la existencia de otra arma? ¿Por qué no recrearon la escena criminal en el mismo lugar de los hechos para demostrar que era imposible que un hombre de esa edad hubiera cometido aquel crimen en solitario con tres armas diferentes? ¿Por qué no revisaron las autopsias de las víctimas para demostrar que allí sí aparecían dos disparos con un rifle calibre .30, que luego se ocultaba en el propio informe del forense? ¿Por qué los abogados nunca pidieron pruebas sobre la trayectoria y el destino final del dinero que desapareció de las empresas antes y después de los crímenes?

LA IMPOSIBLE LÍNEA DE TIEMPO

La primera vez que escuché sobre el caso de Nelson Serrano, el ecuatoriano que había sido condenado a pena de muerte en Florida por un crimen cuádruple fue en 2015. Una estación de televisión nacional emitió el documental *Nelson Serrano, soy inocente*, producido y dirigido por Janeth Hinostroza, una reconocida periodista que, en un impactante trabajo audiovisual de una hora, desmiente y desarma la teoría elaborada por Tommy Ray, presentada durante el juicio por los fiscales Agüero y Wallace, que se basaba en una imposible línea de tiempo.

Las primeras palabras de Janeth Hinostroza en ese documental son contundentes: "Nadie, sin importar su crimen, merece ser asesinado. La pena de muerte no es una solución, no alivia el dolor de las víctimas y convierte en homicidas a quienes buscan hacer justicia...".

Siempre he creído que la pena de muerte es una aberración que se mantiene aún en ciertas sociedades para ocultar su descomposición social traducida en una marcada xenofobia o racismo, en fanatismo e intolerancia por cuestiones morales o religiosas, o en la práctica tan arcaica como brutal de la ley del talión, *ojo por ojo...*, para mostrar la fuerza de la autoridad ante un pueblo temeroso y cabizbajo.

164

En muchos casos, como en el estado de Florida, por ejemplo, los cuatro vicios se reúnen y confluyen dramáticamente en su sistema judicial, tanto que este estado, junto a Nueva York, es considerado el más corrupto y uno de los que más dolores de cabeza provocan a la nación, en especial por las condenas injustas de gente inocente, que en una inmensa mayoría de los casos pertenece a una minoría racial, casi siempre negros o latinos. Basta ver cada semana los indultos, exoneraciones o liberaciones de personas que han estado detenidas por años o décadas incluso, y que luego de tener la posibilidad de un nuevo juicio, son exculpados por falta de pruebas o porque se descubrió al verdadero responsable de los crímenes que se les imputaban. Basta ver los casos dramáticos, insólitos, de personas que han sido ejecutadas en esos estados y que años después han sido declaradas inocentes. Y, por supuesto, también juega un papel decisivo en esta problemática la cuestión económica, dadas las cuantiosas indemnizaciones que deben pagar esos estados a las víctimas afectadas por sus dañados sistemas de justicia.

Por estas razones, quizás, me impactaron tanto aquellas palabras de Hinostroza con las cuales empieza su relato cuestionando de forma frontal, sincera y tajante a la perversa y cavernaria pena de muerte que aún se mantiene vigente, entre otros estados, en Florida. Pero, a pesar de sus objeciones, de sus razones propias para estar en contra de esta práctica, igual que en mi caso, su investigación y su trabajo estaban dirigidos en realidad a descubrir la forma en que los investigadores policiales y la fiscalía había conseguido llevar al corredor de la muerte a Nelson Serrano.

Regreso por un momento al juicio que se llevó a cabo en 2006, en la corte de Bartow, contra Serrano. Allí, en esa sala de audiencias, delante de un jurado convencido de la culpabilidad del "Mexicano" y, por tanto, de la solidez de la teoría de los fiscales, sin más pruebas que un supuesto boleto de estacionamiento con media huella digital, también supuesta, pues recordemos que en el expediente procesal solo consta una fotografía de aquel boleto, ya que el original "se dañó con los químicos usados para determinar si la huella era del acusado", algo muy conveniente para la fiscalía y para Ray, "descubridor de aquella *prueba*"; y con la presunta huella de un zapato de Serrano que había quedado marcada sobre una silla giratoria en la escena del crimen, presunta, pues se trataba de una huella talla 38 cuando Nelson Serrano calza 42, además de que la famosa silla nunca fue examinada ni retenida como parte de las investigaciones sino tres años después de los crímenes. Así se declaró la culpabilidad del acusado, con evidencias puramente circunstanciales, de dudosa procedencia y sin que lo situaran jamás en el lugar de los asesinatos, gracias a esta imposible línea de tiempo que estuvo exhibida cada día ante el jurado y la jueza del proceso. En ella, tal como analizaremos a continuación, se puede apreciar un detalle revelador: que la fotografía de Nelson Serrano que consta en el gráfico es en realidad el segundo dibujo que había identificado el testigo Purvis durante el proceso, un dibujo muy distinto a la persona que él realmente describió, pero que, para efectos prácticos y visuales frente al jurado, se lo exhibe como si fuera el propio Nelson Serrano[3].

---

3. Este documento forma parte de los expedientes judiciales del caso. Se exhibió en el proceso como prueba de la fiscalía con el número 332.

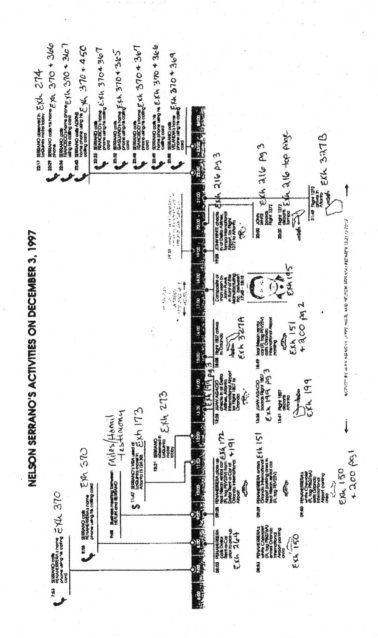

NELSON SERRANO'S ACTIVITIES ON DECEMBER 3, 1997

#332

167

Según esta línea de tiempo, que recoge literalmente la teoría del fiscal, Nelson Serrano se encontraba en Atlanta, en el Hotel LaQuinta, hasta las 12h20 del 3 de diciembre, que es la hora en que las cámaras de seguridad lo grabaron cuando se acercó al *lobby* y conversó brevemente con el recepcionista. A partir de ese momento, según Ray, Serrano tuvo nueve horas y cincuenta y siete minutos para hacer aquel largo periplo entre Atlanta, Orlando, Bartow, Tampa y otra vez Atlanta, para aparecer otra vez en el mismo *lobby* del hotel a las 22h17. Sin embargo, cuando entrevisté a Nelson Serrano, me confirmó lo que él ya le había dicho a Janeth Hinostroza en su primera entrevista, que cuando se acercó a la recepción sufría una migraña y necesitaba algún medicamento fuerte para aliviarla. En la recepción no pudieron conseguir nada más que aspirinas así que Serrano, en sus propias palabras, regresó a la habitación, tomó aquellas aspirinas y se quedó dormido.

Hinostroza en su documental reproduce exactamente el mismo viaje que debió haber realizado Nelson Serrano para cometer el asesinato y regresar, nueve horas y cincuenta y siete minutos después al lugar en que las cámaras del Hotel LaQuinta lo habían grabado.

Como se observa en el cuadro del fiscal, Nelson Serrano presumiblemente se registró en el aeropuerto de Atlanta, en la aerolínea Delta para viajar en el vuelo 1807 a Orlando, a las 13h26 minutos. Aquí la primera observación a la fantasiosa teoría elaborada por Ray. El aeropuerto de Atlanta, uno de los más grandes e importantes de los Estados Unidos, tenía en ese momento, diciembre de 1997, cientos de cámaras de seguridad en funcionamiento, y de hecho, los días siguientes a los crímenes, cuando Ray y la policía se enteraron de la coartada de Serrano, investigaron todos los registros de esas cámaras, y no solo eso, sino que además revisaron los videos de las cámaras de seguridad de los aeropuertos de Orlando y Tampa, y ¿qué se imaginan que encontraron? Pues que en ninguno de esos videos aparecía Nelson Serrano, y, por tanto, tuvieron que olvidarlos y no los usaron jamás en los juicios. También es cierto que los abogados defensores de Serrano en primera instancia tampoco pidieron oficialmente aquellos videos, ni se dieron el trabajo de revisarlos o de pedir en los tres aeropuertos los reportes de aquel día.

El segundo problema que acusaba aquella teoría era la identidad bajo la que supuestamente viajó Nelson Serrano aquel día, pues ya que no aparecía en ninguna de las grabaciones de video, Ray inventó una historia que intentaba justificar el uso de una falsa identidad para realizar aquel viaje. La historia tiene que ver con el primer hijo de Nelson Serrano, nacido de una relación adolescente con una señora chilena de apellido Agacio, que se casó más tarde con un caballero estadounidense de apellido Greeven, quien adoptó legalmente al hijo de Nelson Serrano sin el consentimiento de este. Según Ray, en su obsesiva persecución a Nelson Serrano, años después de los crímenes se enteró de que había tenido aquel hijo y entonces, ¡eureka! —pensó— ahí está la identidad falsa que buscaba el insigne investigador. Acudió inmediatamente a la lista de pasajeros proporcionada por Delta Airlines y encontró, al final de esta, el nombre tan buscado (rebuscado, diría yo): *Juan Agacio*. En este punto es importante comentar, en primer lugar, que el hijo de Nelson Serrano no se llama Juan Aga-

169

cio, se llama John Greeven, y, en segundo lugar, resulta un insulto a la inteligencia de Nelson Serrano, que este usara el supuesto nombre de su hijo para viajar encubierto y cometer los crímenes.

De este modo, según la línea de tiempo de la fiscalía, Nelson Serrano habría viajado bajo el nombre de Juan Agacio en aquel vuelo que salió de Atlanta a las 13h41 y aterrizó a las 15h05 en Orlando. Salvo la lista de pasajeros en la que constaba el nombre Juan Agacio, nadie vio a alguien parecido a Serrano tomar ese vuelo, ni quedó registrada su imagen en ninguno de los aeropuertos por los que debía haber pasado. Tampoco, por supuesto, nadie se tomó la molestia de buscar ni investigar al pasajero Juan Agacio que abordó ese avión la tarde del 3 de diciembre de 1997.

A las 15h49 minutos, registra el cuadro del fiscal que Nelson Serrano salió del estacionamiento del aeropuerto internacional de Orlando en el vehículo alquilado por Álvaro Peñaherrera, cuyo testimonio, recordemos, no le sirvió a la fiscalía por sus enormes contradicciones y presiones policiales bajo las que había declarado. Por supuesto, tampoco aparecen en los expedientes procesales los videos de las cámaras de seguridad del estacionamiento del aeropuerto de Orlando ni de ninguno de los lugares por los que debió circular en tan largo trayecto, por ejemplo, estaciones de peaje, gasolineras, ciudades y poblaciones. Ni una sola cámara de seguridad lo registró nunca.

Al igual que se pregunta Hinostroza en su documental, yo me pregunto si: ¿era posible realizar ese viaje entre tres aeropuertos, estacionamientos, carreteras, peajes y en la propia ciudad de Bartow, donde Nelson Serrano era conocido, sin que nadie lo hubiera visto o sin que hubiera quedado registrada su imagen en algún lugar?

Según el cuadro de los fiscales, los crímenes se cometieron entre las 17h05 y las 19h30, algo que no se ajusta a la realidad, pues se sabe que, cerca de las seis de la tarde, cuando Purvis vio a aquel hombre afuera de las oficinas de Erie Manufacturing, ya los asesinos habían actuado o estaban cometiendo los crímenes en ese momento. Esto se puede comprobar fácilmente con las llamadas que hicieron aproximadamente a las 18h30 a las oficinas los familiares de las víctimas que los esperaban para la celebración del cumpleaños de las hijas de Frank Dosso.

En todo caso, sigamos esta línea de tiempo tal como lo hace la periodista Hinostroza en su documental, e imaginemos, en consecuencia, que alrededor de las 17h30 Nelson Serrano llegó a sus antiguas oficinas. Entonces Serrano se encontró delante de la puerta de vidrio de Erie Manufacturing y... ¿tocó el timbre? O, quizás, ¿forzó la seguridad? Evidentemente no podía pasar ni lo uno ni lo otro, pues recordemos que en junio de 1997 se produjo un incidente entre Gonsalves y Serrano cuando este acudió a sus oficinas para retirar sus objetos personales y se encontró con que habían cambiado las cerraduras de la empresa, por tanto, Nelson Serrano ya no tenía las llaves para entrar libremente. Supongo que tampoco estaban las cosas como para tocar el timbre o golpear la puerta y, amablemente, solicitar a Gonsalves que le abriera la puerta para después asesinarlo. Y, según lo comprobó la propia policía, las cerraduras jamás fueron forzadas. Por tanto, solo nos queda especular e imaginar que Nelson Serrano atravesó la puerta principal de Erie Manufacturing como si se tratara del mago David Copperfield, recorrió a pie el corredor entre el *ha-ll* y la oficina de Gonsalves y se apareció de pronto en el umbral de la puerta en la que estaban el propio Gonsalves, el joven Frank Dosso y el atlético George Patisso. Los tres, en esta ficción, se habrían quedado estupefactos mirando a Nelson Serrano como un aparecido. Además, ninguno de los tres tuvo ninguna reacción cuando Serrano se puso de pie (recuerden la huella del zapato) sobre una silla de ruedas giratoria… ¿Alguien ha intentado pararse sobre una silla de ruedas y mantenerse allí sin descalabrarse? Pero digamos que Serrano, que en esta teoría no solo era mago sino también equilibrista, tuvo el tiempo y la calma de levantar el techo falso de la oficina y sacar de allí las tres armas con las que inmediatamente asesinaría a sus contemplativas víctimas. Descendió de la silla, armado hasta los dientes, literalmente, y con la Colt .22 con silenciador en su mano derecha ejecutó primero a George Gonsalves con dos tiros. Los dos jóvenes, mientras tanto, seguían mirándolo sin reaccionar, cuando en realidad podían haberlo sometido con mucha facilidad desde el principio. A continuación, ejecutó a George Patisso con cinco disparos de la Colt .22, y, por último, disparó tres veces con la misma Colt .22 a Frank Dosso, que se encontraba arrinconado y echado en el piso, pero en un gesto digno solo de una mentalidad malévola y de una habilidad sin antecedentes, usó el rifle y disparó dos veces en el brazo derecho del joven Dosso cuando todavía le quedaba al menos una bala más en la recámara de la Colt .22. En su momento, es decir, en el juicio, los abogados de Serrano pudieron haber utilizado para destruir por completo toda la teoría, y es que los primeros disparos contra Frank Dosso se hicieron con aquel

172

rifle, y, obviamente, los hizo una segunda o tercera persona, pues los dos tiros dieron en el brazo derecho y en el bíceps de la víctima, es decir, Frank Dosso se estaba protegiendo con el brazo ante un segundo hombre mientras el primero ejecutaba a Gonsalves y a Patisso, y por esa razón recibió dos disparos en su brazo, y cuando apareció de nuevo el primer hombre, el que portaba el arma .22, lo ejecutó con tres tiros certeros en su cabeza. Una vez más me pregunto: ¿acaso no se les ocurrió esto a los geniales y costosos abogados de Nelson Serrano? ¿Por qué no hicieron esta recreación ante el jurado y la jueza para destruir la teoría de Ray si era evidente que hubo más personas en la escena del crimen?

Pero avancemos un poco más en la macabra escena según la línea de tiempo pergeñada por Ray y los fiscales.

Para simular que se había tratado de un robo, Serrano entonces habría revuelto los cajones. Al revisar a las víctimas descubrió que Dosso tenía un Rolex en su muñeca, y se lo robó. También descubrió que Patisso tenía una cadena de oro del cuello y se la robó. Pero, mientras se encontraba en la última fase de ejecución de su plan, esto es, en el robo, entró en las oficinas Diane Patisso, que al ver aquella escena sangrienta intentó huir por el corredor. Fue alcanzada inmediatamente por Serrano, se produjo un forcejeo, cayeron al piso; hubo un primer disparo con la bala que le quedaba en la Colt .22. y un segundo disparo con la pistola .32., todo esto mientras llevaba a cuestas el rifle .30 y el botín del robo.

Pero, además de lo increíble que resulta toda esta escena protagonizada por un solo hombre, recreada en la mente de Tommy Ray para convencer con su teoría al jurado, había un pequeño detalle que evidentemente no apareció durante el primer juicio, pues habría resultado catastrófico para Ray y compañía, y era que en ese forcejeo y caída, el asesino perdió debajo del cuerpo de Diane Patisso el guante de látex que usó ese día para cometer los crímenes, un guante al que se le hicieron años más tarde las pruebas de ADN que excluyeron completamente a Nelson Serrano. Por supuesto, con Nelson Serrano ya en prisión y condenado a cuatro penas de muerte, a nadie le interesaba investigar a quién pertenecía el ADN y las huellas del guante, menos todavía a Tommy Ray, que había inventado toda esta historia para atrapar a la persona que la familia de las víctimas señaló como culpable.

Según la teoría del caso, tras cometer los crímenes, Nelson Serrano se dirigió con su vehículo a la ciudad de Tampa. Aquí hay otra parte oscura de la historia, pues nadie sabe a qué hora ingresó el automóvil alquilado por Peñaherrera a la zona de estacionamientos del aeropuerto de Tampa. No hay registro sobre aquel ingreso al aeropuerto esa noche, únicamente consta la devolución en la agencia de Dollar Rent a Car del terminal aéreo, realizada por el propio Álvaro Peñaherrera. Y lo más curioso y extraño de todo, según el cuadro, es que a las 19h28 minutos Nelson Serrano supuestamente se registró en el vuelo 1272 de Delta Airlines para viajar a Atlanta bajo el nombre de John White. Aquí es necesario hacer un apunte al margen, pues además de la nueva identidad usada según los fiscales por Serrano, y de que tampoco ninguna de las cámaras de seguridad del estacionamiento del aeropuerto lo identificara, ni tampoco se lo viera en decenas de cámaras ubicadas en el terminal de vuelos domésticos de Tampa, ni en la puerta de acceso a los aviones, es que John White sí abordó ese avión, y no se trataba obviamente de Nelson Serrano, sino que estuvo alojado en el Hotel Hyatt desde el 2 de diciembre de 1997 y salió del hotel a las 17h00 horas para tomar aquel vuelo en el aeropuerto. Los documentos que comprueban la existencia de John White y su paso por Tampa entre los días 2 y 3 de diciembre forman parte del proceso.

No resulta sorprendente, eso sí, que los abogados que actuaron en defensa de Nelson Serrano en el juicio de primera instancia, al parecer ni siquiera se hayan enterado de esos documentos, en especial del registro de entrada y salida del hotel firmado por John White, lo que en el juicio habría destruido una vez más la insólita teoría de la fiscalía. Y, por si faltara algo más para añadir a su grave negligencia, nunca intentaron buscar al verdadero John White, y, por tanto, no lo interrogaron durante el juicio, un hecho que habría resultado definitivo para salvar a Nelson Serrano.

Pero, hay otro ingrediente importante que los abogados de la defensa pasaron por alto, y es que la policía sí contaba con toda la información del mentado John White, pero por supuesto no les interesaba sacarla durante el juicio, pues su endeble ficción se sostenía en el hecho de que Serrano debía volver a Atlanta esa misma noche para aparecer otra vez en las cámaras de seguridad del Hotel LaQuinta, y para eso era necesario que tomara otro vuelo desde Tampa hacia Atlanta. Como en la lista de pasajeros de esos vuelos que podía haber tomado Serrano no había nadie sospechoso, usaron aquel nombre común que viajaba con frecuencia entre Tampa y Orlando, un tipo al que no se sabe si llegaron a investigar o si prefirieron dejarlo tranquilo en su anonimato. Ese tal John White les servía especialmente porque había viajado también en esa ruta Atlanta-Tampa, el 23 de noviembre de 1997, unos días antes del crimen cuando supuestamente Nelson Serrano compró al contado los boletos de avión para el 3 de diciembre de 1997. Ray, al ver que White había hecho este viaje, inventó la historia de la compra de los boletos, pero descubrió que el 23 de noviembre en horas de la tarde, cuando John White regresaba de Orlando hasta Tampa en un automóvil alquilado, se retrasó unos minutos y estuvo a punto de perder el vuelo a Atlanta. De hecho, consta en el expediente la llamada que hizo el propio White a la aerolínea para decirles que un accidente de tráfico lo ha retrasado. Este documento, certificado por la aerolínea sobre el viaje de John White días antes, demostraba que Nelson Serrano no pudo haber hecho aquella compra del boleto en el aeropuerto de Tampa, pues a esas mismas horas, según los registros del aeropuerto de Orlando, había salido en su propio vehículo acompañado de Álvaro Peñaherrera, es decir, que White y Serrano eran dos personas distintas, y, por tanto, la línea de tiempo fabricada por la fiscalía también era falsa en este punto. Pero adivinen, queridos lectores, ¿quiénes no se enteraron de la existencia de estos documentos? Y, si es que estuvieron enterados, ¿adivinen quiénes no dijeron una sola palabra sobre toda esta historia de John White y Serrano, que era fácilmente demostrable con documentos? En efecto, los abogados de la defensa de Nelson Serrano.

Avancemos un poco más en esta línea imaginaria del 3 de diciembre de 1997: dice en el cuadro que

Nelson Serrano/John White abordó el avión a las 20h00 y que el vuelo 1272 salió de Tampa a las 20h20 para aterrizar a las 21h49 minutos en el aeropuerto de Atlanta, uno de los más grandes y congestionados de los Estados Unidos. Janeth Hinostroza en su documental reproduce este viaje de forma exacta y se percata entonces de que atravesar y salir del aeropuerto de Atlanta, tomar un taxi y llegar al Hotel LaQuinta para aparecer en la cámara de la recepción del hotel a las 22h17, esto es, en 28 minutos, resulta imposible. Nadie podría hacer ese trayecto en ese tiempo, ni siquiera viajando en el primer asiento del avión y corriendo por el terminal hasta tomar un taxi y llegar al hotel que está ubicado a pocas calles de distancia. Janeth Hinostroza tampoco lo logró en la realización de su documental, pues aparece en la recepción del hotel a las 22h36, es decir, diecinueve minutos más tarde. Pero hay un nuevo hecho que se ocultó en esta teoría y es que el vuelo 1272 de Tampa a Atlanta del día 3 de diciembre de 1997 no salió a tiempo. Conforme consta en los registros de la aerolínea, su retraso fue de diez minutos y, por tanto, el tiempo que le quedaba a Nelson Serrano para llegar al hotel a las 22h17 era tan solo de dieciocho minutos, algo absolutamente imposible de lograr en un aeropuerto tan extenso como el de Atlanta.

Y aún hay más, pues imaginemos que ese hombre que acababa de cometer un crimen cuádruple consiguió deshacerse de las tres armas, hecho que la policía investigó hasta el cansancio y nunca encontró una sola pista, y que a continuación se embarcó en el vehículo alquilado para hacer el trayecto entre Bartow y Tampa. Aquel vehículo debió quedar bañado en sangre de las víctimas que, a su vez, debieron salpicar la ropa que llevaba el asesino, pues recordemos que los disparos se hicieron a muy corta distancia a manera de ejecución, y, por tanto, quien disparó las armas debió quedar manchado con toda esa sangre, y no solo que no se encontró ningún rastro orgánico de las víctimas o del asesino en aquel vehículo al que la policía revisó meses después, sino que Nelson Serrano, el supuesto homicida, apareció en las cámaras de seguridad del Hotel LaQuinta, a las 22h17, con la misma ropa que llevaba puesta al medio día, es decir, con un saco cuello de tortuga blanco o beige y una chaqueta, impecable, tal como se veía en su primera aparición en el video del hotel.

La periodista Hinostroza realizó aquel viaje en diez horas y dieciséis minutos, tomando en cuenta que su último vuelo salió a tiempo de Tampa. De esta forma demostró que la teoría del crimen que acusaba a Nelson Serrano era inverosímil y que estaba llena de profundas contradicciones y vacíos, y que para cubrirlos u ocultarlos había que hacer un ejercicio enorme de ficción, mentir y esconder documentos o pasar por alto evidencias que podían tirarla abajo, y que, además, demandaba la complicidad de un jurado fácilmente impresionable que tuviera escaso discernimiento sobre las falacias y fisuras que presentaba, y, por supuesto, al que pudiera convencerse fácilmente de que aquel ecuatoriano al que llamaban "Mexicano" era el autor del crimen más impactante del condado de Polk. Obviamente estos ingredientes eran muy fáciles de conseguir en Bartow, esa población de clase media que no tendría una sola duda en condenar a la pena de muerte a un individuo latino o de otra minoría racial si le presentaban una teoría fabulosa como esa.

Todas la dudas y sospechas que yo tengo ahora, más de dos décadas después de los crímenes de Bartow y doce años más tarde del juicio a Nelson Serrano, son las mismas que tenían entonces Francisco y su madre María del Carmen, y también Nelson Serrano en el momento exacto en que la jueza Roberts leyó el veredicto del jurado: "Por el asesinato de George Gonsalves, culpable; por el asesinato de George Patisso, culpable; por el asesinato de Frank Dosso, culpable; por el asesinato de Diane Patisso, culpable...".

Fueron apenas diecinueve o veinte segundos los que transcurrieron en la solemne lectura de aquel veredicto que todos habían anticipado, todos menos Nelson Serrano, su familia y sus abogados defensores (con las reservas que hoy todos tenemos sobre su actuación). Miro ahora, una vez más, las grabaciones de esa audiencia y noto que, mientras la jueza leía el texto que contenía la decisión final, Nelson Serrano se mantenía imperturbable. Ni siquiera ante aquellas palabras que cayeron en la sala como un mazazo, "culpable", descubrió el más mínimo gesto que delatara lo que debía sentir por dentro. Recuerdo hoy nuevamente las palabras de Francisco: "Mi padre jamás se iba a mostrar derrotado o humillado ante los que lo habían acusado...". En efecto, nunca se mostró abatido por aquel dictamen que lo iba a condenar quizás a prisión perpetua o a la temida pena de muerte en un fallo que aún debía esperar algunos meses, pero que, desde su secuestro en Ecuador, lo mantenía encerrado en una prisión de máxima seguridad. Y, por el contrario, el gesto desconsolado de Francisco y de su madre en los pocos instantes en que se los muestra ante las cámaras denota que aquel fallo era inesperado. *Nunca nos imaginamos que mi padre podía ser conde-*

nado sin pruebas y de una forma tan grotesca, ocultando evidencias, falsificando documentos, desapareciendo testigos...

La otra cara de la moneda se presentaba en el lado de la familia de las víctimas, que en el momento en que se escucha el veredicto seç levantan al unísono para abrazarse y llorar juntos, seguramente imaginando que se acababa de hacer justicia y que, al final, sus seres queridos podían descansar en paz. *¿Podían descansar en paz?* —me pregunto hasta el día de hoy—.Y, claro, el gran héroe de esa hazaña compartida entre los fiscales, la policía y la justicia de Florida era Tommy Ray, a quien todos se acercaban para abrazar y felicitar. Me da escalofrío ver esas imágenes en las que Ray se regodea ante la familia de las víctimas cuando todo aquel proceso había sido una farsa, cuando había secuestrado a un hombre, lo había llevado ilegalmente de un país a otro, lo había encarcelado y ocultado varias pruebas que lo exculpaban, y, por si fuera poco, había fabricado una historia inverosímil, tan fantástica como la aparición de los boletos de estacionamiento con las supuestas huellas, y todo para entregar a esas familias, que lo adulaban y veneraban, al culpable que ellos querían, al culpable al que ellos mismos señalaron desde el inicio.

Tan solo hay una imagen que quizás me desconcierta en aquella filmación del emocionado festejo de los familiares de las víctimas, y es el rostro sombrío, ladino, de Phill Dosso, en el que también afloran unas lágrimas cuando abraza a su esposa, Nicoletta, y a su nuera, María, la viuda de Frank Dosso, pero no es un rostro convincente, no es la imagen de un hombre que ha logrado que se hiciera justicia ante un crimen tan espantoso, no es el rostro del padre que recuerda a sus hijos asesinados esa tarde de diciembre de 1997 y que puede hallar cierto consuelo en la condena del asesino. Esa imagen congelada del rostro de Phill Dosso al salir de la sala de audiencias, a pesar del dolor que sin duda lo embargaba, parece más bien la de alguien que se ha salido con la suya, alguien que acababa de echar tierra encima del dinero desaparecido de las cuentas de sus empresas; es la imagen del único accionista de Erie Manufacturing y Conveyor Systems; la imagen de alguien que iba a ocultar muy bien los secretos de Tommy Ray durante las investigaciones y el juicio; la imagen de alguien que quizás era el único que sabía la verdad sobre lo que sucedió el día de los crímenes.

Con la condena de culpabilidad de Nelson Serrano, faltaba la sentencia que debía dictarse nueve meses después. Recordemos también que la jueza Roberts había sido compañera de trabajo de Diane Patisso, una de las víctimas del crimen. En esa resolución, la jueza resolvió darle a Serrano cuatro penas de muerte, una por cada una de las víctimas, a pesar de que la pena capital únicamente podía aplicarse para homicidios en primer grado y otros delitos atroces cuando el jurado hubiera resuelto por unanimidad la culpabilidad del acusado, algo que en este caso no ocurrió, pues la votación a favor de la culpabilidad de Nelson Serrano contó con nueve de doce votos del jurado.

Esta nueva violación a los derechos de Nelson Serrano, muestra del ensañamiento y parcialidad con que se llevó su caso, serviría después para interponer las acciones legales, recursos y apelaciones que lo sostendrían con vida durante varios años.

Tercera parte

LOS RECURSOS

CRÓNICA DE UNA INFAMIA

2007

Después de la nefasta participación de los abogados Epson y Oodegard en la defensa de Nelson Serrano, llegaron los procesos de apelación y recursos judiciales, que tenían dos objetivos: por una parte, suspender la ejecución de la pena de muerte que se le había impuesto en primera instancia y, por otra, solicitar un nuevo juicio ante los indicios de que el primero había sido notoriamente parcializado. El problema principal que tenía entonces la familia Serrano era que todo el dinero de su patrimonio se había terminado en el proceso de primera instancia.

Sin dinero, con los ánimos por los suelos y con las personas que habían intervenido en el caso en defensa de Nelson Serrano a punto de tirar la toalla, incluso su propia familia que no veía el final de este proceso y que empezaba a alejarse del asunto, la carga más pesada recayó sobre Francisco, el hijo que desde el inicio de esta historia fue siempre el motor de defensa y lucha por su padre.

En uno de sus viajes al Ecuador, Francisco conoció al abogado de derechos humanos Alejandro Ponce Villacís, que luego de revisar el caso le propuso interponer una denuncia contra este país ante la Comisión Interamericana de Derechos Humanos (CIDH) por todas las violaciones que había sufrido Nelson Serrano durante su secuestro, tortura e ilegal deportación a Florida. El abogado también le sugirió presentar otra denuncia paralela contra los Estados Unidos de América por las violaciones al debido proceso, a la defensa, a un juicio legítimo y a la integridad física y personal de Nelson Serrano en las prisiones y cortes de ese país.

2008

En 2008, el ministro de Gobierno del Ecuador en ese entonces, Fernando Bustamante, declaró la nulidad de todo lo actuado en la deportación de Nelson Serrano Sáenz por haberse demostrado que se trataba de un proceso inconstitucional, ilegal y arbitrario, con la participación irregular de agentes de policía de los Estados Unidos en territorio ecuatoriano en connivencia y con sobornos de policías ecuatorianos, con la complicidad del intendente de Policía de esa época y de un funcionario cercano a la embajada de los Estados Unidos en Ecuador.

En la resolución ministerial referida se expuso de forma clara que Nelson Serrano Sáenz era ecuatoriano cuando ingresó al país en el 2000, pues había recobrado su nacionalidad en virtud de lo que dispuso la Constitución Política de 1998, mediante un trámite que realizó en el consulado de Miami en junio del 2000, pero además concluía algo que en el expediente resultaba evidente y que siempre había sido negado por el intendente de Policía que llevó el caso, y era que este funcionario sabía muy bien que Nelson Serrano era ecuatoriano, pues en el proceso de deportación constaba el movimiento migratorio en el que aparecía su último ingreso al Ecuador en agosto de 2000, con el pasaporte n.° DL71513 que acreditaba su nacionalidad. Adicionalmente, la resolución de la CIDH recogió con todo detalle tanto el soborno que hicieron los agentes estadounidenses a los policías ecuatorianos para que secuestraran a Serrano en Quito, como el traslado ilegal a las oficinas de migración en donde fue retenido a escondidas para que sus familiares no lo descubrieran. Pero la resolución gubernamental decía que Nelson Serrano no contó aquel día con un abogado para su defensa, que no le permitieron llamar a su familia o a su propio abogado y que le designaron uno de oficio, aquel tipo de apellido Escalona que se prestó para la farsa. Y, por último, afirmaba el ministro Bustamante que, de forma absolutamente irregular, ilegal y denigrante, los policías trasladaron a Serrano al antiguo aeropuerto de Quito y que lo mantuvieron oculto en las jaulas de los perros antinarcóticos de ese terminal aéreo.

La crónica policial de esa infamia concluyó el día 1.° de septiembre de 2002 en aquel vuelo comercial de American Airlines que trasladó a Nelson Serrano desde Quito hasta la ciudad de Miami. Apenas Tommy Ray pisó territorio estadounidense junto con su detenido, no tuvo el menor empacho en regodearse y cantar a los cuatro vientos la forma en que se había realizado aquel operativo, y entre todas aquellas declaraciones detalló los actos reprochables que había realizado para atrapar, encerrar y trasladar a Nelson Serrano a los Estados Unidos sin documentos. Estas declaraciones de Ray, que vieron la luz en 2007 luego de que Nelson Serrano fuera declarado culpable, produjeron consecuencias inmediatas en las relaciones entre Ecuador y Estados Unidos, pues el entonces defensor de pueblo del Ecuador, Claudio Mueckay, funcionario público entre cuyas facultades estaba la defensa de los derechos humanos de los ciudadanos de su país en el exterior, presentó una queja formal a la embajada estadounidense en Quito. La queja trajo cola de inmediato, pero, curiosamente, esta información tan solo llegó a la familia Serrano cuando en 2019 un misterioso seguidor del caso Serrano envió por vía electrónica a Francisco varios correos electrónicos que se habían filtrado en el portal WikiLeaks, correos en los que el fiscal John Agüero y Bruce Golberg, funcionario del Departamento de Justicia de Estados Unidos, intercambiaban opiniones sobre el proceso de Nelson Serrano. Resulta muy interesante seguir un fragmento de esa conversación vía correo electrónico:

Miércoles, marzo 21, 2007, 1:24 p. m.

John, Los comentarios de Tommy en el documental de CBS sobre el pago a los policías por las horas de trabajo extras para el caso Serrano han provocado mucho interés aquí. La embajadora ha hecho varias preguntas con fecha 3/21/2007 en un mensaje que copio. Si tienes respuestas o comentarios por favor responde a este correo de vuelta. Gracias. Bruce.

Agüero, el fiscal que llevó el caso de Nelson Serrano, respondió de inmediato al funcionario del Departamento de Justicia con esta joya que lo desnudaba tanto a él como a los funcionarios judiciales del sistema judicial de Florida envueltos en la trama de Nelson Serrano:

Miércoles, marzo 21, 2007, 2:11 p.m.

Se supone que la jueza Roberts dictará la sentencia en algún momento antes del 16 de abril. Esto iba a ser el 30 de marzo, pero hubo algún conflicto con los abogados defensores. En respuesta a cómo llegamos a Nelson Serrano: Manuel Noriega fue sacado a la fuerza de Panamá por el ejército estadounidense y fue juzgado y condenado en un tribunal estadounidense por tráfico de drogas. Recientemente fue liberado de la prisión... El señor Serrano fue DE HECHO deportado de Ecuador. Si algún funcionario ecuatoriano ha sido señalado por esto debería ser solamente reprendido. Fuimos a Ecuador de buena fe y obtuvimos lo que queríamos de forma legal. Serrano fue declarado ciudadano estadounidense y deportado. Dicho esto, creo que ningún juez o tribunal de los Estados Unidos va a ordenar que se envíe al señor Serrano a Ecuador cuando solo huyó hasta allí para escapar del castigo por crímenes tan atroces. El hecho es que su culpabilidad fue probada más allá de las dudas razonables en un tribunal de justicia. ¿Quiere Ecuador ser conocido como un país que protegerá asesinos?

Le pregunté al señor Mueckay de forma hipotética: ¿si usted fuera a asesinar a alguien hoy en esta corte y luego huye de regreso al Ecuador, me va a decir que una corte de Florida no podría extraditarlo incluso si es que renunciamos a la pena de muerte? Él no me respondió a esta pregunta ni directa ni indirectamente. Si Ecuador quiere quejarse, pregúnteles por favor ¿por qué quieren un asesino cuádruple viviendo en su país? ¿Es que su sistema de justicia tiene algún interés en liberar a ese hombre?

Curiosamente el señor Mueckay pensaba que el señor Serrano ya había sido sentenciado a pena de muerte y por eso se encontraba aquí. Obviamente estaba mal informado.

Sí, la jueza se pronunciará sobre la moción del acu-
sado acerca de la jurisdicción. No veo razón para pen-
sar que ella se pronunciará a favor de esa moción. Na-
die aquí está haciendo un escándalo sobre esto. Se trata
de un asesino cuádruple.

A este correo, el funcionario Golberg le respondió
el mismo día a las 2:58 p. m.:

Me quedo satisfecho con tu respuesta, los ecuatorianos
por mí pueden hacer lo que les venga en gana. Como te
dije antes, la prensa allí es comprable. Me preguntaba
el estatus de la decisión de la jueza y cuál es tu opinión
sobre el comentario en CBS sobre la forma en que se lle-
vó a Serrano a Florida.

A las 3:21 p. m., Agüero responde a Golberg:

Pienso que Ecuador no sabe lo que quiere. Yo solo estoy
aquí para incautar drogas y apresar imbéciles.

La desfachatez en su máxima expresión. Basta leer
este cruce de correos entre los dos funcionarios para
sentir asco y para lamentar que la justicia en una nación democrática como la estadounidense se encuen-
tre en manos de tipos que piensan como Agüero o
Golberg. Pero esta conversación, por desgracia, des-
velaba no solo el pensamiento del fiscal Agüero y de
varios funcionarios del sistema judicial de Estados
Unidos, sino también de muchos ciudadanos estadounidenses que piensan o asumen que su país es una
suerte de comisario del mundo y que en esa condición pueden hacer lo que les viene en gana en cualquier lugar del planeta, que pueden pasar por alto la

190

soberanía de otros Estados y pisotear las normas jurídicas y morales para conseguir sus objetivos. Existen suficientes casos y pruebas de este comportamiento arrogante que se repite constantemente cuando han pretendido meter sus narices en otras naciones. En todo caso, la situación de Nelson Serrano, que interesaba apenas a un puñado de funcionarios que intentaba entonces conservar sus cargos a costa de enjuiciar y lograr su condena era tan solo eso, un caso más en los extensos anales de impunidad, abuso y soberbia con la que ha actuado Estados Unidos desde hace décadas.

2009

La primera de las denuncias presentadas por Nelson Serrano a través del abogado Alejandro Ponce Villacías, se resolvió en agosto de 2009, cuando la CIDH expidió el informe de fondo que, en su parte medular, concluía que el Estado ecuatoriano era responsable por la violación de los derechos a la integridad personal, libertad personal, garantías judiciales, nacionalidad, circulación y residencia, y protección judicial de Nelson Serrano Sáenz, previstos en la Convención Interamericana de Derechos Humanos (CADH), y, como consecuencia de esta decisión, se hicieron recomendaciones al Ecuador para que asistiera jurídicamente a Nelson Serrano de acuerdo con el derecho internacional. Estas recomendaciones de la Comisión tienen carácter obligatorio para los países suscriptores de la OEA. También se recomendó al Ecuador que hiciera una reparación a Nelson Serrano por las violaciones a sus derechos. Este informe resultó decisivo para que el gobierno de su país cubriera en adelante todos los gastos y honorarios que demandaba su representación y apelaciones en los Estados Unidos.

2014

Para cerrar esta crónica de una infamia, es necesario relatar aquí que todos los ecuatorianos que actuaron en el operativo de "juzgamiento", secuestro y traslado ilegal hacia el exterior de Serrano fueron llevados a juicio, años más tarde, por denuncia del propio Francisco Serrano, y allí operó otra vez la mano negra de la corrupción judicial ecuatoriana que pasaba entonces, entre 2012 a 2014, por uno de sus peores momentos de la historia. Para sintetizar el hecho, pues sería merecedor de otra novela aparte, debo revelar una breve y surrealista conversación que tuve un día en un bar del casco colonial quiteño con uno de los antiguos funcionarios del gobierno de Rafael Correa (que, como tantos otros, se había arrepentido y convertido en un feroz opositor del dictador y sus huestes). Este personaje, cuyo nombre no me fue permitido revelar en esta novela, me confesó esa noche que aquel juicio penal iniciado por Francisco Serrano contra los autores y cómplices de los delitos contra su padre en Ecuador había sido desestimado en la corte por petición de un alto funcionario gubernamental que ordenó (sí, tal como lo lee, *ordenó*, como se hacía desde el gobierno a jueces y magistrados de justicia que fallaran a favor de los intereses del gobierno) al fiscal general del Estado, Dr. Galo Chiriboga, personaje de ingrata recordación para la justicia del Ecuador, que buscara la forma de absolver a los imputados por los delitos que habían sido reconocidos por su propio gobierno años antes y que se habían probado fehacientemente durante el juicio. Aquel funcionario que hizo de ordenante, que manejaba la justicia a su antojo y que al parecer buscaba congraciarse con los Estados Unidos por las continuas fricciones políticas que se producían entre los dos países como resultado de los ataques del presidente Correa a Washington D.C., creyó (o se lo pidieron expresamente o lo negociaron) que ese favor era importante para el futuro de las relaciones mutuas, o quizás, por lo que sucedió años más tarde cuando el personaje intentó que lo designaran embajador en Washington, estaba abonando el terreno de una futura carrera diplomática que no llegó a concretarse jamás, pues el gobierno de los Estados Unidos no le dio nunca el beneplácito (año 2017). En todo caso, la ayuda de 2014 se hizo quién sabe por cuántas razones concretas: un intercambio de favores diplomáticos o un confidencial acuerdo político, o simplemente para salvar el trasero de alguien que era común a los dos gobiernos y necesitaba limpiar su nombre… Por una razón u otra, o por varias razones diferentes o por todas juntas, bajo un argumento insólito que el mencionado fiscal Chiriboga se sacó de la manga a último momento el mismo día de la audiencia de juzgamiento de los implicados, en su resolución la corte adujo que, en virtud de que "… el señor Nelson Iván Serrano Sáenz, se encuentra detenido en los Estados Unidos, en el estado de Florida, en aplicación a la Convención Interamericana sobre asistencia mutua penal de 5 de septiembre de 2012, dispuso que se recepte el testimonio del señor Serrano Sáenz y se practique en su humanidad una pericia psicológica forense, con la intención de determinar la relación de los hechos y evidenciar afectaciones físicas o psicológicas que se produjeron, para lo cual han realizado de conformidad con la ley la petición correspondiente al Departamento de Justicia de EE.UU., como autoridad requerida, pero hasta la presente fecha en que se realizó la audiencia no han tenido respuesta de la entidad de Justicia citada… El fiscal general Dr. Galo Chiriboga ratifica "el dictamen abstentivo del fiscal provincial… y, en consecuencia, se emite auto de sobreseimiento provisional de los imputados…".

Esta insólita pieza procesal, que parece redactada por un orate en medio de un juicio en el manicomio de la localidad, además escrita con un lenguaje de taberna, en definitiva concluyó con la abstención definitiva de la acusación contra los autores y cómplices en vista de que el fiscal provincial y el fiscal general no acusaron a los imputados por los delitos que su propio gobierno había reconocido en 2008 y por los que el Ecuador había sido condenado ante la Comisión Interamericana de Derechos Humanos. La argucia aquella de que Nelson Serrano no había sido examinado psicológicamente por las afectaciones sufridas ante los abusos que se cometieron en su contra salió, en efecto, de la manga del fiscal Chiriboga el mismo día de la audiencia que fue grabada en video por la periodista Janeth Hinostroza. Era lógico, después de lo visto y leído, que el Departamento de Justicia de Estados Unidos no habría respondido jamás a la petición que le hiciera la Corte a través de los canales diplomáticos (seguramente ni siquiera se envió tal pedido y, aunque lo hubieran realizado, jamás una corte de Florida habría hecho el examen solicitado a uno de sus convictos al que les había costado tanto tiempo llevar a sus cortes).

Es evidente que se trata de una resolución burda, emitida contra derecho, manipulada políticamente por el entonces fiscal general del Ecuador por pedido de un alto funcionario que mantenía buenas relaciones con el gobierno estadounidense y así conseguir un favor que terminó jugando en contra de Nelson Serrano de forma decisiva, pues a raíz esta infamia cometida en su propio país y, sobre todo, tras absolver del juicio penal a los implicados, en adelante el Departamento de Justicia de los Estados Unidos tuvo la justificación para responder siempre al gobierno ecuatoriano con el cliché de que *si su propia justicia absolvió a los acusados del secuestro y deportación ilegal, por qué nosotros deberíamos pronunciarnos sobre ese tema...*

Para poner en contexto todo lo anterior, cito finalmente aquí como antecedente de este acto ruin, quizás incluso como una premisa fundamental del acuerdo que habrían hecho los dos Estados más adelante dentro del caso Serrano, un fragmento de otro documento de WikiLeaks en el que la embajadora de Estados Unidos, Heather Hodges, en 2011 dice lo siguiente sobre Serrano y sobre el gobierno de Rafael Correa:

El asesor del Ministerio de Relaciones Exteriores, Marco Albuja, informó a esta embajada en una nota oficial sobre la protesta que ha presentado su gobierno sobre el caso de Nelson Serrano, un ecuatoriano que fue declarado culpable de asesinato y que está detenido en Florida. La protesta se refiere al rol que jugaron los oficiales estadounidenses en la deportación de Serrano del Ecuador que, Albuja dice, fue contraria a la Constitución ecuatoriana. La nota incluye un requerimiento para que Serrano sea devuelto al Ecuador. Dice también que

se debe cumplir con las recomendaciones de la Comisión
Interamericana de Derechos Humanos en ese sentido.
Albuja mencionó que su gobierno hará un acuerdo con
la familia Serrano. Esta embajada cree que los Estados
Unidos no estarán de acuerdo en extraditar a Serrano.
Se agradeció a Albuja por la información....

2015, FLORIDA

A pesar de que el gobierno ecuatoriano desde 2009 pagó los honorarios de la defensa que requería Nelson Serrano, y de que Francisco contrató con esos recursos a la abogada Marcia J. Silvers para el proceso de apelación ante el estado de Florida, la Corte Suprema de Justicia de ese estado rechazó la apelación y confirmó la sentencia de pena de muerte contra Serrano sin examinar ni revisar una sola de las pruebas que se habían ocultado o desechado deliberadamente en el juicio de primera instancia.

Las esperanzas que mantenía la familia y el propio Nelson Serrano hasta entonces comenzaban a desvanecerse frente al enorme obstáculo que tenían enfrente, un sistema judicial corrupto, que premia las carreras de los agentes policiales y fiscales que logran condenas sin importar la culpabilidad o inocencia de los acusados, pasando por alto las pruebas en favor de estos, sus derechos básicos en juicio y los más elementales límites éticos que debe encerrar la verdadera justicia. Y, sin embargo, a pesar de que seguían nadando contra corriente, contra el sistema judicial de Florida que no estaba dispuesto a que se cayera un nuevo juicio sucio en sus cortes, la familia Serrano aún puso todas sus esperanzas en un recurso extraordinario adicional que debía presentarse para que esas pruebas concluyentes en su favor fueran revisadas otra vez, entre ellas, los resultados de ADN del guante de látex encontrado en la escena del crimen.

Se contrató a continuación al abogado Roy Black, para que en cooperación con Marcia Silvers interpusieran esta moción con base en la regla 3.850, que permitiría la revisión de estas evidencias que eran decisivas para el caso de Serrano. Pero, una vez más, en enero de 2015, la Corte Suprema de Florida negó la apelación sin fundamento legal alguno. Las pruebas ocultas por la fiscalía tampoco se tomaron en cuenta en esa instancia. El guante de látex que había usado uno de los asesinos fue introducido como nueva evidencia, pero en una decisión insólita que desbarataba toda la doctrina jurídica y los principios universales de presunción de inocencia, la Corte resolvió que aunque el ADN de ese guante no correspondía con el de Nelson Serrano, tampoco se demostraba que él no había estado en la escena del crimen. No aparecieron todavía en este recurso las evidencias que descubriríamos más tarde en una exhaustiva revisión de los expedientes, como la tercera arma usada en los crímenes o los testimonios que la policía había archivado de forma dolosa para no desviar el curso de las investigaciones contra Serrano.

Había quedado muy claro que cualquier petición o recurso que interpusiera Nelson Serrano en el estado de Florida sería negado sin motivación, pues allí prevalece más la protección del sistema y de los funcionarios involucrados que conforman su círculo, antes que los derechos de los acusados o imputados que podrían probar su inocencia en un juicio realizado de forma justa.

En el documental producido por Janeth Hinostroza, durante la entrevista que le hizo a Nelson Serrano en 2015, él se muestra aún esperanzado en esa última apelación que podía darle la oportunidad de tener un nuevo juicio, pero al final, unas semanas después, el desaliento de Serrano y de su familia, y también de la periodista, fue total ante la negativa que cerró las puertas para más apelaciones de su sentencia.

No tienen importancia en este sistema judicial viciado las pruebas que se presenten en instancias superiores sobre violaciones legales o actos de corrupción procesal cometidos por jueces y fiscales inferiores. Los jueces de Florida, incluso los pertenecientes a la Corte Suprema, siempre buscarán proteger las decisiones judiciales anteriores sin importar los alcances o mañoserías que hubieran fraguado, tal como sucedió en el caso de Nelson Serrano. El sistema judicial de ese Estado se encuentra podrido desde las mismas bases y, por esa razón, pocas veces se aceptan los recursos que dejen en evidencia sus vicios, corruptelas y fisuras después de haber condenado y mantenido en prisión a personas inocentes durante tantos años, aunque siempre hay excepciones, por supuesto, y son precisamente esas excepciones las que han provocado que se señale a Florida como uno de los Estados que más reparaciones económicas ha debido hacer a las víctimas o familiares de sus actos ilegales en materia judicial.

El golpe que recibió Nelson Serrano y su familia en 2015 fue casi definitivo. Las esperanzas de ese hombre que debía permanecer en el corredor de la muerte alcanzaron su cota más baja. Sus hijas y su esposa, extenuadas, también bajaron los brazos y, quizás de forma inconsciente, se alejaron de su padre y de este caso que las había absorbido por completo desde 1997. María del Carmen Pólit, esposa de Nelson, viajó otra vez a Quito, en donde reside desde entonces. Al inicio mantuvo correspondencia esporádica con su esposo, pero, cuando se dio cuenta además de que en la prisión leían todo lo que ellos se decían, y de que algunas cartas suyas no las recibía, la relación terminó por enfriarse y lo que uno sabía del otro era tan solo por referencia directa de su hijo Francisco.

Una de las conversaciones más emotivas que mantuve en esta investigación fue justamente con María del Carmen Pólit, la esposa de Nelson, que me recibió en su departamento en Quito poco después del viaje que hice a la prisión de Raiford en Florida. Esa mañana, mientras charlábamos en la sala de su casa, rodeados de las fotografías de familia, con la imagen de él y de ella muy jóvenes, en su boda, radiantes, felices, y otras con sus hijos pequeños, cargados por el padre, sonrientes, tan distantes en el tiempo de esa desgracia que caería sobre todos ellos años más adelante, me quedé con la sensación de que aquella mujer dolida había encontrado refugio en el apartamento en el que alguna vez fueron felices y que allí, resignada a la soledad, acorazada, había resuelto tomar distancia esperando seguramente despertar un día de esta prolongada pesadilla. Al final de esa charla, cuando le pregunté a María del Carmen si aún conservaba esperanzas de que su esposo pudiera ser absuelto, ella respondió: *La verdad es que ya no tengo esperanzas de nada. Han sido tantos años de sufrimiento, postergaciones, trampas y corrupción que no creo que podré ver jamás a Iván en libertad.*

A finales de 2015, con el ánimo por los suelos y las esperanzas cada vez más lejanas, Francisco Serrano se enfrentaba al desafío de evitar que su padre fuera ejecutado. Por su parte, los jueces, fiscales y agentes involucrados con el caso hacían todos los esfuerzos para ejecutar esa sentencia lo antes posible y de este modo sacarse de encima de una vez por todas a este incómodo personaje que podría ser capaz de ponerlos en evidencia.

¿ESCRIBIR UNA NOVELA
O COLABORAR EN LA DEFENSA?

—

Decía al inicio de este libro que mi interés, en principio, fue estrictamente literario. Planifiqué durante varios meses escribir la historia de los crímenes de Bartow, pero solo contaba entonces con las notas de prensa y los documentales que se habían producido a propósito del caso. En el Ecuador, por el contrario, lo poco que se sabía era que Nelson Serrano se encontraba en el corredor de la muerte, acusado de un crimen brutal de cuatro personas, y aunque las especulaciones de esa sociedad se dirigían más bien al morbo, muy poca gente se preguntaba y se preocupaba por saber qué era lo que realmente había ocurrido para que aquel hombre estuviera a punto de ser ejecutado en una prisión de Florida. Pesaba y pesa aún en las sociedades latinoamericanas esa sensación de que lo que hacen los estadounidenses es correcto o goza de una presunción natural de licitud, y lo que hacemos los latinos está mal o tiene alguna torcedura de origen, y, en consecuencia, Nelson Serrano tenía que ser culpable porque *la justicia "gringa" no se equivoca nunca,* como he escuchado decir muchas veces en estos años a la gente que aún ve al sistema judicial de los Estados Unidos como un paradigma de infalibilidad.

A propósito de este caso, han venido a mi mente los escritos de Emilio Zola, recogidos en su famoso artículo "Yo acuso", sobre la historia de Alfred Dreyfus:

"Un consejo de guerra condena al capitán Dreyfus por delito de traición. A partir de ahí, este se convierte en un traidor; ya no es un hombre, sino una abstracción que encarna la idea de la patria degollada, entregada al enemigo vencedor. No solo representa la traición presente y futura, sino también la traición pasada, y le endosan la vieja derrota, porque están obsesionados con la idea de que solo la traición pudo hacer que nos vencieran. Ya tenemos al hombre perverso, la figura abominable, la vergüenza del ejército, el malvado que vende a sus hermanos igual que Judas vendió a su Dios…".

Durante este tiempo me ha tocado mirar los rostros incrédulos, vacilantes, de esas personas que, al escuchar una versión distinta de la historia, les parecía inverosímil que se hablara de corrupción, ocultamiento de pruebas, secuestro y tortura en un sistema judicial como el estadounidense, un sistema que todos piensan que es perfecto. Sí, claro, todos lo piensan, a menos que seas negro o latino y que por el color de tu piel hayas sufrido actos de xenofobia, racismo, de brutalidad policial, o, lo que es peor, que te hayan disparado como a un perro en la calle porque tenías apariencia sospechosa, o que te hubieran enjuiciado y acusado sin pruebas, como le pasó, por ejemplo, a George Stinney, sentenciado y ejecutado a los catorce años de edad y declarado inocente cuatro décadas después; o como le sucedió a Troy Davies, ejecutado a los cuarenta y dos años y declarado inocente cuando se descubrió al verdadero asesino; o Carlos DeLuna, también ejecutado en su juventud y exculpado décadas más tarde cuando se descubrió que los testigos de su caso habían mentido; o el caso del español Pablo Ibar, condenado a muerte sin pruebas en su contra, con un video borroso en el que no se lo podía identificar, un caso que todavía se encuentra pendiente de apelación y recursos en Florida; o los juicios de cientos de personas que han logrado salir del corredor de la muerte tras probar su inocencia muchos años más tarde de sus condenas, cientos de juicios que se contraponen a otros miles de procesos en los que se ha enjuiciado a gente presumiblemente inocente sin pruebas concluyentes.

Mientras recopilaba material para la novela y me sumergía en los enormes expedientes del caso, supe que el estado de Florida tenía en la actualidad casi cuatrocientos casos de violaciones constitucionales en sentencia de pena de muerte que debían ser revisadas, uno de esos casos, quizás de los más emblemáticos por las circunstancias de su secuestro y tortura, es el de Nelson Serrano. Una abrumadora mayoría de estos casos, por si faltara algún ingrediente, terminó en condenas de negros y latinos, de modo que aquella idolatría que sienten ciertas personas por un sistema judicial en el que se premia a los funcionarios que más sentencias a pena de muerte y ejecuciones consiguen solo alimenta la sospecha de actos de corrupción e injerencia ilegal de autoridades policiales, fiscales y jueces.

Luego de que conocí a Francisco Serrano en septiembre de 2018 cuando viajó a Quito para buscar la ayuda que el caso requería tras haber perdido todas las apelaciones, me terminé involucrando en esta historia, por la fuerza de las circunstancias ante los eventos y hallazgos que sobrevinieron en el curso de la investigación y que narraré a continuación, ya no solo desde el lado de quien cuenta una historia, sino también como uno más de los abogados que han colaborado con la familia Serrano. Así, como Zola hizo con el caso Dreyfus, además de novelista, de alguna forma me convertiría en otro de los autores del alegato público que necesitaba el caso de Nelson Serrano.

UN TRISTE PEREGRINAJE

Debo confesar que desde el principio sentí simpatía y admiración por Francisco Serrano, un hombre al que la vida le dio un vuelco aquel 3 de diciembre de 1997 y que desde ese momento se ha dedicado a ayudar a su padre, sacrificando incluso parte de su vida familiar y profesional para entregarse por entero a esta causa. Los primeros días que pasamos juntos en Quito, Ecuador, recorrimos varias oficinas gubernamentales, un triste peregrinaje en el que buscábamos, como mendigos (así nos sentíamos entonces), que los funcionarios de turno primero nos atendieran y luego comprendieran la urgencia que revestía el caso.

El discurso normalmente concitaba la atención de los mandos medios, pues empezábamos siempre diciendo que íbamos a tratar una cuestión de vida o muerte, pero cuando mencionábamos el nombre de Nelson Serrano, en muchas ocasiones notábamos que sus rostros se ensombrecían o sus gestos se endurecían notoriamente, y nos veían como los portadores de pedidos para favorecer a un asesino convicto o quizás solo nos veían como ambiciosos y pedigüeños, sin más. Por supuesto, todo solía cambiar cuando exponíamos el caso y descubríamos ante los funcionarios los actos de corrupción y delitos que envolvían el suceso, y, sobre todo, cuando repetíamos la cantaleta aquella de que el Ecuador era responsable por la defensa de Nelson Serrano en las cortes estadounidenses en virtud de lo resuelto por la Comisión Interamericana de Derechos Humanos y por el propio gobierno en 2008.

Francisco contaba que el gobierno de Rafael Correa había colaborado en un inicio con los gastos legales de sus abogados, asumiendo la condena de la CIDH, pero luego, sin que hubiera mediado algún problema o incidente del que él tuviera conocimiento, ese mismo gobierno empezó a poner todo tipo de obstáculos a los pedidos que hacía en nombre de su padre. *De forma incomprensible* —decía Francisco—, *se produjo un cambio en las máximas autoridades de aquel gobierno frente al caso de mi padre.* Una funcionaria de la presidencia, en una ocasión le dijo de forma descortés que *dejara de pedir dinero al gobierno, pues su padre estaba condenado por un crimen en el que había sido encontrado culpable...*

Aunque muchos de los funcionarios seguían siendo los mismos, las autoridades cambiaban con frecuencia, de modo que siempre había la necesidad de visitar otra vez las oficinas públicas, explicar nuevamente el caso y solicitar lo que en ese momento era necesario, casi siempre dinero para la contratación o renovación de los abogados estadounidenses que sostenían y aún sostienen el proceso pendiendo de un hilo y bajo la premisa de que todos los recursos se agotarán un día y Nelson Serrano podría ser ejecutado.

En 2018 Francisco tenía cincuenta y cuatro años. Su vida se dividía entre el manejo de la empresa que fundó su padre, American Sylk Services, su familia, compuesta por dos hijos mayores de edad, su nueva esposa, Alexandra, y el incesante y extenuante trabajo por salvar a su padre. A pesar de esta vida ajetreada y estresante, que demanda además una enorme vitalidad, Francisco es un hombre sereno que transmite paz y confianza. Durante esos días en que nos empezamos a conocer, le pregunté, por ejemplo, por qué en lugar de estar mendigando ayuda a los sucesivos gobiernos y funcionarios no había solicitado al gobierno del Ecuador la reparación económica que estaba obligado a pagar en virtud del informe final de la CIDH. Él me dijo entonces, y lo he escuchado repetir varias veces en distintas instancias, *mi lucha y la de mi padre no es por dinero, sino por lograr un nuevo juicio en el que demostraremos su inocencia.* Y cuando le dije que su lucha también pasaba por el aspecto económico y que el Estado fue declarado culpable y responsable, respondió: *Nosotros solo queremos que paguen los abogados y los costos legales que ya no podemos cubrir. Mi padre no quiere que nadie piense que hacemos esto por dinero, ya lo comprenderás...*

En efecto, pronto comprendí que esa actitud de Francisco y de Nelson Serrano era la respuesta a las permanentes afrentas y malas caras que les ponían ciertos funcionarios públicos cuando había que acudir a pedir su colaboración.

A finales de 2018, cuando empecé a investigar esta historia, el país ya había dejado atrás la época de Rafael Correa, una década en la que el gobernante se tomó por asalto todos los poderes del Estado, entre ellos, uno de los más apetecidos por los tiranos, la justicia, que sirve no solo para conseguir la impunidad de ellos mismos y de su banda de saqueadores, sino que también les sería muy útil para intimidar, anular y sacarse de encima a los enemigos de sus proyectos, que casi siempre eran quienes denunciaban o descubrían sus fechorías: periodistas, opositores políticos, medios de comunicación o empresarios.

El sucesor de Correa, Lenin Moreno, que había sido su primer vicepresidente y con quien mantenía una relación cercana, y que había sido elegido para asegurar supuestamente el continuismo de aquel gobierno, apenas se posesionó, en mayo de 2017, dio un viraje brusco de timón, se separó del correato y empezó el tortuoso proceso de reinstitucionalización del Ecuador con la separación de poderes.

El caso de Nelson Serrano, que los últimos años había sido puesto en la congeladora, recibió un nuevo soplo de esperanza con el gobierno entrante. Mi relación con el presidente Lenin Moreno, con quien mantuve una amistad de muchos años, antes, durante y después del accidente que lo postró en una silla de ruedas de por vida, iba a ayudarnos a recuperar el tiempo perdido.

Así, llegó un día en que empecé a escribir esta historia y al mismo tiempo me embarqué en la vorágine judicial que pretende lograr un nuevo juicio para Nelson Serrano, una nueva oportunidad para demostrar su inocencia, la inversión de la carga probatoria en un sistema en el que te condenan de antemano por tu origen o por el color de tu piel y que, luego de ponerte tras las rejas, te deja expuesto a años de pesares para que alguien escuche tu historia y decida darte una mano en un proceso que reproduzca las evidencias en tu favor. Así, un día recibí un mensaje en el que me invitaban al palacio de Carondelet a una reunión con el presidente para tratar el caso de Nelson Serrano. La periodista Janeth Hinostroza también se comunicó conmigo esos días y me dijo que ella había pedido la reunión y que, días atrás, le envió al presi-

208

dente su documental sobre la historia de Nelson Serrano. El presidente Moreno había quedado muy impactado con el caso.

De este modo llegó el día de la invitación al palacio de Carondelet. Janeth Hinostroza y yo nos encontramos en la antesala del despacho presidencial, tras haber pasado varios filtros de seguridad. Cuando la secretaria del despacho nos invitó a pasar, noté que entraba a la antesala, justo detrás nuestro, una abogada de la asesoría jurídica presidencial que estuvo involucrada en el gobierno anterior. Se me vinieron a la mente entonces las palabras que esa mujer, displicente y grosera, le dijo alguna vez a Francisco Serrano en alguno de sus extenuantes periplos solicitando ayuda para su padre: *no sé qué más busca usted y su familia, si ya se les entregó el dinero para los abogados...* Mientras ingresaba a la oficina del presidente, con esa ave de mal agüero rondando por allí, pensé que todo aquello solo podía acaba mal. Me equivoqué. Apenas entramos, Lenin Moreno nos recibió con una amplia sonrisa. Saludó con Janeth con toda cordialidad y a mí con unas palabras que replegaban el tiempo que había pasado desde la última vez que nos vimos y cualquier rencor almacenado entre nosotros por cuestiones políticas (si es que había algún rencor de su parte). Cuando le extendí la mano me atrajo un poco y, agachado, nos dimos un abrazo. Nos veíamos después de muchos años. Nos invitó a sentarnos frente a su escritorio mientras presionaba un timbre para que nos ofrecieran fruta, cafés o agua, *o todas juntas, si prefieren*, comentó con gracia. A partir de aquel encuentro todo fue cordialidad. Hablamos de nuestras respectivas familias y en poco tiempo nos pusimos al tanto de nuestras vidas. Cuando íbamos a abordar precisamente el asunto que nos había convocado, la secretaria del despacho irrumpió y le dijo al presidente que lo esperaban afuera para la siguiente reunión. No tuvimos tiempo de que se nos congelara el alma a Janeth y a mí, pues él respondió a su secretaria de inmediato: *dígales, por favor, que me esperen veinte minutos más.* Esos veinte minutos se convirtieron en treinta o cuarenta. El presidente, en efecto, estaba impactado por el caso de Nelson Serrano. Nos hizo varias preguntas y comentó que había visto el documental de Janeth Hinostroza. Al final nos preguntó: *¿Cómo puedo ayudar?, ¿qué necesitan que haga?* Le explicamos que había surgido una nueva posibilidad de un recurso legal que demandaría una contratación de abogados especialistas en el tema y, además, la realización de gestiones diplomáticas para una reunión formal con el nuevo gobernador de Florida, el republicano Ron DeSanctis, que había manifestado en campaña su interés por corregir el sistema judicial de su estado, contaminado desde hace años por corrupción, racismo y xenofobia. Poco antes de despedirnos, el presidente tomó su teléfono e hizo varias llamadas para que esa ayuda que requería el caso se tramitara lo antes posible. Nos pidió que lo mantuviéramos al tanto de todos los asuntos inherentes a Serrano. Pensé entonces que ya no habría otras oportunidades de hablar sobre Nelson Serrano y la constante ayuda que requiere su caso, pero me equivoqué, pues durante los meses y años siguientes, el presidente Moreno siempre estuvo dispuesto a recibirnos y colaborar con nosotros.

NUEVAS ESPERANZAS

—

Al empezar el 2020, las esperanzas de Nelson Serrano estaban cifradas en dos recursos legales distintos: la resentencia, cuya audiencia debía efectuarse en marzo; y, el habeas federal, un recurso extraordinario que se presenta ante la Corte Suprema y que incluso puede llegar a repetir la audiencia de pruebas de una causa cuando se demuestra que han existido violaciones a los derechos humanos de condenados o sindicados penales. Este recurso se debía presentar inmediatamente después de la audiencia de resentencia sin importar cuál hubiera sido el resultado de esta.

Durante dos años, el doctor Greg Eisenmenger, un abogado de Florida especializado en recursos de resentencia, había trabajado de forma incansable junto con su esposa y colega Cindy, en un proceso que, en caso de resultar favorable, sustituiría la pena de muerte por cadena perpetua. Los casos de resentencia en el estado de Florida habían sido hasta entonces muy exitosos, pues, como ya ha quedado anotado, cuando han existido condenas derivadas de procesos con violaciones a los derechos constitucionales de los convictos, son procedentes estos recursos. El último y más reconocido era el de Pablo Ibar, el español que había obtenido este beneficio en un proceso que tenía ingredientes similares de ocultamiento de evidencias e inconstitucionalidad en su contra.

Aunque Nelson Serrano había dejado claro que prefería morir con la inyección letal antes que pasar su vida entera en prisión, resultaba indispensable agotar este paso para proceder con el siguiente, el habeas federal que podía terminar con la declaratoria de su inocencia tras haberse analizado todas las pruebas que en los procesos anteriores fueron desechadas u ocultadas por la fiscalía.

Cuando conocí personalmente a Nelson Serrano en la prisión de Raiford, este recurso no estaba en el radar de los abogados que lo habían representado. De hecho, esta idea nació de las conversaciones que mantuvimos en ese viaje con Francisco, cuando nos dijo un día a mi esposa y a mí que los abogados anteriores ya habían agotado todos los recursos legales para salvar a su padre. *Nuestra última esperanza es la resentencia,* afirmó una noche Francisco mientras tomábamos unos tragos en un bar de Sarasota. Esa era nuestra última noche en la hermosa ciudad de Florida, que tiene como su gran atractivo la coqueta bahía y las playas de aquella zona ubicada en el golfo de México. Recuerdo que ni Stefi ni yo podíamos creer que la única opción de Nelson Serrano era un recurso que él mismo nos había dicho que no le interesaba, pues prefería la inyección letal antes que pasarse la vida encerrado en una celda. El panorama era surrealista, ciertamente, pues ese hombre al que habíamos visitado dos días antes ya había pasado casi dieciocho años en prisión y contaba con ochenta y un años a cuestas y una salud que se deterioraba de forma progresiva y acelerada.

Entre *Gin tonics*, mientras escuchábamos *blues* en un coqueto bar ubicado en Sarasota, discutimos esa noche con Francisco sobre otras alternativas judiciales que podrían ayudar a su padre, pero, al parecer, nadie les había dado mayores esperanzas hasta entonces. Ahora, cuando reviso las grabaciones que le hice a Francisco esa noche de 2018, encuentro esta explicación de Francisco que servirá como otro argumento más para los recursos que aún quedan pendientes en este caso:

El Jurado declaró culpable a mi padre con nueve votos a favor de la pena de muerte y tres en contra. De conformidad con el caso Hurst vs. Florida, era necesario la unanimidad del Jurado para condenar a un procesado a pena de muerte y por esta razón actualmente el caso está pendiente de un recurso de resentencia ante la Corte Suprema de los Estados Unidos, pero ese proceso solo podría rebajar su pena a cadena perpetua. En esa instancia los jueces no están facultados para revisar el fondo del caso y declarar su inocencia.

Unos días después, ya de regreso en Quito, el equipo de abogados del despacho al que pertenezco dedicó semanas enteras a revisar los extensos expedientes judiciales que Francisco nos había enviado por vía digital. Finalmente, con ayuda de colegas estadounidenses, encontramos un camino que aún no se había explorado, el recurso de habeas federal. Consultamos con varios abogados de Florida expertos en este tipo de recursos y, semanas más tarde, recibimos la buena noticia: en el caso de Nelson Serrano era posible aún presentar este recurso, pues todavía le quedaban cuarenta y tres días del plazo legal que se contaba desde la expedición del último recurso que le fuera negado. Por fortuna, ese plazo fatal, que resultaba excesivamente corto para preparar un recurso tan complejo, se encontraba suspendido por la audiencia pendiente de resentencia, pero tan pronto como esta audiencia se efectuara, el plazo volvería a correr nuevamente. Si aquel recurso resultaba exitoso, se podría repetir la audiencia de pruebas del proceso principal para evaluar todas aquellas evidencias que no habían sido tomadas en cuenta o fueron desechadas en el primer juicio. La resentencia estaba prevista para julio de 2019. La mala noticia, además del tiempo que resultaba corto, en términos legales, para presentar una demanda que pudiera salvar la vida de Nelson Serrano, o al menos devolverle la esperanza con un nuevo juicio, era que el costo de honorarios para presentar aquel recurso era muy elevado.

Antes de volver a molestar al presidente Moreno con ese tema, le dimos la buena noticia a Francisco Serrano y a su padre, con quien nos comunicábamos desde el viaje a través de Jpay, el sistema de correos de las prisiones de los Estados Unidos. Nelson tomó con calma la buena nueva. En unas pocas líneas en las que me hablaba del libro que estaba leyendo entonces, decía:

> *Querido amigo, Francisco me ha comentado sobre este nuevo recurso que podría interponerse en mi caso. Muchas gracias por lo que están haciendo, realmente aprecio su interés por ayudarme, espero que todo salga bien, aunque después de lo que he visto en las cortes de Florida ya no me quedan muchas esperanzas.*
>
> *Al momento estoy leyendo una novela de David Baldacci, titulada* The Last Mile. *La trama cubre las experiencias de un individuo en el Pabellón de la Muerte de Texas. Baldacci tiene la costumbre de acercarse mu-*

cho a la realidad en sus novelas, haciendo investigacio-
nes y hablando con muchos individuos acerca de sus ex-
periencias vividas en la realidad. Apenas terminé el
primer capítulo, tu idea de la novela vino a mi mente y
pensé que sería interesante para ti leerlo. Como quiera,
continué leyendo y me encuentro por la mitad de sus 420
páginas. Vale la pena, la trama es interesante.
Un fuerte abrazo para ti y para Stefi.
IVAN

Bastó una sola llamada para que el presidente dispusiera la entrega de los fondos que requería este nuevo recurso a favor de Nelson Serrano. Durante las semanas siguientes recibimos el apoyo incondicional del canciller del país, José Valencia, del embajador Mauricio Montalvo y del procurador general del Estado, Íñigo Salvador, así como la ayuda invaluable de embajadores y miembros del Ministerio de Relaciones Exteriores y de la embajada de Ecuador en Washington. Todo parecía alinearse otra vez en beneficio del caso y aquel recurso brindaba el aliento que necesitaba la familia Serrano. Sin embargo, del lado de la justicia estadounidense llegarían otra vez malas noticias. La audiencia de resentencia se aplazó dos veces más durante 2019. La nueva fecha de instalación sería febrero de 2020. El segundo aplazamiento sonó más bien a una burla de parte de la fiscalía, pues se adujo que el abogado que los representaría debía realizarse una operación precisamente el día fijado para la audiencia. Esa tarde, tras recibir la noticia, hablé telefónicamente con Francisco. Estaba muy molesto por el aplazamiento y sospechaba de esa artimaña legal.

—Estoy seguro de que los fiscales traman algo, no puede ser que se haya aplazado dos veces la audiencia este año —dijo, molesto, al otro lado de la línea.

Yo intentaba pensar de forma positiva, pero era obvio que algo más estaba sucediendo.

—Se trata de armas procesales válidas para lograr retrasos, es muy común que los abogados o fiscales usen este tipo de argumentos cuando no les interesa impulsar un proceso o incluso para retrasarlo de modo intencional —comenté.

Francisco se quedó un rato en silencio, solo lo escuchaba respirar al otro lado de la línea. Entonces dijo:

—Quieren que mi padre muera en prisión, no les interesa un nuevo juicio porque allí saldrían a la luz todas sus porquerías...

—Es posible —interrumpí—, pero los recursos seguirán adelante incluso si tu padre llega a morir. En lo que estoy de acuerdo es en que lo único que podrían buscar ahora es ganar tiempo. En todo caso, los abogados ya están trabajando en el recurso. ¿Cuándo visitarás a tu padre?

—Este domingo lo voy a ver —respondió Francisco.

Tras la visita de ese domingo, Francisco me llamó otra vez. Su voz estaba cargada de tristeza.

—Ayer estuve con mi padre, está prácticamente encogido por una inflamación del nervio ciático, casi no puede caminar y lo peor de todo es que solo le han dado aspirinas para aguantar el dolor...

—¿Pusiste un reclamo? —pregunté. Imaginar la intensidad de ese dolor que yo había sufrido hace años, sin tener la posibilidad de calmarlo con nada, me conmovió.

—Sí, pero no responden —apuntó Francisco. Cuando pasa esto se demoran semanas o meses en atenderlo. Hace poco tiempo le entregaron los aparatos de los oídos después de haberlos pedido durante más de un año. Lo están llevando al límite —concluyó.

—Si es que sirve, puedo enviar una petición al ministerio de Relaciones Exteriores y a la Secretaría de Derechos Humanos del Ecuador para que hagan algo al respecto —mencioné.

—Te lo agradecería —respondió Francisco—. Ellos podrían pedir una visita urgente del cónsul o de alguien de la embajada en Washington para constatar el estado de salud en que se encuentra mi padre.

Así lo hice, esa misma tarde envié un escrito a las dos dependencias advirtiendo lo que estaba sucediendo con Nelson Serrano en la prisión de Raiford, pero a pesar de que los funcionarios enviaron de inmediato un reclamo formal al director de la prisión, los encargados de la atención médica de los detenidos demoraron tres semanas más en hacer los exámenes que requería su estado, y con ellos, un mes después de soportar una invalidez casi total, le dieron medicamentos que calmaron sus dolores.

Esos últimos días de 2019 intercambié correspondencia con Nelson Serrano para intentar levantar su ánimo, en especial hablándole de los recursos que se interpondrían en los primeros meses de 2020 y los resultados que esperábamos de ellos. Como siempre, él se mantuvo cauto y agradecido con todas las personas que trabajaban en su causa. En uno de esos correos le pregunté cómo iba con los dolores provocados por la inflamación ciática, y él me respondió con estas palabras: *Ya estoy mejor, aunque he perdido movilidad. Lo bue-*

no es que he podido leer mucho más estas semanas. Yo sabía, por Francisco, que sus dolores eran intolerables y que, en el colmo de la perversidad, ante los reclamos que le hiciera el gobierno del Ecuador al director de la prisión, lo habían sacado a pasear encadenado de un lugar a otro del pabellón con el pretexto de hacerle una revisión médica, que al final no se concretó, sin embargo, él no me contó nada de esto ni se victimizó por su estado. Recordé una vez más las palabras de Francisco sobre la actitud orgullosa de su padre frente al resto del mundo: *Él jamás se mostrará derrotado ante nadie.*

En ese entonces, hacia finales de 2019, a pesar de los problemas de salud que sufría Nelson Serrano, las personas que nos habíamos comprometido con su caso manteníamos en alto los ánimos ante la expectativa cierta que se abría con esos dos recursos judiciales que debían resolverse a inicios de 2020. Pensábamos todos, incluso Nelson muy en su interior, que al fin se abriría una nueva luz al final del túnel. Estábamos muy lejos de imaginar lo que el anhelado 2020 nos traería a todos.

UN AÑO FATAL

En febrero, cuando se aproximaba la fecha de la nueva audiencia de resentencia de su caso, todo comenzó a alterarse. Aunque aún no éramos capaces de comprender lo que estaba sucediendo a miles de kilómetros con aquel tema del virus que cada día iba copando más espacio en la prensa. Muchos apenas habíamos escuchado hablar de Wuhan, la ciudad china en la que se descubrió el caso cero, pero según pasaban los días, sentíamos que ese nombre invadía nuestro espacio tal como lo haría pronto el maldito virus.

Aún lejos de la catástrofe mundial que se cerniría sobre la humanidad, Francisco Serrano convocó un día a los abogados del caso de su padre para una conferencia. Era la segunda semana de febrero y acababa de recibir una comunicación de la corte de Florida en la que se posponía una vez más la audiencia prevista para el 9 de marzo. Esta argucia (todos entendimos y coincidimos en que se trataba de una artimaña para dilatar la causa) echaba al traste una vez más los tiempos previstos para el recurso de habeas federal y, con ellos, todo el trabajo realizado hasta entonces por los equipos de abogados. Por supuesto, decayeron también los ánimos de los involucrados, empezando por el propio Nelson, que, por enésima ocasión, veía alejarse sus esperanzas mientras su salud se venía a menos cada día.

El juego de los fiscales del Estado, de los jueces y de los investigadores funcionaba otra vez gracias a la connivencia de la propia Corte Suprema de Florida, que había aceptado esta nueva dilación de la audiencia en un recurso que podía sacar a Nelson Serrano del corredor de la muerte y, además, ponerlo a las puertas de un juicio en el que toda la corrupción y artimañas usadas en su contra deberían salir finalmente a la luz, entre ellas, por supuesto, la inexistencia del boleto original de estacionamiento que tenía las supuestas huellas dactilares de Serrano, o las pruebas de ADN del guante que lo excluían de la escena del crimen o el insólito aparecimiento de una tercera arma que había sido usada en el asesinato de una de las víctimas.

Era obvio que el sistema judicial de Florida se estaba protegiendo a sí mismo y con una nueva postergación de la audiencia ellos ganaban tiempo mientras que, de manera simultánea, le quitaban esperanzas a Nelson Serrano de alcanzar la libertad y gozar de sus últimos años o meses habiendo reivindicado su nombre. Un juego perverso, sin duda, con el que afectaban a un posible o presunto inocente los últimos años, semanas o días de su vida en libertad.

Recordemos también que el estado de Florida estaba entonces (aún lo está hoy a finales de 2020) en la mira de una reforma judicial nacional para evitar las condenas, especialmente en casos de pena de muerte, con violaciones a derechos humanos que pudieran anular esos casos. En ese estado, casi cuatrocientos condenados en circunstancias similares a las de Nelson Serrano aguardaban la revisión de su proceso por medio de la resentencia.

Esto que hoy vuelvo a mencionar en estas páginas, que lo utilizamos en más de una ocasión como uno de los argumentos importantes para señalar a los culpables de la condena a Serrano, es algo que en esos momentos, digamos mediados de febrero de 2020, se nos pasó por alto a todos como la razón de fondo por la que se había dilatado la audiencia de Nelson Serrano, y es que, unos días después, hacia la tercera semana de febrero, salió a la luz una polémica decisión emitida por la Corte Suprema de Justicia de Florida en la que, sorpresivamente, se apartaban del criterio de la Corte Suprema de Justicia de Estados Unidos y de la sexta enmienda de la Constitución de los Estados Unidos, en lo que respecta a condenas de pena de muerte en las que existe la obligación de contar con unanimidad del jurado para el veredicto. Esta moción es conocida como *Hurst Decision* por el caso particular en el que se la adoptó. La particular y sorpresiva resolución de la Corte de la Florida, por supuesto, tenía consecuencias desfavorables en casos similares, como el de Nelson Serrano, que había sido condenado con nueve votos de los doce miembros del jurado y no por unanimidad, como disponía la Corte Suprema. De este modo, el fallo *Mark Anthony Poole contra el estado de Florida* marcaría un nuevo destino para todos aquellos condenados a penas de muerte en Florida y sus futuras audiencias de resentencia, y, obviamente, entre ellos uno de los más renombrados e incómodos para el Estado, el de Nelson Serrano Sáenz. El trasfondo en realidad era claro, lo que estaba sucediendo era que el sistema judicial de Florida intentaba apartarse de la decisión de la Corte Suprema de Justicia ante una avalancha de procesos viciados por nulidades procesales, de casos que habían sido revisados y resentenciados, y de penas revocadas por haberse demostrado en sus expedientes serias violaciones a los derechos de los imputados. Por supuesto, también este problema de la justicia de Florida había acarreado al Estado graves problemas económicos por indemnizaciones.

Allí estaba, pues, la razón de fondo por la que la audiencia de Serrano se había postergado varias ocasiones en los últimos meses. Una nueva reunión convocada por Francisco Serrano nos puso a todos en alerta sobre lo que sucedía, pero, además, advertía que la situación de aquel virus descubierto en China podría complicar aún más las cosas. De hecho, dijo Francisco, entonces: *Me temo que la audiencia de marzo también podría cancelarse por esto del Covid.*

Pocos días después llegó la noticia de que la audiencia del 9 de marzo se posponía de forma indefinida, pero, por si faltara algo más, llegó también una nota de uno de los nuevos abogados de Nelson que advertía que, en los tres últimos fallos de resentencia emitidos por la Corte Suprema de Florida durante las últimas dos semanas, ya se había empezado a rechazar la resentencia en virtud del fallo *Mark Anthony Poole contra el estado de Florida.*

Así, entramos en cuarentena con los ánimos por los suelos ante esta nueva reacción defensiva del sistema judicial de Florida para proteger y encubrir los actos de corrupción de sus cortes y de sus agentes de investigación. Entramos, por tanto, sabiendo que esa resentencia en la que se cifraban nuestras esperanzas nos iba a ser negada de plano. Entramos con la consigna de que el tiempo que debíamos permanecer aislados (aún no sabíamos cuánto podría durar el encierro) nos serviría para preparar la última batalla que nos quedaba: el recurso de habeas federal, la única alternativa para revisar y repetir el juicio de Nelson Serrano.

Así, de un día para el otro, el mundo se paralizó por aquel virus que causaba estragos en la salud y mataba silenciosamente y en la más absoluta soledad a la mayoría de sus víctimas. Gran parte de la humanidad se vio encerrada entre cuatro paredes, apresada por la angustia del inminente colapso de sus negocios, oficios y empleos, y, sobre todo, por ese repentino enclaustramiento que afectaba más a unos que a otros. Al principio la gente se preguntaba cómo iba a sobrevivir encerrada en casa, qué hacer con su tiempo libre. Yo, la verdad, no me hice ninguna de esas preguntas, pues el tiempo de encierro me serviría para poder cumplir con mis obligaciones profesionales y con esta novela, cuya escritura avanzaba de forma constante, de modo que los primeros días de la cuarentena, cuando aún pensábamos que ni siquiera llegaría a ser una cuarentena sino a lo mucho veinte o treinta días de aislamiento, aproveché al máximo cada instante para ponerme al día con los expedientes judiciales del caso Serrano y también para continuar escribiendo su historia.

No podía prever entonces que el aislamiento duraría prácticamente todo el año, y que luego de que nos permitieran salir bajo prevenciones y normas, aún tendríamos el miedo instalado en el cuerpo y ese miedo nos obligaría a muchos a quedarnos en casa una larga temporada.

Tampoco podíamos prever el dolor inmenso que nos traería esta pandemia. Las imágenes de los cadáveres tirados en las calles en otras ciudades o países, y a continuación las de nuestras propias ciudades, las de los seres queridos o conocidos que morían cada día nos iban a acompañar mucho tiempo, como si se tratara de una pesadilla continua de la que no parecía que íbamos a despertar jamás.

Me enterré durante meses en los expedientes judiciales y policiales del caso de Nelson Serrano. De modo frenético, buscaba esos detalles, esas pistas, esas contradicciones que debían encontrarse entre miles de hojas almacenadas durante años en la corte de Bartow y en los despachos de los abogados que habían pasado por este caso.

Y claro que las encontramos. Fisuras, huellas y tachaduras que había dejado no solo la policía y sus agentes investigadores, sino también los fiscales que estuvieron a cargo de la acusación de Nelson Serrano y los propios abogados de este hombre que guarda prisión por aquel crimen múltiple.

Descubrimos, por ejemplo, las declaraciones de un convicto de nombre Robert Fowler, que, allá por 1999, había dado a la policía detalles tan precisos sobre los crímenes y sus supuestos responsables, que resultaba muy extraño, por no decir sospechoso, que su historia hubiera quedado en el olvido. Sin embargo, este tiempo de pandemia, tan extenso y útil para mí, sirvió, por ejemplo, para descubrir que el tal Fowler fue interrogado en más de una ocasión por Ray y sus agentes, y que su historia se sostenía en hechos y circunstancias perfectamente comprobables, pero, de modo insólito, poco antes del juicio de Nelson Serrano, Ray se encargó hábilmente de que el hombre y su versión desaparecieran. Sobre la historia de Fowler me referiré más adelante, pues descubre por completo las irregularidades cometidas por los agentes investigadores al mando de Tommy Ray, pero, además, comprobamos en esos documentos hallados durante la pandemia que la versión de Fowler es la que más se encaminaba a la verdad de lo que podía haber sucedido la tarde de los crímenes en Bartow.

Greg y Cindy Eisenmenger, abogados encargados del juicio de resentencia en defensa de Serrano, en su larga y cuidadosa lectura de los expedientes, ya habían descubierto esa tercera arma que había sido ocultada por Ray y sus agentes y, también, disimulada por el autor de la autopsia de las cuatro víctimas, que la mencionaba de pasada cuando analizaba los impactos de bala en el cuerpo de Frank Dosso, pero que la omitía extrañamente en la conclusión de su reporte. Discutimos entre los abogados varias veces sobre la oportunidad de sacar a la luz esa prueba y se concluyó que lo mejor era guardarla para la audiencia de resentencia, y si esta concluía con una negativa, como todos esperamos, la usaríamos con una prueba concluyente en el habeas federal.

Durante esos días de encierro, descubrimos también las notas personales que había realizado el abogado Epson cuando tomó el caso de Nelson Serrano de forma tan extraña, rebajando notablemente sus honorarios. Las notas, cuyo texto traduzco a continuación, nos sorprendieron a todos los abogados involucrados en el caso y confirmaron nuestras sospechas de que Epson y su equipo legal no estaban tan perdidos en el caso como nosotros imaginábamos, y, sobre todo, nos confirmó que no solo hubo negligencia de su parte al revisar el expediente, pues, como se verá en ese detalle hecho por el propio Epson, tanto él como el abogado Oodegard conocían perfectamente todo lo que había en los informes policiales, cada documento, testimonio, evidencia que podía exculpar a su cliente, aunque de forma insólita, miserable, ¿inexplicable?, pero no utilizaron ninguna de esas evidencias a favor de su cliente:

Notas de CH. E. [Charles Epson] Argumentos increíbles del Estado:

1. *Serrano forzó a los tres hombres en una habitación y los ejecutó.*

    Evidencia: *Las balas de al menos tres armas fueron encontradas. a.22, b.32, c.30, d. Una de las .22 podría no haber sido disparada por la misma arma que la otra .22.*

    Evidencia: *El EM [EXAMEN MÉDICO] testificó que una de las balas que impactó en Frank Dosso nunca fue encontrada.*

    Ausencia de evidencia: *El EM no dice nada sobre las dos balas calibre .30 de carabina que fueron encontradas.*

    Evidencia: *La sangre de George Patisso fue encontrada en el hall donde se halló uno de los casquillos.*

    Evidencia: *El ADN de George Patisso estaba en el guante encontrado debajo del cuerpo de su esposa.*

    Evidencia: *Frank Dosso recibió un disparo en la parte superior del brazo desde atrás [la salida de la bala estaba en la parte carnosa superior del brazo].*

    Evidencia: *La primera bala calibre .30 fue encontrada en línea directa, dirección norte-sur del hall hacia la puerta externa de metal [lado sur del edificio] del área de compras. La segunda fue encontrada en un pallet. Hamil [uno de los detectives] notó que los ba-*

rriles del área de compras habían sido movidos recientemente.

2. El Agente Tommy Ray encontró dos boletos del estacionamiento del aeropuerto de Orlando que se habían extraviado por años y que habían sido reportados como destruidos:

   Evidencia: No hay un reporte que diga que los boletos fueron destruidos. Esos fueron los boletos del aeropuerto internacional de Tampa y del Estacionamiento Rainbow en Orlando. [IR 942, IS 1183] [referencia del abogado al número de pruebas del expediente].

   Evidencia: El reporte de Tommy Ray no menciona ninguno de esos boletos que habrían sido destruidos. [IR 951].

   Evidencia: Tommy Ray no buscó esos boletos hasta el 28 de febrero de 2001. [IR 951] [hasta que obtuvo las huellas digitales de Serrano el 15 de junio de 2000].

   Evidencia: Ninguno de los boletos tiene el año de impresión. Por eso es probable que Tommy Ray se tomó una fotografía mostrando los boletos y la caja marcada con fecha 11-23-97 [prueba 202].

   Evidencia: El boleto de 23 de noviembre no podía estar en un registro de inventario porque el automóvil no pasó la noche en el estacionamiento.

   Evidencia: El Estado produjo la prueba 200 en tres páginas del aeropuerto de Orlando que reporta el 12/3/97 la salida de un vehículo alquilado y mencionan que es el vehículo de AP [Álvaro Peñaherrera] y el 12/4/97 la salida del vehículo de NS [Nelson Serrano].

   Evidencia: El Estado NO PRODUCE un reporte similar para el 11/23/97 para la salida del vehículo de NS, cuando alegaron que se compró el boleto de avión a nombre de Juan Agacio. [En consecuencia, no hay prueba de que el boleto sea de 1997, excepto por la foto de Ray y la caja].

Evidencia: El boleto de 3 de diciembre que asocian con Álvaro Peñaherrera tiene un número menos en su identificación.

Evidencia: El boleto de 3 de diciembre del vehículo alquilado solo tiene una huella parcial de un lado del dedo índice izquierdo. El perito experto Hamilton dijo que esto es sospechoso. El boleto de 3 de diciembre no tiene ninguna identificación de acuerdo con el testimonio de John Bauer. Él asume que el vehículo entró el 3 de diciembre porque el costo del parqueo era US$ 10, lo que indica que el vehículo solo estuvo allí por una noche.

Evidencia: Álvaro Peñaherrera y el encargado del estacionamiento también cogieron el boleto, pero no hay una sola huella de ellos en este boleto.

Evidencia: El boleto de 23 de noviembre del vehículo de Serrano tiene la misma huella digital, pero del otro lado de su dedo índice izquierdo.

Evidencia: El boleto de estacionamiento de Serrano del 2 al 4 de diciembre de 1997 no tiene huellas digitales.

3. El hecho que Serrano escribió algo en ese boleto del 2 al 4 de diciembre de 1997 lo convirtió en sospechoso.

Evidencia: El inventario del estacionamiento reporta que el vehículo de Serrano estaba parqueado en el mismo espacio que escribió en su boleto. Claramente él estaba anotando dónde quedaba su vehículo.

Evidencia: El reporte de Tommy Ray confirma que Serrano estacionó en el espacio indicado en el boleto [IR 951].

4. *El 15 de junio de 2000, Serrano le prestó a su sobrino los zapatos que él habría usado la noche de los crímenes.*

Evidencia: *¿Se supone que Serrano es un hombre increíblemente inteligente y se supone que debemos creer que él le dio a su sobrino los mismos zapatos que usó la noche de los crímenes?*

Evidencia: *El sobrino, Álvaro, tenía los supuestos zapatos que le prestó su tío nueve días antes de entregárselos a Tommy Ray. Serrano supuestamente le prestó esos zapatos a Álvaro y otros a su hermano Ricardo.*

Evidencia: *Tommy Ray se reunió con Álvaro y Ricardo el 15 de junio de 2000, el 16 de junio de 2000, el 19 de junio de 2000 y el 22 de junio de 2000 antes de recibir los zapatos el 24 de junio de 2000.*

Evidencia: *Tommy Ray tuvo los zapatos por otros tres días antes de entregarlos al detective Hamilton de la Policía de Bartow, no de Florida Department Law Enforcement. [Evidencia listada en la lista ítems 31 & 32].*

Evidencia: *FDLE recibió los zapatos en el laboratorio a cargo del sargento David Brookson el 30 de junio de 2000.*

Evidencia: *Uno de los pares de zapatos era talla 7 [eso asumen ellos por la etiqueta de la lengüeta]. El otro era talla ocho y medio. El laboratorio no pudo determinar si el zapato talla 7 era el mismo que dejó una huella en la silla de la escena del crimen. No había marcas únicas, solo calzaba con el tamaño, algo que no lo hacía único.*

Evidencia: *Nelson Serrano dijo que calzaba ocho y medio. El reporte dijo que calzaba 9.*

Evidencia: *La silla azul con las huellas no fue tomada como evidencia después de los crímenes. Se la dejó en las oficinas.*

Evidencia: La silla azul fue retirada por Ray el 12 de julio de 2000, casi tres años después de los crímenes y casi un mes después de que él recibió los zapatos.

Evidencia: FDLE recibió la silla en el laboratorio el 13 de julio de 2000.

Evidencia: Álvaro mintió numerosas veces durante la investigación.

5. *Serrano viajó desde Atlanta a Orlando, a Bartow y a Tampa y volvió a Atlanta en el tiempo que ellos mencionaron, y se detuvo a fumar un cigarrillo cuando lo vio Purvis.*

Evidencia: Las cerraduras del edificio habían sido cambiadas.

Evidencia: Serrano no es fumador.

Evidencia: El hombre que estaba fumando usaba un traje con camisa blanca y corbata.

Evidencia: Serrano estaba usando un buzo cuello de tortuga blanco según aparece en el video de Atlanta.

Evidencia: Ni siquiera Agüero ni la Policía creían que Purvis vio a Serrano.

Evidencia: La ropa de Serrano no tuvo huellas de sangre, tampoco los zapatos que se llevaron al laboratorio para análisis.

Evidencia: El vehículo alquilado no tenía huellas de sangre.

Evidencia: La policía nunca se molestó en revisar su cuarto de hotel en Atlanta o hablar con alguno de los pasajeros del vuelo que habría tomado, pero la familia de las víctimas lo señaló de inmediato como el sospechoso.

Evidencia: La policía habló con la mucama del hotel de Atlanta, pero no entregó su reporte por escrito.

Evidencia: *Serrano sí tenía una amante. La Policía retiró cartas, fotos de ella desnuda y un consolador que encontró en el ático de su casa después de que él viajó a Ecuador. Estos objetos fueron entregados a su esposa y a su hijo en el 2004.*

Evidencia: *Los investigadores secuestraron sus computadoras y no encontraron nada.*

Evidencia: *Los investigadores pusieron micrófonos en sus teléfonos antes de poner al aire el programa "El más buscado" (America's Most Wanted en el original) y no encontraron nada.*

Evidencia: *A través del programa "El más buscado" la policía encontró a Marcelo Cabrera, que estaba en el Ecuador durante el tiempo de los crímenes y él solo dio buenas referencias de Nelson Serrano.*

Evidencia: *Los detectives impidieron a Serrano que testificara ante el Gran Jurado cuando lo arrestaron el 15 de junio del 2000 por cargos de robo. Esos cargos fueron desechados inmediatamente pero antes tomaron sus huellas digitales.*

Evidencia: *Después de su arresto la policía lo torturó en la prisión del Condado de Polk, no lo dejaban dormir y le impedían bañarse y afeitarse antes de ir a la corte.*

6. *La desestimación de una demanda civil en la audiencia del 25 de noviembre de 1997 desencadenó todos los eventos.*

Evidencia: *Los boletos aéreos fueron comprados el 23 de noviembre de 1997.*

La primera sorpresa que encontramos en estas notas del abogado Epson era que en principio había hecho su trabajo y que conocía muchos de los detalles inherentes al caso, por ejemplo el tema de la tercera arma, el guante de látex que uno de los asesinos dejó en la escena del crimen o el asombroso hallazgo de los boletos de estacionamiento en los que nada encajaba y todo resultaba sospechoso, entre otras particularidades que podían haber sido de gran utilidad para que su cliente fuera exculpado en este juicio, pero lo que verdaderamente indignaba de estas notas era la precisión y claridad que tenía el abogado al enfrentarse con los expedientes, aunque más tarde no hubiera utilizado ninguno de estos argumentos a favor de su cliente durante el juicio. En conclusión, Epson y su equipo estaban en capacidad de ganar este caso y de que Nelson Serrano fuera declarado inocente, y, sin embargo, no lo hicieron.

Ya en el juicio, nunca mencionaron una sola palabra sobre la tercera arma, que resultaba decisiva para destrozar la teoría de los fiscales sobre la participación única y en solitario de Nelson Serrano en los crímenes. Tampoco pidieron que se hiciera la prueba de ADN del guante de látex que excluía por completo a Serrano de la escena del crimen. En ninguna parte del juicio, salvo en la etapa de alegatos, se refirieron los abogados al prodigioso hallazgo de los boletos de estacionamiento por parte de Tommy Ray, o al hecho de que la supuesta huella digital de Nelson Serrano había desaparecido del boleto original y coincidía exactamente con la huella del boleto adquirido diez días antes, algo que era imposible, o el hecho cierto y evidente de que en los otros boletos que le correspondían al vehículo de Nelson Serrano no había una sola huella digital.

Otra de las sorpresas de estas notas de Epson era la que se refería a la amante de Nelson, Alicia. La primera afirmación del abogado: *Serrano sí tenía una amante,* revelaba que él mismo había dudado de la existencia de esa misteriosa mujer que debía llegar a Orlando el día en que se cometieron los crímenes y que, por alguna razón inherente solo a ellos, a la pareja en cuestión me refiero, no llegó en aquel vuelo y, por tanto, no usó el vehículo que Nelson habría alquilado para uso de ella a través de Álvaro Peñaherrera. La segunda parte de esa nota, en cambio, descubría la crueldad con la que la policía había actuado desde el principio de esta historia contra la familia Serrano. En algún lugar de los expedientes policiales había un reporte que Epson había revisado en el que se afirmaba que: "La Policía retiró cartas, fotos de ella desnuda y un consolador que encontró en el ático de su casa después de que él viajó a Ecuador. Estos objetos fueron entregados a su esposa y a su hijo en el año 2004". Es decir, dos años después del secuestro y traslado ilegal de Nelson Serrano a Florida, un diligente policía, seguramente siguiendo las instrucciones de su superior, devolvió a María del Carmen Pólit y a su hijo Francisco los objetos íntimos que probaban aquella relación. ¿Se puede ser tan perverso como para ir como si nada a la casa de la esposa, que vivía entonces la pesadilla de su marido detenido en una prisión y acusado por un crimen cuádruple, para "devolver" las pruebas de sus infidelidades? Por supuesto que se puede. La perversión en este caso inundado de corrupción y sevicia se puede comprender cuando uno imagina a Tommy Ray, sonriente y lleno de morbo, mirando aquellas fotografías y el consolador, planificando su devolución a la esposa engañada para decirle sin decírselo: *Toma, aquí está tu marido por el que lloras tanto...* Pero, además de cruel, por otra parte resultaba estúpido devolver esos objetos a la familia Serrano pues con ellos, en caso de que el acusado hubiera tenido abogados diligentes, podía haber probado la existencia de la amante durante el juicio y, posiblemente, se habría demostrado también la veracidad de la historia de aquel vehículo alquilado por Peñaherrera, que era la única prueba con la que Ray sostenía su endeble hipótesis del caso. De hecho, alrededor de Alicia se cierne hasta ahora cierta intriga que no permite ahondar mayormente en aquel pasado remoto que la vinculó con Nelson Serrano y que, de algún modo, se diluyó tras aquel viaje frustrado a Orlando. Más tarde, a raíz de los eventos de Bartow, de la investigación y del posterior juicio, ellos no volvieron a verse y perdieron contacto de forma definitiva. Sin embargo, esto no lo sabía Tommy Ray en 2004, cuando aún faltaba un par de años para el juicio. Por esa razón aún me pregunto si ¿habrá sopesado Ray la opción de entregar esos objetos para causar más daño a la familia frente a la posibilidad de que esos objetos y el propio reporte policial podrían constituirse en una prueba definitiva a favor de la defensa? O ¿quizás ni siquiera reflexionó al respecto y solo resolvió remover aún más las heridas de la familia Serrano? ¿A lo mejor, Ray sabía o anticipaba que no había ningún riesgo en ese acto vil, pues los abogados de la defensa no harían nada al respecto?

Estas notas de Epson, para todos los efectos, resultaban reveladoras, tristemente reveladoras... Apenas las leí, durante los primeros días de encierro por la pandemia que empezaba a azotar al planeta entero, confirmé que la participación de los abogados del despacho de Epson en el juicio de Nelson Serrano era más que sospechosa. Pero ¿qué había sucedido entre el tiempo en que las notas fueron escritas por Epson, tras una exhaustiva investigación y revisión de los expedientes, hasta que se llevó a cabo el juicio un par de años después? ¿Por qué su defensa fue tan displicente y despreocupada?

Esas mismas preguntas nos las hicimos varias veces con Francisco y los abogados que llevan el caso para sus últimos recursos: Greg Eisenmenger, Cindy Eisenmenger, Andrés Larrea, Charles White o Bruce Fleisher, que se inclinaban a creer que Epson había sido descuidado o que se había confiado en exceso con un juicio que bien podía haberse ganado sin despeinarse por lo burda que había sido la fiscalía al elaborar su teoría. Francisco, por su parte, y también nosotros, imaginábamos más bien escenas turbias en las que se fraguaba un pacto secreto entre los fiscales y los abogados defensores para no presentar o descubrir todas las pruebas a favor de Serrano. Los abogados estadounidenses no creían en la teoría de los pactos oscuros entre Epson y los fiscales; los latinos, Francisco y nosotros, además de Nelson, solo encontrábamos una explicación en esas hipótesis nebulosas.

El prolongado tiempo de encierro durante la pandemia nos sirvió a todos para conocer mucho más a fondo un caso complejo y extenso que resultaba, a la luz de los descubrimientos, ignominioso para un hombre que seguía nuestro trabajo a la distancia, casi a ciegas, desde su estrecha celda ubicada en el pabellón de la muerte de la prisión de Raiford.

La primera gran sorpresa había aparecido con las notas de Epson, que daban cuenta al menos de que los abogados revisaron y conocieron los detalles que podían salvar a Nelson Serrano, que luego no los utilizaron en el juicio, como ya se ha referido, pero llegaría también esos días la segunda y más devastadora noticia, relacionada con el abogado defensor de Serrano, la de los testigos que aseguraban haber sido autores materiales o al menos cómplices de los crímenes, y que Epson y su equipo profesional, por acción u omisión o quizás por ambas, habían ignorado y omitido convirtiéndose de este modo en verdugos pasivos de su propio cliente.

Cuarta parte

SE ACERCA EL FINAL

CORRESPONDENCIA CON LA PRISIÓN

—

3/26/2020 12:23:06 p. m.

Querido Nelson, en medio de esta situación que está viviendo el mundo, impensable hace pocas semanas, te escribo en primer lugar para saber cómo estás. Espero que te cuides y que no hayan llegado allí los contagios. ¿Sigues leyendo mucho? Espero que al salir de esto te pueda enviar otros libros.

Te cuento también que estoy avanzando con la novela. Estos días de reclusión me han permitido revisar los documentos, expedientes y demás papeles relacionados con el caso, ya te contaré al respecto.

Un abrazo,

O

3/27/2020 3:59:37 p. m.

Apreciado O:

Qué gusto recibir noticias de ti, espero que, aunque encerrados, todos ustedes estén bien de salud y se mantengan de esa forma hasta que esta pandemia termine.

Me preocupa recordar lo sucedido en los años 1918/1919, con la influenza. Debemos asumir que la historia puede repetirse y este virus esté entre nosotros por mucho más tiempo. Estimo que, hasta septiembre,

239

pues la ciencia médica ha adelantado mucho en cien años.

Me gustó que el gobierno de Ecuador respondió al problema más rápido que el de Estados Unidos, y que los estragos serán muchísimo menos que en este país, en que, a pesar de su capacidad económica, tienen la mala suerte de que la pandemia sucede durante el único gobierno populista en su historia. Eso, dejando a un lado las "cualidades" personales de su líder, tan conocidas por todo el mundo.

Como en todas partes, las infecciones se multiplican día a día, pero hasta el momento no se ha oído de ningún caso dentro de esta prisión, aunque ya se identificaron dos casos en el Centro Médico que sirve a todas las prisiones del norte de La Florida, y a donde todos los días son llevados presos que necesitan atención médica de algún tipo. No pasará mucho hasta que ya tengamos casos acá.

Ahora, como tú sabes, los presos en Death Row, estamos en celdas individuales, o sea "en cuarentena" permanente por años, así que nos encontramos más protegidos... Esto tiene ventajas y desventajas.

Pero también hay que tomar en cuenta, si se considera el tipo de atención médica que recibimos, que, si nos infectamos, solo sobreviviremos los que más resistencias naturales tengamos. No se puede esperar que, con la escasez de equipos apropiados, así como camas de cuidado intensivo, estas se vayan a utilizar para alguien condenado a muerte.

Las noticias de América Latina acá siguen siendo escasas, lo poco que sé me lo ha enviado un amigo colombiano que vive en Quito y una pareja de sobrinos que están, desde noviembre, en Milán, Italia. Por supuesto, encerrados como todos allá, pero con acceso al Internet de donde sacan las noticias que me envían.

Me acabo de enterar de que el presidente de China ofrece ayuda a los Estados Unidos en el combate contra el virus, pero no pude escuchar si es que esta oferta ha sido aceptada o no. Conociendo al individuo de acá, supongo que la rechazará. "En su orgullo y su fortuna" (como se dice en nuestra tierra) no puede rebajarse a aceptar ayuda. Hace tantas tonterías que es exasperante.

Sin más por hoy y deseándoles salud, bienestar y que pronto la vida allá vuelva a la normalidad, me despido con un fuerte abrazo.

IVAN

4/2/2020 7:40:37 p. m.

Querido Nelson, me alegra mucho saber que estás bien y que allí —al menos es un consuelo— te encuentras en cuarentena permanente. Acá las cosas se han complicado en los últimos días, especialmente en Guayaquil, que tiene el mayor índice de casos. Esperamos que en las próximas semanas la curva se desacelere y ya podamos empezar otra vez a salir. La vida no será normal, sin duda, y tendremos que acostumbrarnos, pero esto es así. Las consecuencias serán catastróficas para todo el mundo. Veamos cómo salimos de esta.

Como te decía en el anterior correo, estoy avanzando en la novela, sigo investigando alrededor del tema, en especial sobre las cuestiones del amor que rodearon al caso y que fueron determinantes para que el personaje se viera envuelto en un lío parecido al de Emma, la protagonista de Madame Bovary. *Asumo que leíste esa maravillosa obra de Flaubert que gira en torno al adulterio y a la pasión de los dos personajes. En la historia que escribo, la chica (aún sin nombre, acepto su-*

gerencias) debe viajar a Estados Unidos para encontrarse con su amor. Ese viaje cambiará la vida de ambos... En fin, ya te seguiré poniendo al tanto de la historia, pues aún estoy trabado en este punto, si ella viaja y se encuentran aquel día, si es que terminan discutiendo y se alejan o si todo sale como ellos esperan y el amor se realiza...

Pasando a otra cosa, no me volviste a contar nada de Norman, ¿regresó a Raiford? Me habría gustado saber el desenlace de su historia. Seguimos en contacto, querido amigo.

Un abrazo,
O

4/3/2020 4:02:48 p. m.

Recordado O
Desde Milán me envían mis sobrinos detalles de lo que sucede por allá, además de otras informaciones pertinentes sacadas de Internet. Así que estoy enterado de la situación en nuestra tierra, con la pena de ver que hasta el 1.° de abril, en número de muertos (79), solo Brasil nos sobrepasa con 203.

Los EE. UU. van en camino de encabezar todas las estadísticas, por lo menos en el número de casos, ya casi duplicó a Italia, que está en segundo lugar.

En esta prisión seguimos sin enterarnos de ningún caso, pero en otros seis lugares similares ya se los ha encontrado, incluyendo el Centro Médico que te mencioné en mi correo anterior.

Recuerdo haber leído Madame Bovary *hace muchísimos años, en tiempos de estudiante, así que no me acuerdo mucho de los detalles.*

Acerca de que aceptas sugerencias respecto al nombre de la mujer de la novela que estás escribiendo, hubiera sido bueno saber de qué nacionalidad es ella, pero dejando a un lado ese detalle, si no hubieras mencionado a Madame Bovary, *es muy posible que yo hubiera sugerido Emma, y la poderosa razón es la siguiente (apuntes para novela):*

Resulta que en mi retorno, después de graduarme en Argentina, a fines de 1958, tuve la suerte de quedarme durante seis meses en la ciudad que me ha dado los mejores recuerdos de mi juventud, Viña del Mar, Chile, donde en el verano 1955/56 disfruté de unas largas vacaciones provocadas por la caída de Juan Domingo Perón, que acortó mi primer año de estudios.

En Viña, una sobrina segunda mía, chilena de nacimiento, había distribuido mi fotografía entre sus amigas y me transformó en "persona de interés" dentro del sexo opuesto, con los respectivos beneficios que eso otorga.

En el '59, saltando de flor en flor, un 30 de mayo, en una fiesta me presentaron a Gladys, una hermosa chica, hija de una cuencana y de un chileno que había sido embajador de Chile en el Ecuador.

El flechazo estaba dado y pasó a ser mi pareja oficial. Enamorados hasta las patas, pasamos tiempos hermosos hasta que llegó el 21 de julio, día en que junto con mi hermano Freddy, que después de una vuelta por Sudamérica pasó a recogerme, tuve que retornar al Ecuador.

Carta iba y carta venía, en una de ellas me enteré que Gladys se encontraba embarazada.

Para acortar un poco y llegar a la razón de toda esta narración, te cuento que con su madre habían decidido volver a Miami, donde habían vivido por muchos años. En vista de lo sucedido, tuvieron que hacer una parada por Quito, donde el 18 de septiembre (día de Chile) nos casamos por lo civil.

Como yo tenía compromiso con mis hermanos de construir un aeropuerto en el subcomando del Ejército en el Putumayo, quedamos con Gladys en que ella continuaría viaje a Miami y que en unos meses yo iría para allá para celebrar el matrimonio eclesiástico.

Como la vida es lo que sucede mientras uno hace planes, eso nunca pasó.

Nuestro hijo Juan Carlos nació el 11 de abril. Gladys se divorció de mí en Miami y sin que yo consienta o por lo menos me entere, le dio el niño en adopción a su segundo esposo, un señor del cual yo no sabía ni nombre ni apellido, un 17 de febrero de 1962. (Fecha importante al final).

Ignoro detalles de ese matrimonio, lo que sé es que el 11 de diciembre de 1968 Gladys se suicidó con gas en su apartamento en Viña del Mar.

Cuando me avisaron mis parientes chilenos, inmediatamente traté de recuperar a mi hijo y me enteré de la adopción y de que el padre adoptivo se lo había llevado a Miami.

Nada sabía de este señor, ni siquiera su nombre.

Después de muchísimos años tratando de localizar a Juan Carlos, conocí a un primo de Gladys que me informó que él estudiaba en la Universidad de Tulane en New Orleans. Ahí, el día de su graduación, un 17 de mayo de 1982, fecha de nacimiento de su madre cuarenta años atrás, nos conocimos por primera vez.

Dos años después de su graduación, mi hijo se casó y desapareció otra vez de mi vida.

Lo volví a encontrar en Corvalis, OR, trece años más tarde, y lo vi dos veces más, la última con mi hijo

Francisco. Juan Carlos tenía entonces una hija recién nacida.

Luego, con todo lo que me sucedió y por mi interés de que no lo involucraran en las investigaciones, me desconecté, justo después de enterarme que había tenido un hijo varón.

Mi hija Cristina, a la que le había encargado que revisara las redes sociales para ver si los encontraba, me sorprendió el 17 de febrero de este año con fotos de mis dos "nuevos" nietos: Emma Catherine, ya de veintitrés años, y Luca de diecinueve, que es la foto mía cuando conocí a su abuela Gladys.

Espero que no te haya aburrido con la historia de un matrimonio que duró tres días de luna de miel, y en que la pareja estuvo junta, en total, por escasos ciento catorce días desde que se conoció hasta que se separó para siempre con un hijo de por medio.

Así que yo habría sugerido Emma para tu heroína, pero sería considerado plagio. Ja. ja.

Me preguntabas por Norman. Te cuento: a su regreso lo pusieron en el ala Norte de la prisión, al otro extremo de este complejo. Solo lo vi una vez en la sala de visitas, en donde me dijo que lo resentenciaron por unanimidad a pena de muerte. Estaba tranquilo, pues me dijo que con la resentencia todas las apelaciones se renuevan, o sea que pasarán por lo menos otros diez años hasta que puedan ejecutarlo.

Yo pensaba que te habías podido contactar con él directamente.

Con mi lata esta carta se hizo larga y no queda más espacio permitido.

Con un abrazo fuerte. Cuídense mucho.

IVAN

Cuando nos vimos personalmente con Nelson Serrano, en diciembre de 2018, acordamos conversar sobre cualquier tema a través del correo electrónico menos sobre asuntos relacionados con su caso, especialmente acerca de hechos, fechas o circunstancias que él debía describir, pues la seguridad de la prisión revisaba toda la correspondencia de forma detenida y cualquier tema podía ser tergiversado o usado en su contra. Recuerdo que en esa visita Nelson me dijo que si alguna vez necesitaba preguntarle algo sobre el caso lo hiciera con habilidad literaria, envolviendo mis preguntas o inquietudes en historias o libros sobre los que podíamos hablar libremente y que despistarían a sus censores. Así lo hicimos desde el primer día, de modo que en esa correspondencia mantenida con Nelson a veces aparecen ciertas referencias o personajes de libros que son pretextos para hablar o comprender ciertos temas de su propia historia. Uno de los ejemplos de esto era justamente el caso de *Madame Bovary*. En mi correo me refería a esa novela, pues trata justamente de una relación amorosa extraconyugal. Me interesaba con esa referencia recibir algo de información de Nelson sobre la amante que había sido mencionada varias veces durante el juicio. Me interesaba además hablar de su historia con Gladys, su primera esposa, esa mujer con la que apenas estuvo unas pocas semanas y con la que engendró ese hijo, que había sido utilizado por la fiscalía durante el proceso para acusar a Nelson. ¿Recuerda usted el nombre Juan Agacio? Pues, el joven al que Nelson se refiere en su historia, su primer hijo, sería él, aunque, como ya he comentado, no se llama así, pues su padre adoptivo le dio el apellido Greeven, de modo que Juan Agacio no fue más que una ficción de Tommy Ray, pero John Greeven sí es realmente el hijo de Nelson Serrano y su historia está relatada brevemente en estos correos que ambos inter-cambiamos. Sobre la amante, Nelson al final dio toda una vuelta y no me respondió lo que me interesaba en ese momento, que era saber su verdadero nombre. Por supuesto, no la iba a llamar Emma, tal como Nelson sugería al hablar de su nieta, así que la llamé Alicia. En otras comunicaciones entre nosotros lo hablamos con mayor apertura, como se verá en las siguientes páginas, pero, en todo caso, aprovechó el capotazo que yo le había tirado para narrar esa historia de su arrebatada juventud de la que nació aquel hijo.

También mencionó en uno de esos correos a Norman. Esta historia venía de unos meses antes, cuando Nelson me dijo que ese hombre, un convicto por asesinato, además culpable, había entablado cierta amistad con él y le había mostrado unas notas que valía la pena leer. Me preguntó entonces si quería tener contacto con Norman. Nelson le había hablado de mí y de la futura novela, y Norman estaba interesado en que lo leyera y pudiéramos conversar a través del correo del sistema de prisiones. Obviamente le dije que sí, que me encantaría charlar con él. Recibí a los pocos días sus notas y luego perdí su pista, pues lo habían trasladado a otro Estado para su resentencia. A partir de ese breve intercambio con aquel convicto escribí un fragmento de la historia de Norman en la prisión de Raiford:

Norman Mc Kenzie me envió hace algunos días un texto de su autoría titulado La plaga de la muerte, *en el que revela lo que para él es el verdadero valor del tiempo. Sus palabras están cargadas de sinceridad y de una notable sensibilidad. Se trata de un hombre de cincuenta y tres años, autoeducado en las prisiones en las que* ha pasado más de treinta años de su vida. Además del inglés aprendió alemán y es un pintor excelente. Está recluido en el corredor de la muerte en un centro penitenciario de la Florida.

Dice Norman en algunos fragmentos:

En mi celda hay una ventana que mira al oeste. Hacia el final de cada día, los rayos del sol penetran brillantes y proyectan en la pared una línea de sombras igual a las barras de metal que cubren el cristal. En este lugar me reprocho continuamente: "No mires el reloj porque nunca lo verás moverse".

El tiempo es el enemigo aquí dentro. Todos los hombres lo enfrentamos. Tenemos una pasión maníaca por cada día que amanece, lo puedes ver en el rostro de cada uno. Al amanecer nuestro comportamiento es más animado, incluso reímos a carcajadas, aunque a veces esas risas sean forzadas. Vivimos cada día al máximo...

En el "corredor de la muerte" el tiempo significa solo una cosa: las apelaciones se están agotando.

Con cada cambio de estación nos llega una nueva negativa de los jueces. Entonces la risa se vuelve tensa. De pronto se siente como si hubiera llegado una plaga de enfermedades y los hombres nos comenzamos a distanciar La plaga de la muerte sea con vosotros...

Cuando las apelaciones se han agotado, toda risa se desvanece. El tiempo se reduce a unas pocas horas, después a contados minutos, a los segundos finales y, nada más... La forma más pura de la realidad está en los ojos de ese hombre que te mira fijamente y te dice que sus recursos se han terminado.

Cada vez que el dispositivo de bloqueo electrónico hace clic, un preso es trasladado a lo inevitable. Aparecen

los guardias en su celda y le dicen: "Es hora. Entonces
sale por última vez. Todo lo ocupa el sonido de las cade-
nas arrastrándose por el "corredor", haciendo eco. No
quedan más fachadas ni risas, tampoco esperanzas, es
la plaga de la muerte que ha llegado.

No conozco a Norman en persona, tan solo hemos intercambiado mensajes a través de Nelson Serrano, su actual vecino de celda. Independientemente del delito del que se le acusa, mantengo mi opinión sobre lo aberrante que es la pena de muerte en cualquier situación, sin excepción alguna, en especial cuando se trata de casos como el de Nelson Serrano, un hombre inocente que fue condenado sin pruebas y con todos los vicios del sistema judicial del estado de Florida en su contra.

Nelson escribió hace un par de días para contarme que Norman fue trasladado a la corte del Condado para su resentencia. "Él se aferra a que le den cadena perpetua", me dice. Y concluye: "Esa es la diferencia entre nosotros, yo jamás aceptaría una reducción de mi sentencia. Yo soy inocente".

En el correo de abril de 2019, Nelson me contaba que Norman había regresado a la prisión, lo que para ambos fue un alivio, pues en algún momento pensamos que lo habían ejecutado o que se encontraba en una celda de castigo. Al final no tuve contacto con él. Le envié ese artículo por intermedio de su compañero de prisión y, de algún modo, cerré aquel contacto de forma momentánea, pues necesitaba concentrarme en la historia de Nelson Serrano.

Durante este encierro, mientras leía los diarios del escritor colombiano Héctor Abad Faciolince, *Lo que fue presente*, me encontré con una frase que me sacudió:

"Nuestra existencia es solo un paréntesis entre dos palabras gemelas: nada ( ) nada". De alguna forma, pensaba en algo similar pero no lo habría podido decir de forma más clara y, a la vez, más estremecedora y deprimente. En el confinamiento se agudizaron en mí estas sensaciones que me inclinan más a no creer que al agnosticismo al que me aferro con cierta esperanza hace tiempo. Y, sin embargo, ahora, durante el encierro, mientras escribo estas páginas en medio de un caos mundial, en una ciudad como Quito en la que empiezan a encontrarse cadáveres en las calles y en la que, se dice, no hay camas en los hospitales, me cuestiono si ¿tiene algún sentido ser tan solo un resplandor en medio de una noche oscura, una acotación en el inmenso vacío del universo? Si la vida, es decir este paréntesis brevísimo, no se prolonga tras la muerte hacia algún lugar o no se transforma en algo más, ¿por qué estamos aquí? ¿Para qué estamos aquí?

Mi agnosticismo se sostiene desde hace tiempo en un hilo muy delgado que se define en una sola palabra: esperanza. Me aferro a esa palabra, a esa intención vital para no caer en el desasosiego y en el profundo abismo que me rodearía si tuviera la certeza de lo que Héctor Abad pensaba cuando escribió esa parte de su diario, allá por 1984 si es que no estoy equivocado. En todo caso, prefiero creer en que ese paréntesis le dará sentido a la frase siguiente, es decir, a la muerte.

Regreso a la correspondencia de esos días con Nelson Serrano y me percato de que en mi siguiente mensaje indagué más de lo que debía. Seguramente no me satisfizo entonces su respuesta o quizás no comprendió del todo cuál era mi intención de sacar a la luz el nombre de su amante o algunos retazos de su historia.

4/6/2020 1:30:11 p. m.

Estimado Nelson, qué gusto seguir en estas enriquecedo-
ras charlas sobre libros, historias y sobre la vida misma.
Por acá las cosas siguen igual, todos recluidos tratando
de hacer la vida normal, al parecer esta semana la cur-
va de contagios bajará un poco en Ecuador, veamos si
esto no se nos sale de las manos. ¿Asumo que sigues bien
de salud y que no ha habido contagios en la prisión?

Yo sigo con mis cosas, revisando miles de hojas del ex-
pediente judicial de tu caso, hablando con abogados y pre-
parando los nuevos recursos.

La escritura de la novela sigue adelante, ahora con
más ímpetu gracias al tiempo que tengo a favor. En este
punto, ya que tengo el nombre del personaje femenino de
Madame Bovary, *he seguido indagando sobre la histo-*
ria de AP[4], otro de los personajes de esta historia. Hace un
año traté de hablar con él, pero no quiso hacerlo, sin em-
bargo, cuando le conté vía chat que mi novela avanzaba
y que el proceso real también nos mostraba una luz, final-
mente se decidió a contestarme y me dijo, de forma muy es-
cueta, que él alquiló el auto por petición de su padrino y
que era para una amiga suya que llegaba de viaje. Lue-
go me dijo que él devolvió el auto en otra ciudad. Me he
preguntado muchas veces este tiempo si esa amiga viajó
aquel día realmente, si tenía algún nombre novelesco pa-
ra mi historia como el de la Emma de Flaubert (provisio-
nalmente la he llamado Alicia) y si aquella reunión entre
los dos personajes se frustró por alguna razón que no sé
aún. AP creo que ya no llega hasta allí, aunque parece que
está interesado en ayudar y aclarar algo al respecto. La im-
portancia de esto es esencial, pues nos encontramos revi-

---

4. Me refería a Álvaro Peñaherrera, el joven que alquiló ese automóvil el día
de los crímenes. [*Nota del autor*].

sando pruebas que podrían ser analizadas en una nueva instancia y si apareciera esa mujer o la persona que condujo el vehículo aquel día, o si solo supiéramos si viajo y retiró ella el automóvil, todo sería más fácil. En fin, veamos si logramos algo por allí, aunque es una historia que en principio mi personaje no quería que se sepa, por obvias razones, igual que en Madame Bovary estas cosas uno las oculta, ahora eso cobraría una relevancia importante para la novela y para esa luz que estamos buscando.

Pasando a otras cosas, cuéntame ¿qué opinas desde tu óptica de esta plaga mundial?, ¿cómo saldrá el mundo al final de esto?

Para alguien que está encerrado durante tanto tiempo, ¿cuál es la sensación de lo que se viene y de lo que está pasando la humanidad?

Te envío un fuerte abrazo,

O

4/15/2020, 11:57:05 a.m.

Querido amigo.

Me alegra que los comentarios hayan sido de tu agrado. Por este medio es bastante difícil poder expresarse con libertad, más aun habiendo experimentado en carne propia cómo las más inocentes frases pueden y fueron tergiversadas en formas increíbles.

Tengo entendido que las investigaciones que has hecho para complementar tu próximo proyecto literario han sido de gran ayuda para Francisco, por lo que te lo agradezco sinceramente.

La situación acá, en relación con la pandemia, sigue igual, no hay casos dentro de la prisión y solo dos en el condado de Polk.

252

"Hasta aquí vamos bien... dijo el que caía del rasca-cielos, al pasar por el quinto piso".

Según la última información enviada por mis sobri-nos desde Milán, con fecha 10 de abril, la situación em-pieza a mejorar en Italia, pero los datos sobre Ecuador y los Estados Unidos son más que impresionantes.

El aumento en el número de casos y muertos del 1.° al 10 de abril:

En Ecuador. De 2.302/79 a 4.965/272

USA. De 188.647/4.059 a 463.895/16.697

Nos indica que las posibilidades de que las estadísti-cas terminen acercándose a las de la influenza de 1918, son factibles.

Acá creen que por ser identificada con el nombre de "Spanish Flu", la pandemia comenzó en España, igno-rando que esta comenzó en una base del Ejército en Kan-sas, Estados Unidos, y que un pelotón de esa base que fue enviado a Europa llevó el virus que, según historiadores conservadores, estiman que causó más de 30 millones de muertos, como mínimo en todo el mundo, y otros, en cam-bio, estiman que murió un 20 % de la población mun-dial de esa época (2000 millones), que suena exagerado.

Luego, convenientemente en los Estados Unidos la prensa propagó el nombre de la pandemia como "Spanish Flu", nombre mencionado porque fueron científicos espa-ñoles los que identificaron al causante. Es interesante to-mar en cuenta lo fantástico de este logro, ya que no se pu-do ver a los más tarde llamados 'virus' hasta décadas después[5], con la invención del microscopio electrónico.

Claro, el conocimiento más amplio de los virus y ade-lanto mundial en medicina, posiblemente impedirá resul-

---

5. Solo hasta 1933 se descubrió científicamente el virus de la gripe españo-la, un subtipo de cepa aviar H1N1, al observarlo por primera vez mediante un microscopio. La virología apenas daba sus primeros pasos y ni siquiera existían vacunas.

tados tan terroríficos, pero sí creo, aunque espero estar equivocado, que sobrepasaremos el millón de muertos a nivel mundial.

"Un millón de muertos"… me hizo recordar el segundo tomo de la hermosa trilogía escrita por el catalán Gironella, acerca de la Guerra Civil Española, que leí hace muchísimos años.

Como yo soy un convencido de que todo trae buenas y malas consecuencias, creo que este gravísimo problema ha permitido a muchos por acá darse cuenta de la clase de gobernantes que tienen, empezando por el más alto. En fin, en noviembre decidirán, sin fanatismos, si merece ser reelegido o no.

Espero que el empeoramiento allá, ahora más centralizado en Guayaquil, no llegue a afectar de la misma manera a la Sierra, y en especial a Quito.

Cuídense mucho y eviten riesgos innecesarios.

Con un fuerte abrazo y mis mejores deseos de que pasen esta mala época sin mayores consecuencias.

I V A N

4/15/2020 1:41:48 p. m.

Querido Nelson, muchas gracias por tu correo. Lamento que no podamos hablar por acá de esos temas que son esenciales ahora para mí, espero que lo podamos hacer verbalmente en algún momento o a través de Francisco, eso ayudará mucho a cubrir algún hueco que me queda por allí.

Estos días he pensado intensamente en lo que significa este encierro para el mundo entero, algo que nadie jamás imaginó. Obviamente todo tiene relación con tu caso por lo que hago a diario, escribo, investigo, leo, descubro…

Me interesa mucho saber ¿qué opinas tú de todo esto? ¿Cómo te sientes al saber que el resto del planeta también está recluido? ¿Cómo ves tu propio futuro en estas circunstancias en que todo se ha detenido? ¿Te queda aún algún resto de esperanza para salir libre?

Yo creo que apenas todo esto se abra otra vez habrá excelentes opciones de un nuevo juicio, pues los descubrimientos son cada vez mayores y las inconsistencias cada día más evidentes.

Espero que estés leyendo mucho, yo comparto por ahora mi trabajo en la novela (que avanza muy bien) con lecturas de todo tipo, pero sobre todo novelas. He vuelto a leer algo de Dostoievski, Pobres gentes, *y no deja de sorprenderme su maestría, su enorme capacidad de hacer sentir al lector la miseria del ser humano.*

Cuéntame por favor cómo llevas tu vida por dentro, qué ha cambiado con el tiempo, qué le recomendarías a las personas que hoy sienten este encierro como un abismo negro que nos aguarda en el siguiente paso.

Te envío un fuerte abrazo,

O

20 abril, 2020, 8:52:11 p. m.

Querido O:

No todo lo que queremos o necesitamos se puede conseguir en forma directa, pero siempre hay otros que pueden proporcionar la misma información.

El sentido de tiempo cambia enormemente con la edad, y los años, a la edad que tengo ahora, pasan más rápido que los meses en nuestra juventud. Así que me es difícil tener una apreciación justa de cómo se puede sentir alguien en cuarentena por dos o tres meses. Una de las pocas ventajas de ser viejo es que ya no se le tiene miedo a la muerte, y ese terror que muchos sienten acerca del virus acá no existe.

Como dice un lindo pasillo nuestro: "Si es que la muerte es el descanso eterno, no se debe llorar por el que muere".

Lo único que puedo decir es que, como en todo en esta vida, en un encierro se puede encontrar pros y contras. Si uno peca de pesimista, está frito, pero si ve las cosas en forma positiva, podrá descubrir que un encierro con la familia puede transformarse en la mejor oportunidad de reforzar la unión y la comprensión entre todos, y tal vez, en algunos casos, lograr realmente conocerse.

Acerca de haber pensado en la posibilidad de que se haga justicia, que se me permita tener otro juicio, donde se presenten todas las pruebas que se escondieron y se me deje en libertad, por supuesto que sí, pero analizando todo lo ilegal hecho por la fiscalía, los sobornos aceptados y la corrupción en general de la Corte de Bartow, financiada con los millones que mis socios me robaron, es impredecible todo lo que ellos serían capaces de hacer para evitar la verdad.

Uno de los pros, ocasionado por el encierro obligado de las personas en mi lista de contactos, es que con todo ese tiempo en las manos se acordaron de mí y me han escrito como nunca antes.

Por eso no he tenido mucho tiempo para dedicarlo a la lectura. Un libro interesante, que en tiempos normales lo habría leído en no más de una semana, ya llevo casi un mes y ando recién por la mitad. Se trata de una obra escrita por Nathan H. Lents, titulada Human Errors. En una forma entretenida, expone y analiza las imperfecciones físicas que nos hacen humanos, como *huesos inservibles, genes rotos y, en general, los deficientes logros obtenidos en el proceso evolutivo. Todo narrado con mucho humor y sin tecnicismos.*

Acerca del Covid-19 en esta institución te puedo decir que hace unos días se llevaron al hospital a un preso del dormitorio detrás del mío, que inmediatamente lo pusieron en cuarentena. Así que parece que el virus ya llegó hasta aquí, aunque rumores que circularon hoy aseguran que todas las pruebas han dado resultados negativos. Nada oficial, solo rumores.

Hace unos días nos dieron dos mascarillas que debemos usar todo el tiempo.

Algún día todo esto será memoria, pero el nuevo virus seguirá con nosotros y si no se descubre una vacuna, este problema se repetirá.

Como dice ese viejo adagio, "No hay mal que dure cien años, ni cuerpo que lo resista". Así que paciencia.

Con un fuerte abrazo...
Cuídense mucho.
I V A N

5/28/2020 9:26:09 a.m.

Querido Nelson, ¿cómo estás? Espero que la salud se mantenga y sobre todo que estés alejado del virus. ¿Hay más contagios en la prisión? Como te debe haber comentado Francisco, hemos tenido buenas noticias últimamente, noticias que renuevan nuestra esperanza. Solo te digo que estamos trabajando muy duro acá y allá para que esto termine pronto.

La novela también avanza bien, este tiempo de encierro me ha permitido revisar muchos temas y escribir muchas páginas. Debo estar cerca del final del primer bo-

rrador, luego vendrá una revisión detallada sobre ese texto y finalmente la revisión de personas cercanas. Ojalá puedas hacerlo tú también, me encantaría.

Espero que hayas retomado el ritmo de lectura. Este tiempo también me ha servido para leer obras clásicas y autores a los que había dejado de lado. Ítalo Calvino, autor italiano del siglo XX, ha sido mi acompañante durante estos meses. Sus novelas El barón rampante, Si una noche de invierno un viajero y El sendero de los nidos de araña son maravillosas. Espero poder enviártelas junto con las mías que te faltan en una ocasión próxima. A lo mejor, yo mismo iré en los próximos meses; me encantará visitarte.

Cuéntame cómo te sientes, cómo va la salud y, sobre todo, el estado de ánimo, que es lo más importante ahora que, al parecer, tenemos cerca el final del túnel.

Un fuerte abrazo,

O

5/30/2020 3:14:50 p. m.

Querido O:

Por lo que me he podido enterar, las cosas no marchan muy bien con la pandemia en el Ecuador, me inclino a suponer que debido a que el país tiene muchos negocios con compañías chinas y muchos de ellos están en el país, la transferencia del virus a nuestra tierra fue más directa, y por lo tanto más virulenta. Terrorífico lo sucedido en Guayaquil.

Por lo pronto, nadie de la familia o conocidos se encuentran entre los afectados, espero que siga así.

Acá, como era de esperarse, ya tenemos algunos casos, pero están en la población general de la prisión, nadie

258

dentro de Death Row, que, por ser de máxima seguridad, es ideal para prevenir contagios. En todo se encuentra ventajas y desventajas.

Ahora que por accidente la pantalla de mi televisión se rompió, estoy leyendo un poco más. Había reducido la lectura debido a que, como tú sabes, tengo degeneración de la mácula y perdí la vista en mi ojo izquierdo hace como siete años, por haber sido la del tipo "húmedo" que es violento, si no se recibe tratamiento, que por supuesto no recibí.

El derecho tiene la del tipo "seco", pero ya ha progresado lo suficiente como para hacerse notar y la lectura se ha hecho menos agradable. Trato de comprar solo libros impresos con letra más grande de la normal. (Large Sprint)

¿Has tomado en consideración esa posibilidad con algunos de tus libros? Mientras más largo vivimos, más grande es la población con deficiencia visual.

Juzgando por lo sucedido a mis hermanos (pues es hereditario y todos la sufren o sufrieron), estimo que me quedarán, con suerte, un par de años más de vista suficientemente buena como para leer y escribir.

Como la sordera también es progresiva y yo me comunico con los vecinos pasando notas escritas, y con los que me hablan de frente, leyendo los labios, de lo que no soy un experto, sí me puedo imaginar cómo será cuando ya no pueda ver. Un verso del Cat in a Hat, que seguramente lo conoces, dice: "The Golden Age is here at last... the Golden Age can kiss my ass"[6].

Una sobrina mía me escribió ayer y me dice que te vio en televisión junto a Francisco y Jeannette Hinos-

6. "La edad de oro está aquí por fin... La edad de oro puede besarme el trasero".

troza, pero no me dice dónde ni cuándo, aunque sé que el tema era sobre mi caso.

Les agradezco muchísimo todos los esfuerzos que siguen haciendo en mi favor, solo espero que dé buenos resultados para tener la oportunidad de poder agradecerles en persona.

Sería muy agradable verte de nuevo, pero realmente dudo que eso sea posible dentro de por lo menos otros seis meses. Todavía tenemos que pasar la segunda ola de la pandemia, que, con la apertura del país empujada por Trump, parece cosa segura.

Respondiendo a tu pregunta... Mi salud continúa bien, dentro de las circunstancias. El estado de ánimo, como siempre, positivo al extremo.

Esperando que todo lo tuyo continúe viento en popa y que el virus no llegue ni cerca a Uds., me despido con un fuerte abrazo.

I V A N

6/2/2020 08:47:30 p. m.

Mi querido O:
Acabo de leer tu editorial publicado en **El Comercio** *del 31 de mayo, muy claro y conciso como todo lo que tú escribes.*

No tengo palabras para agradecerte tu interés y todo lo que has hecho y sigues haciendo por mí, así que decidí enviarte una tarjeta.

Espero que tú y tu familia sigan saludables y que pronto esta pandemia llegue a su fin y todo vuelva a un nuevo normal.

Abrazos.
I V A N

El editorial al que se refería Nelson Serrano fue publicado en el diario *El Comercio* el 31 de mayo de 2020 bajo el título "El final del túnel" y decía:

Estas semanas nos hemos preguntado constantemente ¿cuándo llegaremos al final del túnel? Sin duda, también nos ha ganado la desilusión cuando pensábamos que una luz nos mostraba la salida y en realidad solo nos guiaba hacia otro tramo del extenuante camino.

El encierro me llevó a pensar en lo que siente alguien como Nelson Serrano, que lleva más de diecisiete años en el corredor de la muerte de un centro penitenciario de Florida. Él también ha creído ver muchas veces el final del túnel y hasta ahora siempre se ha encontrado con un recodo que lo conduce a un nuevo pasadizo de oscuridad. Su caso, plagado de violaciones a sus derechos, corrupción, injusticia y perversidad, se estanca permanentemente en un sistema judicial que intenta proteger a los que lo condenaron sin pruebas y ocultaron las evidencias a su favor.

Converso frecuentemente con Nelson Serrano a través de un correo electrónico. Hace unos días le pregunté qué pensaba sobre este encierro en el que está el mundo entero, cómo lo veía desde su celda de dos por tres metros, y me respondió: "El sentido del tiempo cambia enormemente con la edad, y los años a la edad que tengo ahora, pasan más rápido que los meses en mi juventud. Así que me es difícil tener una apreciación justa sobre cómo se puede sentir alguien en cuarentena por dos o tres meses. Una de las pocas ventajas de ser viejo es que ya no se le tiene miedo a la muerte, y ese terror que muchos sienten acerca del virus, aquí no existe".

Ahora en su caso ha aparecido una nueva esperanza, pues la Comisión Interamericana de Derechos (CIDH) emitió hace pocas semanas su resolución final en el proceso propuesto por Francisco Serrano contra los Estados Unidos. La decisión de la CIDH reconoce que los Estados Unidos violó los derechos humanos de Nelson Serrano de libertad, integridad física, trato humanitario, justicia y debido proceso, y recomienda en consecuencia que su sentencia sea conmutada y que el país infractor revise sus regulaciones, procesos y prácticas en materia estatal y federal, para garantizar que a aquellas personas que sean procesadas por crímenes capitales, se les garantice el debido proceso y derecho a la defensa.

A partir de este momento, paralelamente a los procesos judiciales y apelaciones correspondientes, el caso de Nelson Serrano entrará en el campo de la diplomacia. Es posible que una luz de salida por fin aparezca en ese túnel oscuro en que se encuentra desde el 2002, pero también es probable que las fuerzas siniestras y corruptas que lo condujeron a la pena de muerte en 2006 busquen por todos sus medios que Serrano muera por inyección letal o de forma natural en prisión. Obviamente, a los que escondieron evidencias, cambiaron los hechos, desaparecieron testigos y formularon su insólita teoría contra Serrano, sin pruebas en su contra, no les interesa que la verdad aflore, pues sus carreras podrían verse truncadas o destruidas si es que Nelson Serrano alcanza el final de su túnel.

6/2/2020 10:35:59 a. m.

Querido Nelson, ¿cómo estás? No tienes nada que agradecer, todo esto lo hacemos los que creemos en tu caso y en la injusticia que se cometió. Gracias por esa tarjeta que dice

262

mucho[7]. *Esperemos que esto termine pronto y sobre todo que nuestros intentos diplomáticos den sus resultados. Estos días he hablado con el presidente Moreno, con el canciller José Valencia y con el procurador Íñigo Salvador, que me han ratificado su compromiso con tu causa. Tengo mucha fe en que pronto nos vamos a ver otra vez, pero en este lado del mundo. Espero que te mantengas fuerte y en especial que puedas leer todo lo que tengas a tu alcance, los libros nos permiten aislarnos del entorno y vivir esas otras vidas y lugares a los que quizás no iremos jamás físicamente, pero que los conocemos por las palabras de otros.*

Te mando un fuerte abrazo.

O

6/27/2020 11:45:00 a. m.

Querido Nelson, ¿cómo estás? Espero que tus problemas de salud hayan mejorado. ¿El tema de la ciática te sigue molestando? Nosotros continuamos en casa a la espera de que el virus remita y sea posible volver a una vida más o menos normal, aunque eso en realidad lo veo muy distante.

Avanzo sin pausas con la novela. Gracias a este encierro he logrado revisar cientos de expedientes y escribir de forma desenfrenada. Ese es el ritmo que me gusta, cuando las palabras brotan como en una avalancha. Así suelo terminar las primeras versiones de mis obras y luego llega el momento del reposo, de las extenuantes revisiones y la aparición de la versión casi definitiva, la que leen mis amigos y personas más cercanas antes del

---

7. La tarjeta a la que me refiero era una de esas imágenes móviles de un muñeco que me daba un abrazo virtual. [*Nota del autor*].

filtro editorial. Espero que tú puedas estar entre esos amigos que leerán primero esta novela.

A propósito, quería que me ayudes con unas líneas sobre tu vida en la niñez y juventud, que me cuentes cómo fue esa vida en Quito, algo sobre tus padres y hermanos; ya me contaste la historia de la adolescencia y aquel primer amor del que nació tu primer hijo.

Tengo algunas preguntas que quisiera hacerte para que me ayudes a elaborar un retrato sobre el personaje de la obra, por ejemplo, si su infancia fue feliz y distendida, como era común en esos tiempos más relajados, más familiares, quizás.

¿En qué soñabas cuándo eras niño? ¿Qué querías ser de grande? ¿Esos sueños se cumplieron? ¿Cuáles eran tus temores? ¿Siempre fuiste un buen lector? ¿Tus padres te dieron el ejemplo de la lectura?

Espero no abrumarte con tantas preguntas. Me ayudarán mucho a esbozar al personaje de la novela.

Te mando un fuerte abrazo.

O

6/28/2020 11:51:35 a. m.

Recordado O:
De algo me he enterado acerca del recrudecimiento de la pandemia en Quito. Era de esperarse después de lo sucedido en Guayaquil.

Digo "de algo", pues mi fuente de información de los sucesos de allá, el amigo colombiano que está casado con ecuatoriana, interrumpió sus correos por su viaje a Miami a juntarse con su esposa, que mientras visitaba a su hermana, ante la suspensión de vuelos, permanecieron separados por más de tres meses.

Cuántas historias mejores y peores que esta habrá ocasionado el virus.

Las cosas acá continúan más o menos igual... Los casos dentro de la prisión, como esperamos, se han incrementado, pero todavía ninguno en Death Row.

JPay sigue dándonos dolores de cabeza con sus interrupciones de servicio, e-mails *extraviados, compras no satisfechas, etc.*

Tengo entendido que debido a la suspensión de las visitas por la pandemia, entre otras cosas, nos han estado proporcionando una visita digital gratis por mes, acreditada a las cuentas de todos nuestros contactos.

Me acabo de enterar de esta novelería, porque nos enviaron un e-mail *diciendo que "ya han sido acreditadas las del 12 de junio", y que también han notificado a todos nuestros contactos "so that they can schedule a visit with you".*

Parece que no a todos les llegan estas compensaciones.

Lo mismo me sucedió con las cuatro estampillas semanales gratis, que por cuatro semanas todos las recibieron, menos yo.

No he recibido confirmación de nadie respecto a las visitas digitales, supongo que las habrán recibido... Por lo menos esta última.

Me dices que te gustaría que te ayude con "unas líneas" de información acerca de mi vida durante mi niñez y juventud.

Luego incluyes, como sugerencia, algunas preguntas, que seguramente son sucesos comunes, pero que me han hecho pensar un "poco-bastante", pues ninguna aplica a lo sucedido en mi vida.

Me es difícil decidir o vislumbrar las razones por las cuales, a pesar de mi excelente memoria de muchas cosas que sucedieron alrededor mío desde la edad de tres o cua-

tro años, no recuerde haber tenido ninguna aspiración o sueño especial, planes o deseos de algo para cuando sea grande, temores de algo que pudiera suceder, etc.

Por lo tanto, no dispongo de un sueño que se haya o no realizado.

Así que aquí te va una narración de esas épocas entre los cuatro y los veinte, que fue cuando regresé graduado de Argentina.

Tal vez tú puedas deducir el porqué de la ausencia de esos sentimientos...

Provengo de la unión de dos familias con mucha historia, los Serrano y los Sáenz. Mi padre, el séptimo de los once hijos del primer matrimonio más dos del segundo. Mi madre, tercera, de cuatro.

Yo soy el sexto de seis, y considerando que la gran mayoría de los primogénitos nacieron grandes y saludables pero sietemesinos, los últimos de la camada, que estamos separados por muchos años del anterior, fuimos accidentes felices. La quinta en mi familia me lleva más de ocho años.

Tres hermanos y dos hermanas... Me crie mimado al máximo por tres 'mamas' y tres 'taitas'. No le incluyo a mi padre, pues él no vivía con nosotros desde que tengo uso de razón. Por lo tanto, yo tuve más contacto con la familia de mi madre.

Mi abuela paterna murió cuando mi padre tenía más o menos diez años.

El último de mis abuelos murió el mismo año en que yo nací (1938).

Mi madre sufrió de Párkinson desde aproximadamente cuando yo nací, lo cual progresivamente la fue imposibilitando.

Me crie prácticamente entre adultos. Mi constante relación con ellos influyó en que me sea difícil congeniar

con personas de mi misma edad, y sí con los bastante ma-
yores, como los amigos de mis hermanos.

Cabe decir que también soy el menor de todos mis pri-
mos de ambos lados, el mayor de ellos casi tan viejo como
mi padre y la mayor de mis sobrinas carnales es solo tres
años y medio menor a mí.

A pesar de que mi madre recibió una considerable he-
rencia, que inteligentemente y supongo basada en sospe-
chas, fue protegida por 'exclusión de bienes', esto no im-
pidió que mi padre se dé modos de despilfarrarla, y como
tuvo otra familia con varios hijos, con los que él sí vivía,
la situación económica, dentro de mi época, nunca fue
holgada.

Normalmente la gente se acostumbra al ambiente
donde vive en su niñez, y la felicidad o desdicha depen-
de mayormente de la armonía reinante en el hogar y de
la personalidad de cada uno de sus integrantes. Los po-
sitivos generalmente son felices y conformes. Yo siempre
fui positivo.

Por diferentes circunstancias tuve que cambiar varias
veces de escuela o colegio. Fui fundador del Sebastián de
Benalcázar, pero terminé mis estudios en Argentina.

Con esos cimientos es que mi personalidad fue
formada.

Siempre viví con mi madre. A los dieciséis años, debi-
do a que se presentó la posibilidad de un tratamiento pa-
ra Párkinson en Chile y Argentina, mi madre fue llevada
para allá, mientras yo pasaba vacaciones en Cuenca.

A mi regreso, me topé con la sorpresa de que se había
decidido que yo viajara a la Argentina para estudiar. Es-
to se hizo realidad en mayo de 1955.

Debido a la caída de Perón el 16 de septiembre de ese
año, el primer año de estudios se acortó drásticamente y
pude disfrutar de unas maravillosas vacaciones (la me-

jor de mi vida) por cinco meses en Viña del Mar, donde realmente maduraron mis experiencias románticas. Esta historia ya te la conté anteriormente…

Tuve que cortar un párrafo, pues los 6000 caracteres que nos permiten escribir se terminaron.

Esperó que lo escrito te ayude a forjar tu personaje. Ja.ja.

Abrazos.

I V A N

Corto aquí este capítulo por varias razones, primero porque estoy en falta, porque no he escrito nada más a Nelson Serrano desde este último correo. En todo caso, trato de entenderlo, trato de comprender por qué se encierra tanto en sí mismo, en sus cálculos matemáticos (que lo entretienen, sin duda), en sus teorías sobre actualidad (que casi siempre resultan acertadas), y nunca o casi nunca se abre para mostrar lo que siente.

Nelson apenas muestra resquicios de lo que es, y aunque aparecen a veces pequeñas fisuras por las que se filtra algo de su ser, son nada más unos destellos que no me permiten observar su esencia.

Tampoco le he respondido estos días de julio porque avanzo incontheniblemente con la novela y siento que estoy llegando al final sin saber aún cómo será ese final, hacia dónde me llevarán las aguas… Justamente ese fue uno de los primeros desafíos que apareció en esta historia, la inexistencia de un final. Recuerdo que, en mis primeras conversaciones con Francisco, me contó que hace unos años recibió una llamada de una persona del equipo de John Grisham, el autor estadounidense de novelas sobre historias legales. Esta persona, que se identificó como investigadora al servicio de Grisham, le dijo que el caso de su padre le interesaba al escritor. Francisco le dio la información que había hasta entonces, la mujer le respondió que debían esperar un final para escribir la historia, y que ese final aún no había llegado… Cuando Francisco me contó esto, me quedé pensando por un momento y le dije que a mí me vendría muy bien un equipo de investigación para novelas de este tipo. Nos reímos un rato y luego comenté, ya en serio: *¿Qué final esperaba el tal Grisham?* Francisco me respondió: *No sé, quizás que mi padre sea ejecutado o quizás que se lo salve en el último minuto, como en las películas…* Yo, que nunca había leído un libro de Grisham (creo que jamás lo leeré, aunque sí he visto un par de las películas basadas en ellos), pensé de inmediato que Nelson los había leído todos y lo admiraba mucho, y que tal vez lo mejor sería que esta historia algún día la escribiera alguien como él, con talento para los *best-sellers* que siempre terminan convertidos en guiones cinematográficos. Recuerdo que se lo dije a Francisco y él se rio. Después, concluyó: *A mi padre le encanta que seas tú quien escriba su historia… Aunque no tengamos todavía un final* —acoté.

Luego de esto pensé muchas veces en el final de esta novela. Nunca, en ninguna de mis obras he sabido con certeza cuál sería su final hasta que no llegaba el momento exacto de escribirlo. Normalmente tengo alguna idea aproximada de un desenlace, pero esos caminos trazados en un inicio con cierta dirección terminan cambiando de forma radical en otros destinos y una historia que iba hacia el sur termina a veces en el extremo norte o viceversa.

Debo confesar que una de mis mayores preocupaciones durante este tiempo ha sido saber o intuir: ¿a dónde voy a llegar con esta novela?

Me pregunto: ¿cuál será el final?

Me atormenta la idea de que todos los recursos legales salgan mal una vez más y que Nelson termine sus días en ese cuarto tétrico llamado *sala de ejecuciones*, observado por varios morbosos como un animal de circo mientras el veneno de la inyección inocula en sus venas con lentitud. También he imaginado muchas veces que recibo una llamada de alguien, seguramente de Francisco, para decirme que su padre murió en su celda por causas naturales, que amaneció muerto... Y, por supuesto, imagino también un final feliz, un día luminoso en que él salga por esa puerta de rejas de la prisión de Raiford y su familia, y quizás nosotros estemos afuera, esperándolo. Son demasiadas opciones, demasiadas ideas que brotan de la ansiedad de que el tiempo avance y nuestros esfuerzos no den todavía ningún resultado.

Ahora, como dice Nelson en su último correo, además de los recursos legales pendientes hemos apelado a la cuestión diplomática para lograr que el gobernador de Florida, Ron DeSanctis, un republicano que tiene en la mira al sistema judicial estadounidense y que se ha interesado en este caso, permita el traslado de Nelson Serrano al Ecuador para que termine sus días en prisión domiciliaria, o, aunque sea un sueño improbable, que siga las recomendaciones del informe final de la CIDH y se conmute su sentencia, se lo libere y se lo devuelva a su país.

"Más que las enfermedades mortales, son los largos años de desdichas los que degradan a las personas". Tomo esta frase de otro libro que cayó en mis manos estos días: *Sobre los huesos de los muertos* de la premio nobel polaca Olga Tokcartzuk. Cuando la leí pensé de inmediato en Nelson Serrano, en su cerrazón, en todos estos años que ha permanecido en prisión. En este punto: ¿se habrá degradado más su salud por la ceguera, la sordera o los intensos dolores de espalda, que su alma dolida por una condena que considera injusta?

Dejo de lado por un momento la correspondencia con Nelson Serrano. Avanzo con la revisión de los expedientes del caso. Las sorpresas no dejan de aparecer, primero en la autopsia de las víctimas, luego en la historia de un asesino en serie que operaba en el condado de Polk cuando se cometieron los crímenes y del que la policía también tenía conocimiento pero al que nunca investigaron; y, finalmente, la historia de Robert Fowler sobre el que se habla varias veces en las investigaciones policiales, pues afirmaba saber, con detalles increíbles, de una precisión asombrosa, quiénes cometieron los crímenes de Bartow, por qué y por orden de quién…

HUELE A MUERTE

Estos días todo huele a muerte. Su presencia se siente cada vez más cerca. Hace pocas semanas las noticias sobre los fallecidos por la pandemia eran distantes: Nueva York, Madrid, Milán... Luego siguió Guayaquil, Buenos Aires, Lima, Miami... Ahora ya está cerca de todos nosotros. La muerte se ha llevado varios amigos, muchos conocidos y gente de la que al menos teníamos referencia. En estas circunstancias, revisar los documentos relacionados con los crímenes de Bartow resulta agobiante, pero, al mismo tiempo, irresistible, pues descubro allí nuevas inconsistencias, falsedades que despiertan nuestra ira e indignación, y, sin embargo, irónicamente, también renuevan nuestras esperanzas...

Las autopsias individuales de las víctimas de los crímenes me estremecen, me sacuden. La descripción detallada en temas tan irrelevantes como las últimas comidas que hicieron las cuatro personas me resultan impactantes, casi morbosas, aunque comprenda que era necesario incluir en ese trabajo todas las particularidades de lo que fueron sus últimas horas de vida. Y, en efecto, cuando reviso el informe conclusivo del médico forense, tal como nos lo anticiparon los abogados Eisenmenger, compruebo, sin sorprenderme más, que este omitió de forma deliberada las dos balas calibre .30 que impactaron en el brazo de Frank Dosso. Lo más curioso es que el médico sí las describió en la autopsia del joven, incluso hablaba de la trayectoria de esas balas.

Fueron catorce los disparos que recibieron las víctimas aquella tarde, pero en el informe resumen de las autopsias de las víctimas únicamente se contabilizan doce. Dice el médico que se realizaron con dos armas de calibre .22 y .32, pero evita mencionar los dos disparos que recibió Frank Dosso con la escopeta y balas de uso militar calibre .30. ¿Por qué se omitió un detalle así? ¿Quién o quiénes estuvieron detrás de este "descuido"? Pienso en Tommy Ray y en sus reiteradas mentiras, en su enfermiza obsesión por inculpar a Nelson Serrano, y, por supuesto, me resulta fácil imaginarlo en una escena algo difusa, en una oficina sencilla en la que lee un borrador del informe delante del médico forense y sugiere o recomienda no incluir en el mismo esos dos disparos realizados con el rifle, que no habían sido mortales, y, por tanto, bien podían ser excluidos para simplificar las cosas y facilitar el trabajo de los investigadores. Imagino incluso un guiño cómplice de Ray al médico, que debía pensar en ese momento que se trataba de un tema intrascendente en medio de la magnitud de la tragedia, dos disparos de otras armas que bien podían no realizarse y que al final se habría conseguido el mismo resultado, la muerte de las cuatro personas cuyos cadáveres el médico acababa de examinar. De modo que aquel informe de la autopsia apenas recogió los doce disparos hechos por las dos pistolas calibre .22 y .32. Y aunque Ray no debió revelar al médico el motivo que tenía internamente para que aquellos disparos no constaran en ese informe, sin duda pensó en aquella oficina o antes o después de leerlo incluso, que así era mejor, que de esa forma sí resultaría creíble la teoría de que un solo hombre cometió aquellos asesinatos, el hombre al que él y la familia tenían en la mira desde un inicio: Nelson Serrano.

Ya se ha dicho que el abogado defensor, Charles Epson, recogió esta particularidad de las autopsias en sus notas, pero nunca la sacó a colación durante el juicio, a pesar de que era un tema que podía resultar decisivo para salvar a su cliente. Resulta inconcebible desde el punto de vista profesional que el abogado en el que ha confiado un cliente se guarde una de las pruebas fundamentales que podrían declararlo inocente.

Ese relato de reconstrucción de la escena que ya hemos hecho y que resulta verdaderamente patético, insultante e inverosímil, debió hacer sido recreado de forma teatral por el abogado defensor ante el jurado para dejar en evidencia una teoría que no se sostenía en ninguna evidencia posible. Pero no lo hizo. Por las razones que fueran, por algún extraño u oscuro motivo o por simple vagancia, por negligencia o porque los exiguos honorarios que le había pagado la familia Serrano (cuatrocientos mil dólares) no estaban a la altura de su capacidad o no eran suficientes para esforzarse algo más durante el juicio.

A propósito de la muerte, de su presencia invasiva durante este tiempo, encuentro esta frase en una pequeña joya titulada *El ruletista*, de Mircea Cartarescu: "¿Qué habrá, qué existirá después de la muerte? ¡Me gustaría creer, cuánto me gustaría hacerlo! Creer que allí se abrirá una visa nueva, que nuestra situación actual es larvaria, un compás de espera. Que el yo, puesto que existe, debe encontrar una forma de asegurar su permanencia. Que me convertiré en otra cosa infinitamente más compleja. De lo contrario es absurdo, y no encuentro espacio para lo absurdo en el proyecto del mundo".

UN ASESINO EN SERIE

Asqueado, indignado, me he alejado unos días de los expedientes del juicio, hasta que Andrés, uno de los abogados que me ayuda con los informes para los despachos estadounidenses que se utilizarán en el habeas federal, descubre un reporte policial en el que se hace referencia a un asesino en serie de nombre, Ed Edwards, que podría haber estado involucrado en los crímenes de Bartow. *Pero lo más curioso —me dice Andrés— es que solo lo mencionan en un reporte luego de que la policía recibiera una llamada anónima, pero nunca investigan esta historia ni se molestan en seguir la pista que les dan sobre el asesino.* Recordé, vagamente, haber escuchado algo sobre esta historia. Revisé mis notas del viaje a Sarasota y Bartow en 2018 y allí aparecía una referencia, comentada por Francisco, sobre aquel asesino en serie. Lo llamé y le mencioné aquel nombre, Ed Edwards.

Francisco lo recordaba claramente. Me dijo que un conocido detective llamado John Cameron, que había seguido la pista a Edwards durante varios años, lo contactó tiempo atrás, pues sospechaba que los crímenes de Bartow podían estar relacionados con aquel asesino. Francisco revisó sus correos y encontró aquel intercambio con Cameron en el que comentaban el caso. Cameron, por varias circunstancias que había leído acerca de los crímenes de Bartow, creía que el responsable era Edwards, entre otras razones porque Edwards, que en realidad se llamaba Edward Wayne Edwards, vivía en la zona de Lakeland durante la época en que se cometieron los crímenes de los que se acusaba a Nelson Serrano y, sobre todo, por la forma en que fueron asesinadas las cuatro víctimas, que, según Cameron, correspondía al *modus operandi* del famoso asesino en serie.

Parte de esos correos del 2016 entre John Cameron y Francisco Serrano, dicen lo siguiente:

> *From: John Cameron*
> *Sent: Wednesday, September 14, 2016 5:04 p. m.*
> *To: Francisco Serrano*
> *Subject: Asesino en serie que tendió trampas a*
> *gente en Lakeland*

Mi nombre es John A. Cameron. Soy un policía de Montana retirado. Posiblemente tengo información sobre el caso en que embaucaron a tu padre, Nelson. En 2010 estuve involucrado en el caso de un asesino en serie contra un hombre que engañó gente durante toda su vida y fue objeto de investigación en Lakeland, Florida y el Condado de Polk por el agente Tommy Ray. Escribí un libro sobre este asesino serial y lo publiqué en 2014. Nunca había escuchado del caso Serrano hasta que viajé a Montreal, Canadá, para un programa de televisión que estoy preparando sobre el asesino serial. Durante mi visita me dijeron que Tommy Ray fue entrevistado por la misma compañía de producción de Montreal y así fue como escuché sobre el caso Serrano. Puedes leer sobre el asesino serial en mi web www.coldcasecameron.com *El nombre del asesino es Edward Wayne Edwards. En 1997 tenía 64 años. Había asesinado y engañado gente en Lakeland, Florida desde 1950. No fue capturado hasta 2009 cuando tenía 76 años. Su último delito en Florida ocurrió el 1 de abril de 2008 cuando secuestró a Robert A. Wilesy y a otro hombre en Lakeland llamado Stobert Hold. Tommy Ray también estuvo involucrado en esa investigación.*

Ed Edwards ejecutó a una pareja en la zona de mi domicilio en 1956 con dos disparos en la parte posterior de la cabeza mientras los tenía de rodillas. Fue el caso de 1956 el que dio inicio a mi investigación sobre Ed Edwards. Los últimos cinco años he estado investigando su pasado. Edwards envió cartas anónimas en todos los casos después de que alguien inocente caía como acusado. Las cartas usualmente eran anónimas o estaban firmadas bajo un nombre falso, pero contenían detalles inusuales que al final revelaban su identidad. No tengo mucha información sobre el caso Serrano, pero sí podría revisar los expedientes y buscar esas cartas. Estaría dispuesto a hacerlo gratuitamente. En los documentos del Discovery del caso podría haber evidencia de esas cartas. En cada caso en el que se vio envuelto Edwards yo pude revisar los expedientes de la etapa de Discovery y logré encontrar sus cartas. Me pueden contactar a mi correo electrónico.

Respetuosamente,
John Cameron.

On Thu, Oct 13, 2016 at 7:06 a. m.
Francisco Serrano wrote:

> *To: John Cameron Webmaster*
> *Name: Francisco Serrano*
> *Subject: response to your e-mail*

> *Sr. Cameron, encontré su correo en mi* inbox. *No había llegado a mi computador personal ni tampoco a mi iPhone. Le pido disculpas por la demora en mi respuesta. Estoy muy interesado en hablar con usted sobre este caso. En efecto, por lo que he visto los eventos que llevaron a la condena y arresto de mi padre sucedieron durante el tiempo en que Edwards estuvo en Lakeland.*
> *Saludos cordiales,*
> *Francisco Serrano*

> *From: John Cameron*
> *Sent: Thursday, October 13, 2016 9:37 a. m.*
> *To: Francisco Serrano*
> *Subject: Re: Cold Case Cameron Contact:*
> *response to your e-mail*

Señor Serrano: Había olvidado su caso. Gracias por responder. Tengo muchos casos en los que Edward fue responsable. Estoy trabajando con una compañía productora en un documental sobre Edwards. Hace algún tiempo alguien me comentó sobre el caso de su padre y me sonó muy parecido a lo que solía hacer Ed Edwars. Usualmente él se involucraba en la vida de sus víctimas pasándose como un investigador, predicador o como doctor en psiquiatría. Una de las víctimas de su caso fue una fiscal, lo que resulta también sospechoso.

Edwards pasó un tiempo considerable en Florida desde 1952. Podríamos hablar la semana entrante. Gracias.

John A Cameron

From: John Cameron
Sent: Tuesday, October 25, 2016 9:02 p. m.
To: Francisco Serrano
Subject: Re: Nelson Serrano documentary

Francisco, tengo los documentos, los estoy mirando. No tengo demasiado tiempo para revisar todo, pero he notado es que hay mucha información, pero no encuentro los expedientes de la etapa de "Discovery". Los abogados de tu padre deben tenerlos. Muchos de esos documentos de la etapa de "Discovery" no están en el expediente judicial, pero resultan cruciales para determinar si Edwards estuvo envuelto en esos crímenes. "Discovery" es todo lo que los fiscales debían entregar a la defensa antes del juicio. Eso es lo que necesitamos. En otro asunto, tu nombre, Francisco, ¿tiene alguna conexión con San Francisco? Edwards era conocido como el asesino del zodiaco, pues ataba sus crímenes con los signos. ¿Cuándo naciste tú? ¿Tienes algún vínculo con San Francisco?
Gracias.
John

On Fri, Oct 28, 2016 at 1:08 p. m.,
Francisco Serrano wrote:

Hola John, sobre tus preguntas respondo entre comillas:

¿Tus abogados tienen los documentos del juicio entregados en el Discovery? "Voy a consultarlo con mis abogados, deben tenerlos".

¿Cuándo naciste tú y qué conexiones tienes con San Francisco? "1965 pero no tengo más conexiones con S. F. que mi nombre".

Agradezco su apoyo.

Francisco J. Serrano

From: John Cameron
Sent: Friday, October 28, 2016 4:37 p. m.
To: Francisco Serrano
Subject: Re: Nelson Serrano documentary

Gracias Francisco: Todo lo que he leído e investigado sobre este caso no elimina en ninguna circunstancia a Edwards como responsable del caso en que acusaron a tu padre. Es crucial revisar los documentos del juicio, espero que tus abogados los puedan compartir conmigo.

PS La razón por la que te hice esas preguntas sobre dónde naciste y sobre San Francisco es porque Edwards siempre ataba sus crímenes a números y fechas relacionadas con sus víctimas o familiares. He armado un gran rompecabezas con esas fechas, signos zodiacales y números de los crímenes de Edwards. El área de Lakeland, Florida, fue la zona de sus crímenes durante cincuenta años. Aparentemente, la policía siguió por décadas varias pistas falsas cuando había ejecuciones como la de tu caso.

Gracias.

John

Lo primero que me llamó la atención sobre estos correos fue aquella referencia inicial a Tommy Ray, y

281

no porque él hubiera estado involucrado en la investigación de Edwards, pues eso era bastante obvio si la jurisdicción en la que operó el asesino por más de cincuenta años era justamente la de Polk County, sino porque una vez más habíamos descubierto que Ray no se tomaba un solo segundo de su tiempo en buscar otros sospechosos en el caso de los crímenes de Bartow. Su único objetivo siempre fue Nelson Serrano.

En otras circunstancias, si es que Ray no hubiera estado influenciado directamente por la familia de las víctimas para acusar y llevar a juicio a Nelson Serrano, al menos habría constado en algún lugar de los expedientes, entre miles de reportes e informes, una referencia al asesino en serie que operaba ese tiempo en la misma zona. Los famosos expedientes de la etapa de *Discovery* de los que tanto hablaba y reclamaba Cameron debían contener al menos una breve investigación sobre ese potencial sospechoso, pero, evidentemente, no aparece su nombre en ninguno de ellos, lo que significa que, ni siquiera por casualidad, Ray o alguno de los policías buscó una pista por ese lado. Por supuesto, para el 2010, cuando Cameron conoció el caso de Nelson Serrano, este ya había sido condenado y se encontraba en el corredor de la muerte y ni a Ray ni a ninguno de sus colegas les interesaba una nueva investigación y una reapertura de ese caso por la sospecha del criminal Edwards.

Visto de otro modo, imagino que, desde el inicio, ni a Ray ni a ninguno de los otros policías les convino contagiar el caso de los crímenes de Bartow, en el que ya había un sospechoso único, con la historia de un criminal que los seguía envolviendo para entonces en su extraña y perversa red de delitos.

Después de haber intercambiado estos correos, el vínculo entre Francisco Serrano y Cameron se perdió durante un buen tiempo, mientras Cameron rodaba el documental al que se refería en ellos. Cameron ha dedicado su vida al asesino en serie Ed Edwards para intentar encontrar respuestas a cientos de crímenes, pues aún está convencido de que se trata del mayor criminal serial de la historia de Estados Unidos. Cameron, en efecto, publicó un libro sobre Edwards: *¡It's me!: Edward Wayne Edwards el asesino en serie del que nunca habrá escuchado. Este libro sirvió de inspiración para la realización del documental It was Him: The Many Murders of Ed Edwards, producido por Paramount Network en 2018.*

Edwards, nacido en Akron, Ohio, en 1933, fue condenado a pena de muerte, finalmente, en 2009 por denuncia de su propia hija que dio detalles precisos sobre varios de los crímenes que habría cometido a lo largo de su vida. Algunos de esos crímenes se comprobaron y por ellos fue condenado, pero otros continúan en investigación a pesar de que Edwards murió en 2011 por causas naturales en una prisión de Columbus, Ohio.

Durante los últimos meses, Francisco ha intentado comunicarse otra vez con John Cameron para hablar sobre el posible vínculo de Edwards con los crímenes de Bartow, pero en especial, para conseguir ayuda de parte de Cameron en un posible examen en el que se debería contrastar el ADN del guante de látex que dejó uno de los asesinos en la escena del crimen con el de Edwards, registrado por la policía en la prisión de Columbus, Ohio. Si hace unos años se enfrió este vínculo con Edwards porque no se contaba entonces con los documentos completos de la etapa de *Discovery,* pues eran decenas de miles de fojas, hoy todo aquello está digitalizado y a disposición del investigador o de la persona que quiera sumergirse en esta compleja historia. En julio de 2020, Francisco escribió una vez más a Cameron solicitándole esta ayuda que podía descartar o confirmar su teoría. En todo caso, esos exámenes de ADN que deberían contrastar la información genética de Edwards con la del asesino del guante de látex serán solicitados dentro del recurso de habeas federal que se encuentran preparando los abogados Charles White y Bruce Fleisher durante todos estos meses.

Entre cientos de asesinatos que se le imputan a Ed Edwards, quizás podrían estar también los crímenes de Bartow, aunque en este caso como en otros de los que se le responsabilizan a este mítico delincuente, seguramente debió actuar en complicidad con otras personas que lo acompañaron y que dispararon al menos una o dos de las armas a las que ya nos hemos referido. De todas formas, según la investigación de John Cameron, la ejecución con armas de fuego fue una de sus formas favoritas de matar.

¿UN NUEVO Y SORPRESIVO SOSPECHOSO?
—

Alguien nos recomendó durante estos días de encierro forzado que viéramos *La vida de David Gale*, una película de 2003, dirigida por Alan Parker y protagonizada por Kevin Spacey y Kate Winslet. El guion está marcado por una oposición férrea a la pena de muerte. Al inicio la trama resulta confusa, pero todo tiene un sentido que terminará por develarse solo en las escenas finales, que resultan magníficas, realmente sorprendentes.

Mientras la miramos, Stefi y yo no podemos dejar de pensar en Nelson Serrano. Lo comentamos al unísono, impactados, al final. Cada imagen, cada cuadro, cada historia parece ser la suya.

Estoy convencido del poder de la mente humana, de la posibilidad de invocar a alguien tan solo con el pensamiento. Esta noche nos acostamos pensando en Nelson y a la mañana siguiente, apenas me despierto, encuentro un mensaje que me sobresalta. Es Christian Torres, un periodista que me escribe. *Buenos días, soy Christian Torres, hice un reportaje sobre el señor Serrano para diario* El Telégrafo. *Me llegó una alerta de noticia por el juicio en Estados Unidos, ¿pasó algo en el caso?* Antes de responder, constato que Francisco o alguno de los abogados no me hubiera escrito durante la noche. Nada. Imagino lo peor, pero al mismo tiempo pienso que si hubiera sucedido lo peor Francisco sería el primero en enterarse y me habría llamado a cualquier hora. Respondo al periodista preguntando qué decía esa alerta. Mientras me contesta, escribo a Francisco un mensaje escueto para no alarmarlo demasiado: *¿Alguna noticia de tu padre, todo bien?* El periodista me responde a los pocos minutos informándome que se trata de una alerta con un resumen de noticias sobre el caso, emitida por una agencia de prensa estadounidense. Francisco, al mismo tiempo, me llama. Le cuento lo que acaba de pasar sin darle mayor importancia. Me comenta que unas horas antes habló con su padre y que le dijo que estaba muy adolorido, otra vez, por la inflamación del nervio ciático. *Nadie le dice nada, no le han entregado medicinas ni le han enviado un médico.* Pensamos tanto en Nelson la noche anterior a propósito de *La vida de David Gale,* y él, al mismo tiempo, luchaba contra el dolor y el insomnio en su estrecha celda. *En todo caso —dice Francisco— voy a escribir este momento a los abogados de Florida.*

Unos minutos más tarde, nos llega un mensaje de Greg Eisenmenger, el abogado a cargo de la resentencia de Nelson. *Lamentablemente estamos estancados. La Corte Suprema de Florida ha extendido el juicio rápido a noventa días después de que el circuito pase a la fase tres. El condado de Polk se mantiene, aparentemente, en fase dos. Digo aparentemente porque en realidad nadie ha confirmado de manera oficial que pasamos a fase dos. Esto significa que el juicio se extenderá de forma indefinida. Greg.*

Nuevas dilaciones en el proceso de resentencia, que implican además que todos los plazos del recurso de habeas federal, en el que sostenemos nuestra última esperanza y una férrea confianza, se extenderán igualmente. Estas noticias, a pesar de ser tan frecuentes, nos dejan golpeados a todos. La alerta recibida por el periodista tal vez estaba relacionada con estos aplazamientos de todos los juicios del estado de Florida. No puedo dejar de imaginar a Tommy Ray y a Paul Wallace disfrutando cuando leen este tipo de noticias en sus teléfonos móviles o en sus computadores. Deben alegrarse mucho al ver que no llega el día de la audiencia de resentencia y que todo está detenido, siempre está detenido. Ellos saben que la ejecución de Nelson, en el mejor de los casos, todavía podría tardar algunos años y por eso piensan que, muy pronto, en cualquier momento, él morirá en prisión por causas naturales y con él —creen, sospechan y seguramente anhelan— quedarán enterradas también todas sus infamias.

Las noticias que llegan de Estados Unidos tampoco son alentadoras durante estos días de julio, días de pandemia. A las enormes contradicciones de Trump y a sus desafortunadas declaraciones acerca del virus y su mortalidad, se le sumó desde junio un incremento incontenible de contagios y muertes. Se hablaba de más de seis millones de contagiados y de ciento ochenta mil muertos. Las cifras, frías, eran apenas eso, un número, pero solo pensar en ciento ochenta mil muertos aún me provoca vértigo. Cada uno de esos muertos, más de un millón en el mundo según datos oficiales hasta julio, son una tragedia familiar, un drama individual multiplicado por cada uno de sus seres queridos.

Todavía no alcanzamos a poner en su verdadera dimensión lo que todos estamos viviendo.

En esta vorágine de noticias alarmantes, de muertes que se cuentan en decenas de miles de personas y de plazos judiciales que se amplían indefinidamente, nosotros seguimos revisando los expedientes, preparando informes y esbozando los recursos que podrían liberar a Nelson Serrano algún día.

Entre tantas versiones relatadas por la policía y por la FDLE en sus investigaciones, un día encuentro lo que bien podía ser el final de esta novela o, quizás, uno de sus finales abiertos, si fuera el caso, pero, sobre todo, se trata de una nueva puerta que podría llevarnos a la salida de este intrincado laberinto creado alrededor de los crímenes de Bartow.

Los documentos de esta investigación arrancaban en 1999, dos años después de los asesinatos, cuando los agentes no parecían avanzar demasiado en sus pesquisas, pues no hallaban pruebas fehacientes para llevar a juicio a Nelson Serrano.

Para desgracia de la fiscalía y de los policías y agentes encargados de las investigaciones, surgió entonces otra historia que estuvo a punto de descarrilar definitivamente la teoría que quería imponer Tommy Ray en el juicio, es decir, que los crímenes los había cometido Nelson Serrano a solas, como si se tratara de una especie de justiciero de película estadounidense de acción.

La nueva historia surgió de boca de un convicto de nombre Robert Fowler, con detalles sorprendentes sobre los crímenes y sus supuestos responsables. De hecho, Fowler confirmaba que los asesinatos fueron cometidos por tres sicarios (con nombres, apellidos y alias), como resultado de una disputa relacionada con un problema de tráfico de drogas en el que habría estado involucrado uno de los jóvenes asesinados en Erie Manufacturing. De modo que, aquel andamiaje nebuloso montado por el agente Ray, aquel castillo de naipes levantado con una endeble teoría, estuvo a punto de venirse abajo en 1999 por la irrupción de Fowler en la historia (y también en 2005, poco antes del juicio, como veremos pronto), una irrupción que, además, bien podía tener algún vínculo con la historia de las amenazas a Dosso o con el testimonio de Aaron Adams, y, cómo no, corroborado todo por la declaración de Purvis sobre aquel hombre al que vio afuera de la escena del crimen.

Robert Fowler, un convicto que había pasado buena parte de su vida en prisión y que en 1999 se encontraba en Clark County Jail en Las Vegas, Nevada, llamó un día a las oficinas policiales de Bartow y habló con el agente Steve Parker, subalterno de Tommy Ray. En esa llamada le dio detalles exactos sobre los crímenes y sus responsables. Su información era tan minuciosa que describía el antecedente de contratación de los sicarios, que respondían a los nombres de Anton Nelsen y Vinnie Conguisti, por gestión de un tipo de apellido Vanar, al que Frank Dosso, una de las víctimas, le debía entonces un millón de dólares supuestamente por varios negocios de narcotráfico.

Lo primero que se me viene a la mente cuando empiezo a leer esta versión, recogida en un extenso reporte del policía Steve Parker, es que la suma de la que hablaba Fowler, un millón de dólares, era igual a la que desapareció de las cuentas de las empresas en mayo de 1997, cuando Francisco Serrano notó el faltante y empezaron las disputas entre los socios.

Pero, además de haber soltado esa información sobre el supuesto dinero adeudado a un mafioso, Fowler hizo un primer relato pormenorizado de lo que sucedió la tarde de los crímenes en las oficinas de la compañía Erie Manufacturing:

"Fowler nos informó que antes de su encarcelamiento fue empleado en Tampa por un sujeto llamado Jack Galar. De acuerdo con Fowler, Galar también había empleado a dos sujetos llamados ANTON NELSEN y VINNIE CONGUISTI, que habían entrado en prisión, en Clark County Jail, de Las Vegas, Nevada. Fowler informa que Nelsen y Conguisti habían sido acusados de pertenecer a una banda de crimen organizado cuando iban a dar un golpe en Las Vegas. Fowler informa que un individuo al que llamaban Franki (Frank Dosso redacta el policía en el informe) estaba involucrado en un problema de narcóticos con un individuo al que llamaban ROB VANAR, y que Vanar había ordenado el asesinato de Dosso, realizado por Nelsen y Conguisti".

En el reporte, el agente especial Steve Parker, designado por su jefe Tommy Ray, decía que apenas recibió esta primera información de parte de Fowler en una conversación telefónica desde la prisión de Clark County en Las Vegas, llamó al agente Paul Page de la oficina de crimen organizado de Las Vegas, y que este agente, a su vez, le confirmó que Nelsen y Conguisti habían sido arrestados en esa ciudad el 9 de octubre de 1999 cuando iban a cometer un delito en contra de una empresa de servicios de llamadas (un *call center*). Y, a continuación, en su reporte detallaba otra conversación muy interesante que sostuvo con John Plunkett, Agente Especial del FBI en Las Vegas, a quien preguntó por las circunstancias en que habían sido arrestados Nelsen y Conguisti. Plunkett le dijo que el FBI estaba advertido del golpe que pensaban dar las dos personas y que montaron un operativo para atraparlos. El operativo fue exitoso, decía, "los detuvieron y los encontraron en posesión de armas (el agente bajo el mando de Ray dice que ninguna de las armas era calibre .22), y que tenían además un silenciador, chalecos atibalas, capuchas negras, cuerdas y guantes".

Nunca más se encontrará en los informes policiales otra referencia a este hallazgo que bien podía coincidir con los hechos criminales de Erie Manufacturing. Ningún agente de Bartow, de FDLE o del FBI investigará a los supuestos sicarios ni los entrevistará jamás a partir de este punto. Tampoco seguirán la pista de estos objetos que eran tan similares a los que usaron los criminales en los crímenes de Bartow. Unos años después, como veremos pronto, antes del inicio del juicio contra Nelson Serrano, la historia de Fowler volverá a salir a la luz y con ella aparecerán enormes dudas y temores de los fiscales de que toda su teoría cayera de forma estrepitosa.

Pero, volvamos por un momento al 3 de febrero de 1999, cuando, con toda la información ya verificada, Steve Parker viajó a Las Vegas para entrevistar a Fowler. En la entrevista, el agente Parker preguntó al convicto por los crímenes de Bartow, y Fowler respondió:

"Estaba en prisión el 3 de diciembre de 1997, y aproximadamente seis meses después, asistí a una fiesta a la que fueron Conguisti, Nelsen y Vanar. Durante la fiesta, Nelsen le contó los detalles de los crímenes de Bartow, que sucedieron así: Frank Dosso se había mudado a Florida y tenía conexiones con narcotraficantes de Nueva York. A mediados de 1996, Dosso arregló una entrega de cocaína en Nueva York por un valor aproximado de un millón de dólares, sin embargo, la droga fue interceptada por autoridades del departamento de narcóticos de esa ciudad. Cuando Vanar insistió en que Dosso debía hacerse responsable por el valor del cargamento, este le dijo que le diera tiempo, pues pronto iba a tomar el control de las empresas de su padre, Erie Manufacturing y Conveyor Systems, cuando él se retirara, y entonces podría tener un préstamo usando a las compañías como garantes colaterales. A finales de 1996, un gran cargamento de cocaína perteneciente a Vanar que iba dirigido a John's Pass, FL, desde Colombia, fue interceptado por la DEA y por las autoridades de aduana de los Estados Unidos. Vanar sintió entonces que Dosso era responsable de la detención de ese cargamento y que ya le había mentido en varias ocasiones y, por tanto, ordenó que lo mataran. Vanar contactó a un hombre al que se conoce como Rosindo, quien, acompañado de dos mexicanos cuyos nombres no conocía, fueron juntamente con Nelsen y Conguisti al negocio de Dosso para matarlo. Esa tarde, Conguisti y Nelsen confrontaron a Dosso en las oficinas. Durante el tiempo que estuvieron allí había cuatro personas presentes. Cuando Dosso se negó a acompañarlos a otro lugar, Nelsen y Conguisti asesinaron a los cuatro. De acuerdo con la versión de Nelsen, los otros asesinados eran los esposos Patisso. También informa Fowler que Nelsen y Conguisti no le dijeron cómo entraron a las oficinas de Dosso, pero que ellos se conocían bien y que incluso no necesitaron una fotografía para identificarlo. Fowler concluye su relato informando que Vanar es propietario del Whisky River Night Club en Tampa y que Fowler vio allí a Dosso un par de ocasiones. Dice, además, que Nelsen es un sicario importante, y que normalmente en sus crímenes usan armas 9 mm y que después de matar a alguien tienen un aparato para cortar las armas en pedazos y lanzarlas al mar".

Al final del informe, suscrito el 8 de marzo de 1999 a las 08h39 por el agente Steve Parker, hay una conclusión que dice: "Hago notar que, al momento, ninguna de las informaciones entregadas por Fowler concuerdan con las evidencias encontradas en la escena".

Esta conclusión del agente Parker, además de ser falsa, era verdaderamente escalofriante y digna de análisis. Según el agente, que ya he mencionado era subalterno directo de Ray, ante una versión tan específica y detallada que coincidía incluso en fechas, lugares, objetos incautados a los sospechosos y nombres de los involucrados, no había nada más qué decir al respecto, nada para investigar pues, según él, nada concordaba...

Del primer relato de Fowler (me anticipo a consignar que luego habrá más relatos, algunos incluso contradictorios y se producirá un desenlace misterioso al más puro estilo Ray), me salta a la vista la primera singularidad: *Frank Dosso se había mudado a Florida y tenía conexiones con narcotraficantes de Nueva York.* No se trata de un dato general que lo podía conocer cualquier persona. En efecto, Frank Dosso se había mudado en 1996 a Florida con toda su familia. También se mudaron George y Diane Patisso. ¿De dónde podía haber sacado esa información un tipo como Fowler si no estaba relacionado o conocía al menos la historia? Y, respecto del vínculo con narcotraficantes de Nueva York, ya lo habíamos escuchado de boca de Nelson Serrano, que nos contó a Stefi y a mí que su socio, Phill Dosso, padre de Frank, se jactaba siempre, medio en serio y medio en broma, de sus relaciones con personajes de ciertas mafias neoyorkinas.

Resulta sorprendente que sobre el relato de la droga interceptada en John's Pass no se hubiera realizado ninguna investigación posterior. Teniendo información tan precisa, nombres y lugares de presuntas aprehensiones de cargamentos de droga, es extraño, por decir lo menos, que ninguno de estos hechos hubiera sido investigado para constatar si tenía alguna relación con los crímenes de Bartow, o que ni siquiera constara en los expedientes una sola referencia o búsqueda del tal Vanar o de la droga incautada en ese lugar de Florida. De hecho, luego de esta versión de Fowler, ninguno de los policías de Bartow a cargo de Ray se tomó la molestia de saber si es que existía el presunto mafioso que habría contratado a los sicarios y tampoco se verificó con la DEA la veracidad de esos dos operativos de narcotráfico frustrados.

Pero había más incongruencias y omisiones graves en los informes policiales. Decía Fowler que Dosso habría asegurado que iba a tomar control de las empresas de su padre y entonces podría pagar lo adeudado a Vanar. ¿Estos datos los podía obtener Fowler, un convicto, habiéndolos leído en alguna nota de prensa? Más allá de las disputas entre los socios, que salieron a la luz precisamente como el *leitmotiv* del crimen que habría cometido Nelson Serrano, nadie salvo los socios y sus familiares conocían los pormenores de las negociaciones y el origen del problema, por ejemplo, que al llegar Frank Dosso a la compañía, en 1996, Nelson Serrano se dio cuenta desde el principio que aquel muchacho conflictivo lo ponía siempre en contra de su socio, Phill Dosso. De hecho, apenas Francisco notó el faltante de dinero en las cuentas, en mayo de 1997, George Gonsalves y Phill Dosso lo sacaron de la empresa, y pocas semanas después también removieron a Nelson Serrano del cargo de presidente. Es decir, en pocos meses Frank Dosso había logrado buena parte de sus objetivos, si es que comparamos los hechos reales con la versión de Fowler que consta en los expedientes policiales del caso.

Fowler afirmaba en esa primera conversación telefónica que Vanar era propietario del Whisky River Night Club, en Tampa y que Fowler vio allí a Dosso un par de ocasiones. Al menos se supondría que esos datos entregados por Fowler fueron contrastados por la policía, que se buscó a Vanar en aquel club y que se investigó el supuesto vínculo con Dosso, pero no, en ninguno de los informes y reportes de la policía de Bartow consta esta información, ni siquiera una simple visita de cortesía al club referido para descartar la versión o para revisar los videos de seguridad, para interrogar testigos. Nada.

En este punto me vuelvo a preguntar si el abogado Epson, defensor de Nelson Serrano, leyó alguna vez esos informes, y si lo hizo por qué nunca pidió que se llamara a declarar en el juicio a Robert Fowler; y si no lo hizo, ya fuera por negligencia, vagancia o por cualquier otra razón, ¿cuál fue su verdadera motivación para prescindir de un testimonio y de una historia que podía haber exculpado o al menos puesto en tela de duda ante el jurado la culpabilidad de su cliente?

20/Jul/2020

Consigno la fecha en la que escribo este capítulo, en especial este último párrafo, pues mientras reviso el expediente digital del caso Serrano descubro nuevos informes que recogen la segunda entrevista a Fowler, que le hiciera el propio Tommy Ray, y descubro también el reporte de un examen poligráfico que se le exigió al convicto por petición de Ray, y de pronto, entre esa inmensidad de documentos escaneados y registrados en cientos de carpetas digitales, encuentro una notificación oficial que le hizo la fiscalía de Polk al abogado defensor Charles Epson previniéndolo sobre la versión de Robert Fowler. Es decir, Epson sí conoció antes del juicio toda esa historia de Fowler, y tuvo la oportunidad de revisarla, y aun así al parecer no lo hizo o, si es que lo hizo, tampoco consideró que era una prueba relevante para ayudar a su defendido, a pesar de que ese testimonio era coincidente contrastado con las demás versiones de los testigos oculares.

La comunicación del fiscal John Agüero, fechada el 8 de agosto de 2005, es decir, tres años después del secuestro y traslado de Nelson Serrano a Florida, cuando el juicio estaba por empezar formalmente, dice:

Querido Charly: te estoy escribiendo para informarte sobre una potencial decisión Brady [notificación de pruebas acusatorias o exculpatorias a la otra parte] de evidencia que he conocido recientemente. [Nótese en este punto que la investigación policial a Fowler empezó en 1999]. Estoy adjuntando a esta carta el descubrimiento formal de esta prueba y se la estoy copiando a Bob Oodegard para hacer más expedito el proceso. El agente especial Tommy Ray redactará un reporte formal sobre este asunto, pero ahora se encuentra en la escuela en Annapolis, Maryland, durante esta semana y yo no quiero esperar más tiempo para darte esta información.

Aproximadamente hace una semana o algo más, un convicto que se encuentra en Kentucky, llamado Robert

L. Fowler Jr., llamó a un agente del FBI en Tampa y le dijo que tenía información sobre los crímenes de Erie Manufacturing y que deseaba hablar con la policía sobre esto. El agente del FBI llamó al agente Tommy Ray que, a su vez, me llamó a mí. Hemos decidido que sería preferible que alguien no familiarizado con el caso entreviste al señor Fowler directamente en Kentucky y a solas.

Aquí, resumo la historia que él cuenta. Él dice que hay dos familias de criminales en Tampa, llamados los Gallardi's y los Trafficanti's. Afirma que él trabajó por varios años para la familia Gallardi, más o menos como una persona ejecutora de órdenes. Dice que esta familia se dedica a tomar control de negocios legítimos y que luego los usan para lavar dinero y contrabandear droga desde Sudamérica a los Estados Unidos de América.

Dice que Nelson Serrano estaba trabajando con la familia Gallardi para tratar de hacer esto con Erie Manufacturing. Dice que el día de los crímenes él, acompañado de cuatro personas más, fueron a Erie para discutir los asuntos relacionados con el negocio. A él le pidieron que se quedara en el lobby de las oficinas, acompañado de un hombre llamado Kenny Sexton, que era su amigo de infancia y que ahora está muerto. Dijo que Sexton fue asesinado en un crimen familiar porque había empezado a usar heroína y ellos pensaron que podía decir todo lo que sabía.

El señor Fowler dijo que alrededor de las 8:00 p. m. o algo después, junto con Sexton, Anton Nelson, Chris Hollyfield y Vinnie C [alias "el Plomero"], fueron a Erie. Dijo que Nelson, Hollyfield y Vinnie C entraron en las oficinas en la que se encontraban las víctimas. Diane entró en ese momento y dijo algo sobre una acción judicial o que iba a llevarlos a la corte. En ese punto, dijo que Anton "perdió la cabeza" y empezó a disparar a todos.

Dijo que Sexton y él, que habían llegado juntos en su camioneta, salieron de allí y se fueron. Dijo que había otro tipo hispano que también estaba allí y que le permitieron salir. Dice que, al día siguiente, un hombre llamado Bobby Vanar, de la familia Gallardi, les dio una bolsa con partes de las armas y les dijo que se deshicieran de ellas. Dice que las arrojaron desde el puente Skyway.

Por lo que hemos sabido, el señor Fowler ha hecho esto anteriormente, esto es, entregar información de homicidios para tratar de beneficiarse. Aparentemente es un hombre que sabe bien de computación y obtiene información de las acciones judiciales que se toman. Había entregado información de dos homicidios en Kentucky que más tarde se determinó que era falsa. De hecho, hemos hablado con el FBI (aquí y en Kentucky), con la policía de Kentucky y con el fiscal de Kentucky y todos nos han dicho que no podemos creer a este hombre.

No obstante, como este tipo de información recae bajo la decisión Brady, debemos descubrirla oportunamente. Nuestro juicio está previsto que inicie el 10 de octubre de 2005 me siento mejor descubriendo todo lo que él dice por si podemos encontrar algo o tratar de investigarlo. Tommy y yo justamente fuimos a Kentucky el pasado jueves y viernes, pero hemos tenido poco tiempo para dar seguimiento a lo que afirma el señor Fowler.

Si tú o Bob prefieren llamarme o venir a verme, estaré gustoso de reunirme con ustedes para darles más detalles de lo que Fowler nos ha dicho. Él está en la prisión La Granje, en Kentucky, en las afueras de Louisville, y no va a salir pronto de allí. Tiene actualmente una pena de diez años y además están pendientes otros cargos por delitos que le son habituales. El fiscal me dijo que podría tener veinte años por los nuevos cargos y que es buscado en otros dos condados de Kentucky y también en el estado de Indiana.

Estoy preparando una lista con todos los nombres
que nos dio Fowler, pero no tenemos tiempo para revisar
o buscar a esas personas. Si conseguimos algo de infor-
mación, te la proveeremos.

A pesar de que Tommy Ray y yo pensamos que ha-
bíamos reconocido el nombre de Fowler, no podemos pre-
cisar o descifrar dónde. A mi regreso, hoy encontré un
reporte del agente Steve Parker que te enviaré junto con
los demás documentos. El reporte indica que Fowler fue
entrevistado por Steve Parker el 2/3/99. Entonces le
contó otra historia a Parker. Este reporte está con el nú-
mero 55 en el expediente del Departamento de Policía
de Bartow. En ese reporte dice que Fowler estaba encar-
celado el 3 de diciembre de 1997. Él también fue obje-
to de un examen poligráfico y entrevistado por Wayne
Porter y Mike Hamil el 21 de mayo de 1999 y allí les
contó una historia distinta. El resultado del examen
poligráfico no fue conclusivo. El agente especial Porter
escribió un reporte sobre esta entrevista. Es el reporte se-
rial número 480 de FDLE.

Sinceramente,
John K Agüero
Asistente del Fiscal[8]

Saltan a la vista en esta carta no solo las falsedades
consignadas por Agüero, como aquella de que Ray y
él acababan de enterarse de la historia de Fowler y
buscaban poner en consideración de los abogados esa
información que podía resultar decisiva para Nelson
Serrano. A pesar de que al final se refiere a la entre-

---

8. La decisión o revelación Brady es la información exculpatoria o acusatoria que consta en evidencia material que puede servir a los abogados del
defendido. El término proviene del caso Brady v. Maryland, de 1968. En ese
caso, el Tribunal dictaminó que la supresión en juicio de esa información
que podía resultar favorable a un acusado viola el debido proceso.

vista de Steve Parker a Fowler en 1999, decía Agüero que él y Ray no recordaban dónde había escuchado antes ese nombre. Lo que no dice Agüero en su carta, por ejemplo, es que Fowler en efecto dio tres versiones distintas sobre los hechos, pero en realidad las tres versiones recogían datos coincidentes y esenciales para una investigación seria, entre esos, que siempre los tres imputados como autores materiales de los crímenes eran Nelsen y Conguisti, y Vanar como autor intelectual o contratante de los sicarios. O también la referencia a los negocios sucios en los que habría estado involucrado Frank Dosso e incluso los cargamentos de drogas interceptados por las autoridades o los sitios específicos donde se habían reunido los maleantes con las víctimas, al menos con Frank Dosso.

No me resulta muy difícil imaginar esa escena de 2005 en la que los fiscales Agüero y Wallace, que estaban preparando el juicio contra Nelson Serrano, se encontraban de pronto con el señor Fowler haciendo un nuevo e inoportuno llamado telefónico por teléfono al FBI para decir lo que sabía sobre el caso. Imagino a los fiscales desconcertados y a Ray queriendo meterse bajo tierra. Fue entonces cuando los abogados acusadores revisaron a fondo, a lo mejor por primera ocasión, todos los expedientes policiales que debían entregarse a la corte. Agüero seguramente se sorprendió al encontrar una investigación realizada en 1999 al tan mentado Robert Fowler, y de inmediato debió haber llamado a Ray para preguntar por qué no se lo había advertido antes. Ray, un tipo sin ningún límite y con escaso pudor, seguramente le respondería que no era importante, pues Fowler había dado dos versiones contradictorias y además se trataba de un convicto al que no se podía ni debía dar crédito. Enfurecido, Agüero debió haberle prevenido que, al constar en los expedientes policiales, esa información debía ser revelada a los abogados del acusado, pues en caso contrario habría una violación procesal insubsanable. Tras una discusión o al menos de una buena raspada a Ray por haber ocultado u omitido sus entrevistas, decidirían que, antes de que todo se fuera al carajo, lo mejor sería poner en conocimiento de los abogados defensores, por medio de una carta, la versión y los documentos relacionados con la historia de Fowler.

Así lo hicieron el 8 de agosto de 2005, cuidándose en el texto de la carta de no revelar mayor cosa sobre los detalles proporcionados por Fowler, e incluso, de forma absolutamente arbitraria, incluyeron en el texto una referencia de pasada sobre Nelson Serrano, como si Fowler les hubiera dicho lo que allí consta, es decir, que él había hecho contacto con la supuesta familia mafiosa de los Gallardi. Esa afirmación no aparece en ninguno de los reportes policiales de la época, ni en 1999 ni en 2005 cuando Fowler llamó al FBI antes del inicio del juicio. No nos olvidemos de un detalle que en ese momento resultaba fundamental, y es que a dos meses del juicio la irrupción de Fowler como testigo podía tirar abajo el caso de la fiscalía, y no solo eso, recordemos que Nelson Serrano estaba detenido y había pasado tres años en una prisión de Florida tras haber sido secuestrado en Ecuador. ¿Alguien se puede imaginar el miedo gélido que debió recorrer los cuerpos de los actores del proceso, fiscales, agentes y detectives del condado de Polk ante la posibilidad de que "otra verdad" pudiera salir a la luz? Yo sí me puedo imaginar esa sensación de Ray, paralizado tras el alboroto provocado por Fowler, un hombre proscrito, permanentemente acusado y encarcelado, también mentiroso, sin duda, que poseía más información de la que los acusadores sabían o suponían y que reapareció al cabo de seis años para repetir su historia. Me puedo imaginar incluso un intercambio de amenazas, idas y vueltas de palabras gruesas entre Ray, Agüero, Wallace y Parker, en las que cada uno pretendía salvar su propio trasero. Y, por supuesto, imagino que alguien con la mente más fría, más calculadora, quizás el propio Agüero o Wallace, se encargó de calmar los ánimos y propuso una estrategia para que todo aquello no se les desbaratara antes del juicio. Así, llegó aquella carta tan cortés en la que el fiscal adjunto, Agüero, trataba con deferencia y cercanía a los dos abogados defensores, Querido Charly, Bob, a los que les hacía ver que su diligencia profesional y transparencia lo obligaban a poner en su consideración unos hechos que podrían alterar su defensa, todo su caso, en realidad...

Lo cierto es que Agüero, con aquella carta estaba evitando o previniendo la nulidad del caso, pero también intentaba, entre líneas, persuadir a los defensores de que no valía la pena hacer nada con la historia de Fowler, pues supuestamente ya había mentido en otras ocasiones (lo que nunca se comprobó ni consta en los reportes policiales), y sus historias eran contradictorias (ciertamente, pero siempre mantuvo la misma teoría del crimen cometido por sicarios), o que ellos no tenían tiempo para investigar y seguir la pista a los supuestos implicados (aunque tuvieron seis años para investigar los hechos y nunca hicieron nada por verificarlos), y, al final, como quien no dice nada, apenas de pasada, mencionar que Nelson Serrano había sido nombrado como parte de la supuesta mafia (lo que tampoco consta en ningún reporte policial y que más bien fue una amenaza velada por si los abogados defensores pretendían meterse en honduras con Robert Fowler). Y, claro, lo que querían evitar Agüero, Ray o Wallace era precisamente que los dos abogados de Serrano, además reconocidos y reputados en Florida por ser muy eficaces y profesionales, aprovechando esa información nueva los destrozaran en el juicio o incluso pudieran dilatar el inicio del proceso en virtud de la aparición repentina de Fowler y su historia, algo que iba a demandar nuevas investigaciones y, por supuesto, más dilaciones.

Pero ni Epson ni Oodegard (Bob y el querido Charly, referidos así por Agüero), hicieron nada con esa carta. Ni siquiera se tomaron la molestia de contactar a Fowler o revisar las entrevistas de 1999 ni, peor aún, seguir la pista de los supuestos sicarios o de su contratante o de alguno de los embarques de droga en los que habría estado involucrado Dosso. Si tan solo hubieran revisado por encima los expedientes policiales de 1999 habrían encontrado las dos entrevistas a Fowler y, al menos, se habrían asombrado de la descripción detallada que daba en ellos del crimen, y tal vez habrían podido enlazar esta historia con la de Manes o con la versión de Adams sobre el hombre al que vio antes de los crímenes y que coincidía exactamente con la versión de Purvis; o habrían descubierto, por ejemplo, que en la línea de tiempo de todos los sicarios a los que involucraba Fowler desde 1995, que prepararon los agentes policiales al mando de Tommy Ray y que consta en los expedientes judiciales, se descubrió que tanto Conguisti como Nelsen, los supuestos autores materiales de los crímenes de

Bartow, estaban libres el 3 de diciembre de 1997, y no solo que estaban libres sino que rondaban por el estado de Florida según información de llamadas telefónicas que habían hecho ese mismo día. Habrían descubierto, entre otras cosas, que Fowler efectivamente estaba detenido el día de los crímenes, es decir, que no participó en ellos como aseguró en la segunda versión, pero que salió un poco después, cuando al parecer se encontró con los dos primeros en una fiesta en la que le contaron por qué y cómo asesinaron a las cuatro personas en Erie Manufacturing. O, quizás habrían leído el informe poligráfico que se le hizo a Fowler por pedido de Tommy Ray, informe cuyo resultado no fue concluyente, es decir, no se sabía a ciencia cierta si mentía o decía la verdad. O, al final de la línea de tiempo, elaborada minuciosamente por los agentes, aunque Tommy Ray, según Agüero, en 2005 no recordaba nada sobre ese tal Fowler, habían descrito exactamente que Vincent Conguisti murió en prisión en el 2000 y que, por tanto, ya no les serviría como testigo, y que Kenneth Sexton murió en prisión en 1999, o que Nelsen y Fowler para el momento del juicio estaban vivos y en condiciones de rendir testimonio, aunque Fowler falleció en 2009, según los propios reportes. Sin embargo, los abogados defensores no hicieron nada. Sospechosamente, una vez más, no hicieron nada.

He compartido toda esta historia de Fowler con Francisco. Él la ha empezado a revisar hoy mismo. Está impactado por este descubrimiento. Se lo ha enviado a los abogados para que analicen la forma en que se la podría utilizar en los recursos futuros. Me llama por la noche. Indignado, me dice que cada vez está más convencido de lo que piensa su padre, que sus abogados defensores tenían algún acuerdo extraño con los fiscales, pues únicamente así se explica su desidia, negligencia y desinterés por un caso que resultaba, en principio, simple para la defensa. Sin embargo, reflexiono con Francisco en esa llamada si unos abogados y una firma legal con el prestigio de aquella, ¿serían capaces de engañar de esa forma a un cliente cuyo caso tenía suficiente impacto publicitario para ponerse una nueva medalla en el pecho? Repito entonces algo que su padre me ha dicho un par de veces: tal vez se trataba de un "acuerdo extraño" entre los fiscales y los defensores en el que había otras consideraciones, otros casos más importantes quizás para ellos en el futuro. Francisco añade: *O se vendieron o se confiaron que iban a ganar con base en la duda razonable y no quisieron hacer ningún esfuerzo adicional...* Esto me resulta también difícil de creer, sobre todo, tratándose de alguien como Epson, con decenas de años de experiencia y un récord casi impecable, pero Francisco apunta al final, como intentando disipar todas mis dudas: no te olvides de que lo que nosotros les pagamos como honorarios era menos de la mitad de lo que cobraban usualmente... ¿Todo esto había sido otro montaje? ¿Había alguien tan perversamente brillante, que incluso intervino de algún modo subrepticio en la contratación de los abogados de Nelson Serrano? ¿A quién le debemos el honor de esta estrategia pérfida que implicaba poner a uno de los mejores abogados de Florida en bandeja de plata para defender a Nelson Serrano, a sabiendas de que harían lo posible por no defenderlo, por no sacar a la luz sus cartas más fuertes o, definitivamente, que no harían su mejor esfuerzo? Por obvias razones, no tengo la respuesta para todas estas preguntas, o, al menos, hasta ahora no las tengo. En todo caso, no tengo pruebas, pero tampoco tengo dudas de lo que aquí consigno.

Sin embargo, toda esta historia de Robert Fowler aún no había terminado allí con la notificación oficial de los fiscales a la defensa, pues siempre podía quedar la duda de que Epson u Oodegard pudieran despertar un día con ganas de entorpecer todo o incluso de dinamitar el caso desde los mismos cimientos y, seguramente, en prevención de esa posibilidad, aunque ninguno de los abogados volvió a mencionar el tema de forma oficial, alguien como Ray dio el golpe final a la más mínima posibilidad de que Fowler se presentara en el juicio con su versión del sicariato.

En efecto, apenas había iniciado el juicio contra Nelson Serrano, Tommy Ray volvió a hacer de las suyas. Este reporte suyo que forma parte del expediente, escrito unos meses después de la famosa carta de notificación de los fiscales, no puede ser más sospechoso y extraño:

> *Esta es una investigación que se lleva a cabo por el asesinato de cuatro personas el 3 de diciembre de 1997. Tres de las cuatro víctimas trabajaban en Erie Manufacturing Inc., en Bartow, Florida. La cuarta víctima era asistente de la fiscal del Estado del Circuito Décimo de la Corte.*
>
> *El jueves 6 de julio de 2006, aproximadamente a las 13h00, el agente especial Tommy Ray del departamento de policía judicial de Florida efectúa una entrevista con Robert. L. Fowler, Jr. La entrevista se lleva a cabo en la Prisión Reformatorio del estado de Kentucky. Esta es la tercera entrevista con Fowler desde el 4 de agosto de 2005. Cuando le pregunto acerca de lo que sabe sobre los crímenes de Erie Manufacturing en Bartow, Flo-*

rida el 3 de diciembre de 1997, Fowler respondió: ¿Qué fue lo que le dije la vez pasada? Ray le advierte que solo debe decir la verdad [esta parte la redacta el propio Ray en tercera persona pues, según el reporte, estuvo solo en la entrevista]. Fowler declara que él solía vivir en Tampa, Florida, a finales de 1997 y 1998, y que fue arrestado por cargos de robo. Mientras estuvo detenido en la prisión del condado de Hillsborough, él creyó haber escuchado algo sobre los crímenes de Bartow y pensó que podía inventar una historia sobre el caso de Erie para ayudarse con sus cargos si es que él daba los nombres de una organización criminal que actuaba en Tampa y de la que él había leído en los diarios. Ray le preguntó si podía grabar esta entrevista y Fowler dijo "de ninguna forma", eso podría darme más tiempo en prisión o ser acusado por la FDLE por obstrucción de justicia o dar información falsa. Fowler se disculpó con las víctimas por haber inventado esa historia y no añadió nada más. Concluye la entrevista.

Este documento, una pieza digna de la peor ficción, mentalizada por Tommy Ray, casi tan milagrosa como el boleto de estacionamiento con media huella digital, obviamente se incorporó al juicio en los expedientes de investigaciones policiales, pero, claro, nadie se tomó la molestia de revisarla o verificarla, pues mientras avanzaba el proceso, inexorablemente hacia la condena de Nelson Serrano, tanto Ray como Agüero debían tener el alma en vilo ante la posibilidad de que alguno de los abogados defensores, Epson u Oodegard, acudieran a Fowler o al propio Nelsen para que testificaran. Posiblemente Ray ideó este fantástico final del episodio Fowler, con una visita cordial como las que él solía hacer a testigos confirmados o presuntos (lo hizo con Álvaro Peñaherrera, por ejemplo, según su versión durante el juicio cuando lo amenazó de varias formas antes de su testimonio) y allí, a solas como él mismo dice, sin cámaras ni grabaciones de ningún tipo, se llevó a cabo la entrevista y se dio por terminado el "incidente Fowler".

La escena, si volvemos en el tiempo un instante, es muy fácil de imaginar: Ray pide una audiencia con Fowler, *a solas*, es decir, sin testigos. En esa audiencia de dos personas y sin grabaciones, muy conveniente para no dejar huellas, aquel convicto le confiesa al policía que ha mentido y, además, versado como está en temas judiciales, le dice que no quiere tener problemas o que se le incrementen las penas por obstruir a la justicia, y entonces el presidiario frente a Tommy Ray se rompe... Suponemos que Ray lo consuela como un buen padre. Y Fowler pide disculpas a las familias y asegura que nunca más va a decir mentiras...

Otro dato curioso es que, según el propio reporte de Ray, habían entrevistado a Fowler tres veces desde el 4 de agosto de 2005, pero no hay un solo registro de esas otras entrevistas. ¿Qué sucedió en esas misteriosas reuniones de las que no hay informes? ¿De qué hablaron con Fowler? ¿Acaso lo convencieron de no decir nada, o le hicieron alguna oferta por su silencio, por recular de todas sus versiones? Recordemos que en la carta de 8 de agosto de 2005 Agüero escribió a sus colegas y amigos, Epson y Oodegard, que ni él ni Ray recordaban ese nombre de Fowler, y unas líneas después les dijo que se acababan de enterar de que Steve Parker lo entrevistó en 1999. Todas eran mentiras, por supuesto, mentiras evidentes que fueron incluidas en el juicio contra Nelson Serrano con la esperanza de que los abogados defensores no las utilizaran.

Y, en efecto, no las utilizaron. Ni siquiera las miraron ni advirtieron a su cliente lo que había dicho Fowler en reiteradas ocasiones. *Nada.*

EL FINAL DE ESTA HISTORIA

La literatura siempre encuentra la forma de filtrarse en el alma de los lectores, como aquellas hierbas silvestres que surgen entre las rocas de manera natural o, por pura tenacidad, se abren paso en los intersticios que deja la apabullante cimentación humana.

"No me gusta este final y creo que a él tampoco le gustaría. Pienso también que cualquier hombre que se aventure a emitir un juicio sobre el karma de otro, y hasta sobre el suyo propio, tiene garantizado equivocarse". La frase de Emmanuel Carrere en su novela *Limonov* me sacude.

Durante el proceso de formación de esta historia, desde sus orígenes, pensé muchas veces en cuál sería el final. Este momento ha llegado y todavía no sé a dónde llegaré con la trama de esta novela. Me gustaría narrar un final feliz, pero eso no es posible frente a la contundencia de la realidad, ante la verdad implacable de los hechos aquí relatados.

En este caso el tiempo se ha alargado incomprensiblemente para todos los que hemos intervenido a favor de Nelson Serrano y de su causa, que solo buscamos un nuevo juicio en el que se puedan presentar, admitir y conocer todas las pruebas que en el primer proceso se dejaron de lado por acción u omisión. Por desgracia, ese objetivo aún nos resulta esquivo.

Estos años imaginé muchas veces que llegaría el día en que Nelson Serrano podría ser exculpado y liberado tras un nuevo juicio. Tampoco ha sucedido hasta ahora, y quizás no suceda nunca, pues como ya he mencionado antes, el sistema judicial de Florida está podrido desde sus raíces y esa podredumbre hace lo posible por evitar que casos como el de Nelson sean revisados en otras jurisdicciones en donde se podrían descubrir sus fallas o sus vicios, o ambos. Ese final feliz todavía no existe y quizás nunca se haga realidad. Por tanto, aquellas imágenes luminosas, ensoñadoras incluso, de ver a Nelson afuera de la prisión, aún conmovido e incrédulo, resultan demasiado distantes.

Por supuesto, al pensar en el final de esta novela también he pensado varias veces en el peor de todos. He imaginado que un día recibiríamos la noticia fatal de que los recursos se agotaron y que se ha fijado la fecha de ejecución de Nelson. Un par de veces he soñado que asistía como testigo u acompañante de la familia al momento de su ejecución. Recuerdo haber llorado intensamente en esas pesadillas. Eran lágrimas de impotencia, lágrimas de indignación.

En palabras de Elías Canetti, "toda decisión tiene algo liberador, aunque lleve a la desdicha". En el caso de este texto, la decisión del final no está del todo en mis manos, pues depende en principio de una cadena de eventos que posiblemente no se concreten o que solo se cumplan en parte o no se cumplan jamás. De ahí que el final de esta novela sin ficción no seguirá la suerte de su principal protagonista: Nelson Serrano. Es posible que su final como ser humano esté a la vuelta de la esquina, como el de todos, aunque en su condición y a su edad pudiera sentirse más cercano; pero es probable que viva mucho tiempo más y que lo haga en esa celda de seis metros en medio de la profunda oscuridad que causaría una ceguera y un opresivo silencio provocado por su sordera. Entre las tinieblas y el silencio, Nelson Serrano bien podría sobrevivir dos décadas más y sus verdugos y justicieros tal vez ni siquiera lo verán morir.

También podría suceder aquello que, imagino, los involucrados en este caso han soñado tantas veces, y es que una mañana Nelson ya no se despierte más. Que la muerte en una conjunción de misericordia y capricho resuelva llevárselo de pronto durante el sueño. Si es que esto sucediera, quedará siempre la frustración de no haber hecho algo más por sacarlo de su encierro, de no haber conseguido que los recursos procesales lo hubieran liberado. Y, una vez más, reafirmo que, en esa situación, por ninguna circunstancia dejaremos que muera su caso en las infectas cortes del estado de Florida, salpicadas de ilegalidades e impunidad. Insistiremos y seguiremos (o lo hará alguien más si es que ya no estamos) hasta que un día se llegue a descubrir la verdad.

Ahora debo confesar cuál era el final que rondaba por mi cabeza desde que conocí este caso. Me remonto por un momento, otra vez, a diciembre de 2018 cuando viajé a Bartow con mi esposa y junto a Francisco Serrano hicimos aquel recorrido entre los lugares que tenían alguna relación con aquellos crímenes. Para entonces, después de leer los principales documentos del proceso, ya me había prefigurado mentalmente como final de esta novela una escena similar a la que narro en los primeros capítulos, es decir, al crimen tal como sucedió según los expedientes y las evidencias reales, con la presencia de al menos dos criminales al interior de las oficinas de Erie Manufacturing, y a la ejecución de las cuatro víctimas con catorce disparos hechos con tres armas distintas en medio de un incidente confuso y de una violencia irracional. Y, por supuesto, en esas imágenes también veía al tercer hombre, aquel que fue reconocido por dos testigos distintos aguardando en el exterior junto al Cadillac beige hasta que sus compañeros consumaron el homicidio.

Sin embargo, el relato de aquella escena final no sería el del mismo narrador, pues tan solo se trataría de una repetición innecesaria del inicio de esta novela. Pensaba contar esta parte de la historia desde el punto de vista de quien contrató a los sicarios para ejecutar al menos a una de las personas que se encontraba en Erie Manufacturing aquella tarde. Ya he comentado que más de una vez se me pasó por la cabeza la posibilidad de que Nelson Serrano hubiera sido esa persona, pues en todo aquel enredo económico de socios fue sin duda el más perjudicado y podía ser, a la luz de los hechos, un sospechoso, aunque no el único. Por estas razones obvias, ya lo he mencionado y lo repito, hablé algunas ocasiones con Francisco sobre la posibilidad de que su padre hubiera sido el autor intelectual de los crímenes, a pesar de lo duro que era esbozar una teoría en la que Nelson contrataba unos matones para que ejecutaran a una persona (y por las circunstancias del momento terminaran asesinando a cuatro). En esas conversaciones siempre llegábamos a la misma conclusión, y era que Nelson y Francisco ya estaban afuera de las empresas en diciembre de 1997 y lo que quedaba de esa sociedad era un juicio de dinero entablado por Nelson Serrano contra los otros dos socios: George Gonsalves y

Phill Dosso por la desaparición del dinero de las cuentas de ambas compañías. Más allá de los incidentes que se habían producido entre los tres socios (según algunos testigos que comparecieron al juicio, confirmaron que Phill Dosso y George Gonsalves tuvieron entre ellos varias discusiones y fuertes peleas tras la salida de Nelson Serrano), todos los problemas entre los accionistas de Erie Manufacturing se reducían a un caso civil en el que un juez resolvería, más tarde o más temprano, quién o quiénes tenían razón, quién o quiénes debían devolver el dinero al otro u otros de los socios, y nada más. Pero, además, había algo tan manifiestamente evidente en esa teoría, tan absurdo e ilógico, que ni Tommy Ray ni los fiscales ni nadie del lado de los acusadores, ni la jueza ni los jurados ni tampoco la defensa de Nelson Serrano lo vieron, y era que si Serrano hubiera contratado unos sicarios para asesinar a su socio, George Gonsalves, al único que beneficiaba ese crimen (como en efecto habría sucedido si es que no se encontraban allí los dos jóvenes Dosso y George Patisso) era a Phill Dosso, el socio que habría consolidado (tal como pasó) el cien por ciento de las acciones de las dos empresas y también se habría quedado con esos cuatro millones de dólares que desaparecieron de la contabilidad de las sociedades, pues ya no tenía que repartir el dinero ni rendir cuentas a su otro socio (Gonsalves). Resultaba incuestionable, por tanto, que quien podía tener un móvil claro y lógico para ordenar que asesinaran a Gonsalves no era Nelson Serrano, que no se beneficiaba en absoluto de esa muerte, sino Phill Dosso, al que nunca siguieron la pista ni tacharon como sospechoso por la muerte de sus hijos y de su yerno, que lo convirtieron en una de las víctimas del suceso.

Por supuesto, en mi análisis, en mis dudas, partí siempre de las propias palabras de Tommy Ray en el documental que grabó la CBS cuando decía que *doscientos cincuenta mil dólares es un motivo suficiente para asesinar a una persona...* Y yo pensaba y pienso que sí, que se han visto casos peores por cifras mucho menores, incluso ejecuciones en estilo sicariato por deudas de unos pocos miles de dólares o incluso menos, por un puñado de dólares o por un miserable teléfono celular, pero al mismo tiempo pensaba que, si alguien como Frank Dosso debía un millón de dólares a la mafia, o si Phill Dosso podía ser condenado para devolver esa misma suma a Nelson Serrano, o si habría querido quedarse con tres o cuatro millones del dinero de la empresa, con sus activos inmobiliarios y con todas las acciones de las dos compañías, también él habría tenido un motivo muy poderoso para matar a su otro socio, George Gonsalves.

Recordemos que, en julio de 1997, Francisco y Nelson habían empezado una empresa que hasta el día de hoy trabaja con éxito en los Estados Unidos, American Slick-Rail Conveyors, Inc., la cual contaba además con los sistemas de rieles inventados y diseñados por Nelson Serrano. De modo que, si la nueva compañía de Nelson Serrano había empezado a trabajar y su demanda civil por el dinero de las sociedades que le pertenecían en un tercio había sido presentada en la corte, ¿cuál era su verdadera motivación para matar a uno de sus antiguos socios? No solo que Nelson Serrano no tenía ningún motivo de orden práctico para pretender eliminar a George Gonsalves, sino que hacerlo lo ponía evidentemente como principal sospechoso (lo que ocurrió desde el principio) y lo exponía a no recuperar nunca su dinero a través del juicio civil (hecho que efectivamente sucedió cuando se archivó su demanda mientras él estaba ya en prisión).

A pesar de la imagen de soberbia, solvencia y excesiva vanidad que ofrece Nelson Serrano a primera vista, cuando se lo conoce un poco más a fondo (lo que él permite que se lo conozca, pues, como he mencionado varias veces, se suele enconchar si se toca algún aspecto de su intimidad), se comprende de inmediato que es alguien seguro de sí mismo y, sobre todo, de una enorme agudeza mental. En eso nunca se equivocó Tommy Ray, que lo calificó desde un inicio como un hombre brillante. Por supuesto, lo que quería demostrar con esa afirmación era que él, Ray, había sido tan o más inteligente que Serrano, pues descubrió las costuras de un crimen que rozaba la perfección. Lo cierto es que el crimen imaginado por Ray y expuesto en el juicio es seguramente de lo más chapucero que se haya visto en una corte de los Estados Unidos. No solo está plagado de errores elementales que únicamente podrían atribuírsele a un bobo con una mínima dosis de imaginación, sino que, además, como se ha visto a lo largo de esta historia, se encuentra parchado en todo lado por la ignominia, la perversión y ausencia de escrúpulos de muchas de las personas que participaron tanto en la investigación como en la acusación y juzgamiento de Nelson Serrano.

Por tanto, otra de las posibilidades directas de autoría intelectual del crimen era precisamente Phill Dosso, el socio que al final se quedó con la empresa y también, suponemos, con el dinero que había desaparecido de las cuentas, pues nadie jamás lo investigó ni siguió la pista de esa cuantiosa suma (entre tres y cuatro millones de dólares) después de los crímenes en los que Dosso, por supuesto, fue visto como una de las víctimas principales junto a su esposa, Nicoletta, por la muerte de sus dos hijos, Frank y Diane, y de su yerno George Patisso.

Desde el primer momento me había parecido que, en la secuencia de los crímenes, había hechos demasiado extraños. Uno de ellos era justamente el arribo de Phill Dosso y de su esposa a las oficinas de Erie Manufacturing, y más precisamente el instante en que él, accionista y dueño de esas oficinas, se quedó paralizado en el interior de su automóvil mientras Nicoletta descubría aquel horror. Una vez más me cuestiono: ¿qué pasó por la cabeza de Phill Dosso en el instante en que llegó con su vehículo a Centennial Boulevard y descubrió que las luces de las oficinas estaban encendidas? Resulta por lo menos extraño que en aquellas circunstancias uno de los dueños de las empresas permaneciera sentado en su vehículo, impasible, cuando presentía que algo podía haber sucedido con sus hijos, ya que nadie respondió el teléfono desde las seis de la tarde. O ¿quizás solo él sabía o presentía lo que pudo ocurrir esa tarde en aquellas oficinas y no quiso enfrentarse con las imágenes que anticipaba su mente?

Recordemos otra vez que esa tarde toda la familia Dosso tenía una reunión de celebración del cumpleaños de las hijas gemelas de Frank Dosso, y, en consecuencia, a las seis ya se debían haber encontrado en la casa de Phill Dosso y Nicoletta. Una mente perversa pensaría que él tenía esa tarde la mejor de las coartadas si es que alguien llamaba por la noche para interrumpir su festejo familiar y les decía que habían asesinado a su socio George Gonsalves en un intento de robo a las oficinas. Inmediatamente, Dosso habría quedado liberado de cualquier sospecha. O, siendo más avezado todavía, se podría uno imaginar una escena en la que Phill Dosso, conmovido ante la noticia de la muerte de Gonsalves, llegaba a sus oficinas esa noche y les decía a los policías y agentes que el sospechoso de aquel crimen era el otro socio, Nelson Serrano, y que él temía por su vida y por su familia, pues este socio, que además era latinoamericano, bien podía ser capaz de todo y los había amenazado en varias ocasiones. Es decir, no solo se concebía como un plan perfecto, sino que también podía ser la solución a todos los problemas de los varones Dosso, pues, de la noche a la mañana, Phill se habría deshecho de sus dos socios, uno muerto y el otro acusado del asesinato del primero, y su hijo Frank habría logrado consolidar la propiedad de las empresas en su padre y, por tanto, quizás habría solucionado su problema de deudas (si es que volvemos a la versión de Fowler) con la mafia.

Pero ¿acaso el destino puede ser tan cruel que aquel encargo hecho por Dosso a unos sicarios, en el supuesto de esta teoría en la que él hace el papel de autor intelectual, podía salir tan mal que sus propios hijos y su yerno iban a ser asesinados por esos hombres contratados por el padre? ¿La vida puede llegar a ser tan vil con alguien que el mismo acto de ordenar y pagar por matar a otros termina siendo la orden y ejecución de sus propios hijos? Sin duda sí, por supuesto que puede suceder.

Recordemos también en este punto que después de las cinco de la tarde todos los empleados y trabajadores de Erie Manufacturing salían de las oficinas. El día de los crímenes se había producido un desafortunado incidente entre Gonsalves y Frank Dosso, ya que el primero había prestado la camioneta que usaba el joven para trasladarse entre su casa y la empresa. Ese incidente, que varios de los empleados recordaron durante el juicio, los mantuvo discutiendo durante la tarde hasta que George Patisso llamó a su esposa, Diane, asistente de la fiscalía de Bartow cuya oficina estaba a pocas cuadras de la empresa, y le pidió que los recogiera antes de volver a su casa para el festejo familiar. ¿No resulta macabro todo este laberinto de coincidencias desafortunadas, de mala suerte o de un perverso juego del destino? O, tal vez, ¿estoy hilando muy fino?

Lo cierto es que este final daba vueltas por mi mente desde que supe cuál había sido la reacción de Phill Dosso ante el edificio de sus empresas. Una persona que no tiene idea de lo que podía haber pasado allí dentro, que ni siquiera podía sospechar lo que había sucedido, simplemente se habría estacionado y habría salido de inmediato de su automóvil para verificar cómo estaba todo allí. Y si su esposa bajaba también del vehículo ambos habrían entrado juntos a las oficinas, en el peor de los casos. Pero Phill Dosso se quedó allí, estático, ¿por qué? Y solo cuando Nicoletta, esa mujer a la que le correspondió descubrir a sus hijos asesinados gritó angustiada, desesperada por el horror de lo que había sucedido, Dosso ingresó por fin a sus propias oficinas.

Las evidencias de este caso corresponden, de forma abrumadora, a un hecho criminal cometido por varias personas. A nadie que conozca ya los hechos aquí relatados, los detalles de los crímenes consignados en este libro y las pruebas que se remiten a los expedientes judiciales, le puede caber la menor duda de que en la escena del crimen participaron, como mínimo, dos o tres hombres entre cómplices y ejecutores. Pero, al final, en aquel juicio viciado por todos lados se condenó a uno solo, un hombre que en 1997 tenía cerca de sesenta años, como el único autor material de las cuatro muertes, hecho que resulta absolutamente inverosímil, pero que el jurado de entonces, por las razones que hubiera tenido, aceptó de forma mayoritaria como la verdad.

Debo confesar ahora, cuando estoy muy cerca de acabar esta novela, que hasta que no tuve la oportunidad de revisar todos los expedientes judiciales y las investigaciones policiales estaba convencido de que Phill Dosso había sido quien encargó a los sicarios la ejecución de su socio, y que, en consecuencia, el destino o el karma o el universo o un perverso designio divino, lo que hubiera sido, le devolvió el golpe de la peor forma posible, permitiendo que por una cadena asombrosa (macabra) de casualidades, sus hijos y su yerno terminaran siendo asesinados por los sicarios que él había contratado. Y, sí, esta idea también resultaba retorcida, pero los hechos encajaban perfectamente en la historia desde el principio hasta el final, hasta el instante ya descrito en el que Dosso llegó a la empresa para buscar a sus hijos. Sin embargo, cuando leí la versión de Joe Manes y de aquel competidor comercial de Erie Manufacturing que habría amenazado a Frank Dosso con matarlo, y cuando Manes se encontró con él en una convención y le advirtió bruscamente que se alejara del caso, y, en especial cuando Manes desapareció del panorama procesal después de que lo amenazaran e incluso dispararan contra su vehículo, se abrió finalmente esa otra puerta que había estado siempre allí pero que no tenía un verdadero soporte probatorio: el objetivo de la ejecución aparentemente no fue George Gonsalves sino Frank Dosso, y, por supuesto, el ordenante no fue Phill Dosso sino una tercera persona vinculada a algún negocio turbio en el que el joven, al parecer, estuvo involucrado.

Al surgir Robert Fowler en esta historia, todo se hacía más evidente, pues, aunque el nombre o el alias del autor intelectual no coincidían (Manes hablaba de aquel empresario de apellido DeRoot, Fowler de un tal Vanar, lo demás, otra vez, encajaba a la perfección con los antecedentes y con la forma en que se ejecutaron los crímenes. En este sentido, además, había hechos que resultaban concluyentes, como por ejemplo que tanto Manes como Fowler nunca se conocieron ni se vieron en la vida y que la versión de Manes tan solo consta en los reportes policiales y, por tanto, Fowler jamás pudo conocerla, y que, ambos coincidieran en que la víctima a la que se buscaba matar realmente era Frank Dosso, que estaba involucrado en algún "negocio" de distinta índole al de Erie Manufacturing, y, por último, que, como resultado de esos "negocios" o disputas, lo habían amenazado de muerte antes de diciembre de 1997.

Bajo las premisas de que el objetivo del crimen quizás fue Frank Dosso, entonces el extraño comportamiento de Phill Dosso, al momento de llegar a las oficinas, estaba justificado igualmente, asumiendo que él sabía de esos "negocios" o problemas en los que se encontraba su hijo y, por tanto, imaginó y se petrificó con la sola idea de pensar que aquellas amenazas se habían concretado aquel día cuando llegó en su automóvil y vio todas las luces de sus oficinas encendidas a una hora en que nadie debía permanecer allí. En este punto acudo una vez más a la suspicacia de Francisco, que repitió varias veces que la suma de dinero supuestamente adeudada por Frank

Dosso a Vanar por un cargamento incautado en Nueva York era igual a la que había desaparecido en abril o mayo de 1996 de las cuentas de las empresas, un millón de dólares. En consecuencia, Phill Dosso debía conocer los problemas en los que se encontraba su hijo y probablemente pagó esa deuda con aquel dinero, y, sin embargo, cuando se produjo la incautación del cargamento de John's Pass en Florida, comentado en detalle por Fowler, seguramente ya no había más dinero en esas cuentas para pagar a Vanar (los tres millones restantes ingresaron a las empresas semanas más tarde) y este, cansado de los errores de Dosso, contrató a los sicarios que lo ejecutaron, según el propio relato de Fowler.

Imaginemos por un momento que Frank Dosso, en efecto, le contó a su padre, Phill, sobre aquellas deudas que mantenía con personas *non sanctas*, y que este entendió perfectamente el riesgo que se cernía sobre su hijo si no pagaba aquel millón de dólares. Digamos que entre abril o mayo de 1997, Phill Dosso, como socio de las empresas, sacó ese dinero de las cuentas. Para hacerlo se lo comentó a George Gonsalves, el otro socio sobre el que tenía mucha influencia, pero le dijo que no mencionara este asunto a Nelson Serrano, pues este en cambio no sentía simpatía ni confianza hacia Frank Dosso. Por tanto, ese dinero salió de las cuentas misteriosamente y Francisco, que hasta entonces era contador de las sociedades, lo descubrió unas semanas después al hacer el cierre del mes de mayo. Si ese pago se hizo con aquel dinero tomado arbitrariamente de Erie Manufacturing, esto debió haber salido a la luz durante el juicio penal y eso, obviamente, no le convenía a Phill Dosso, quien además de tener a sus hijos y a su yerno muertos, debía cargar con el peso y con el riesgo de una historia turbia en la que el nombre de su hijo sería ensuciado, y, por si le faltaba algo más, pondría en riesgo su propia vida y la del resto de la familia, expuesta a una eventual venganza de un presunto mafioso de Nueva York. En cambio, si Phill Dosso acusaba del crimen a su otro socio, Nelson Serrano, y la investigación se concentraba en él, bien podía salirse con la suya y evitar que alguien hablara de los negocios negros de su hijo o del destino de aquel dinero desaparecido de las cuentas de las empresas.

De modo que las historias de Fowler y Manes quizás podrían no ser exactamente coincidentes a pesar de cierta información que era común a ambos, pero de todos modos, en cualquier otra situación y sin duda en otro estado distinto a Florida, con un sistema de justicia imparcial y con policías probos, se habría investigado hasta el final cada una de las versiones que podían llevar a esclarecer los crímenes, más aún cuando se trataba de descubrir al autor o autores de los asesinatos más importantes de los últimos años en esa región.

Si a todo esto le sumamos, además, el hecho de que otros testigos habrían corroborado esta historia como Aaron Adams, Conguisti o Nelsen, tenemos sin duda entre manos un caso forjado claramente para imputar a una sola persona, en contra de las abrumadoras evidencias de que los crímenes de Bartow fueron cometidos por varios sujetos, seguramente sicarios y que, en consecuencia, una persona inocente que fue secuestrada y torturada en su propio país y trasladada ilegalmente a los Estados Unidos se encuentra encerrada desde hace dieciocho años en el corredor de la muerte a la espera de que sea ejecutado con una inyección letal o que alguien se compadezca de su caso y consiga que algún día se lo resuelva en las cortes, o, quizás, si es que todo esto falla, que el peso de su propia historia y la contundencia de los hechos lo liberen de su culpa y limpien su nombre al margen de las decisiones judiciales.

Podría escribir muchas páginas más. Podría contar otras historias o descubrir nuevas trampas, desafueros, infamias o argucias procesales. Podría seguir presionando estas teclas por días y noches enteras y jamás llegaría al final anhelado, pues ese final bien pudo escribirse alguna vez, a su tiempo, y no se lo hizo.

Hoy, seguimos de pie frente a este monstruo de dimensiones inconmensurables que es el sistema judicial de Florida, un sistema que nos apabulla con su sola presencia y que, paso a paso, nos hace sentir su poder. Aunque en ocasiones sentimos que la esperanza se nos escurre entre las manos, no podemos sino tener paciencia, como dice Nelson. ¿Qué le quedaba por hacer en este punto a alguien como él que había sido acusado, juzgado y sancionado por su origen, por ser ecuatoriano o latino, por hablar otra lengua? ¿Qué podíamos hacer los demás por este hombre? En mi caso, levantar la voz, su voz, antes que nada; denunciar a los que habían ocultado pruebas en su favor, a los que se pasaron por encima de la ley y de todas las normas éticas para llevarlo a prisión; y, por supuesto, contar su historia en su idioma natal, en nuestro idioma, como un último grito de rebeldía ante aquel sistema.

Y es que la literatura es rebeldía, denuncia, libertad. Eso es todo lo que encierra esta historia: un último grito de angustia, una voz que no debe ser silenciada, una verdad que no puede ocultarse más.

Antes de levantar mis dedos de la superficie plana del computador, antes de alejarlos de este teclado, antes de que mi reflejo sea atrapado por el fondo oscuro de la pantalla que pronto entrará en reposo, debo añadir que esto que el lector ha leído hasta aquí es lo que fue, y, por ahora, es lo que es. Si con el tiempo los hechos de este caso cambian y un día aflora la verdad, tal vez sea gracias a que alguien llegó hasta este punto y con su lectura no solo conoció y comprendió el otro lado de la historia de Nelson Serrano, sino que, a lo mejor, de algún modo, contribuyó a que se descubriera esta gran farsa.

Hoy, mientras termino de escribir este capítulo final, recibo un nuevo correo de Nelson Serrano. Lo abro con el mismo entusiasmo de siempre, ansioso por conocer cómo se encuentra, si por su lado hay alguna novedad o, simplemente, por saber qué me puede contar.

8/2/2020 4:34:24 p. m.

Recordado O.

He estado esperando que asomen asuntos interesantes que comunicarte, pero a más de los casos de infecciones, las cuarentenas de uno u otro dormitorio o grupo de trabajo dentro de esta prisión (nada dentro de Death Row), no ha habido novedades, a no ser que mi atención médica ha mejorado considerablemente en lo que se refiere a medicinas. Todavía nada de aparatos del oído ni dentista.

Esta pandemia nos afecta a todos en una forma u otra.

Se me rompió la televisión el cinco de mayo, quise mandar a arreglarla, pero me dijeron que no. Pedí una nueva, tampoco. Ni siquiera me dan una explicación.

Otro preso me dijo que no tenían televisiones en stock debido a que la fábrica está cerrada. Extraño las noticias y uno que otro documental como Nova, Nature, *etc.*

La última vez que hablamos me preguntabas si siento temor de morir. Te respondo que, en general uno tiene miedo de la muerte cuando quedan responsabilidades como hijos a quienes mantener y educar, pero luego de que ese trabajo está cumplido las cosas cambian, y aunque no con la osadía de la juventud, uno se vuelve más adepto a aceptar riesgos, como volar con alas delta, hacer sky diving y cosas por el estilo que me habría gustado experimentar. Lo pensaba hacer en mi retiro.

¿Sueños? Creo que todos los tenemos, pero con la edad y algunos impedimentos físicos pocos son factibles.

Sabes qué cosas me gustaría hacer: me gustaría volver a ver a mi Cotopaxi, las lomas verdes de la sierra con pequeños sembríos que parecen colchas hechas de retazos... Caminar solo a través de un trigal a punto de ser cosechado. Simples cosas hechas en el pasado que se vuelven importantes después de tantos años de estar encerrado entre cuatro paredes.

También me gustaría poder conocer personalmente a cuatro de mis nietos que nunca han estado conmigo. Ahí puedo mencionar un miedo que me queda, el de que mi degeneración de la mácula llegue a dejarme sin poder ver sus caras.

Esto puede estar sucediendo en más o menos un año. Los síntomas han progresado notoriamente y cada libro que empiezo a leer pienso que puede ser el último. Eso también me da miedo.

A propósito, he estado dedicado a la historia. Terminé de leer Francis 1: The Creator of Modern France, y ahora estoy leyendo uno extenso, Victoria: The Queen. Ambos personajes siempre me han intrigado.

Acerca de lo que pasó durante mi juicio con mis abogados defensores, aunque no puedo hablar mucho por esta vía, te digo que la corrupción entre ciertos abogados es famosa y lo que comentábamos no es nada raro, más que nada si el otro lado dispone de millones de dólares que pertenecen realmente al acusado.

Sé que hacen un gran esfuerzo porque la vía diplomática solucione algo. Les agradezco infinitamente. Algo beneficioso para mí ha sucedido estos días, lo siento en el trato de los guardias, pero ignoro de qué se trata, por cuanto las visitas siguen suspendidas y no se puede comentar mayor cosa por correo. Tarde o temprano me podré enterar. Uno aquí aprende a tener paciencia. Espero que 'el tiempo y las aguas' me permitan leer este nuevo libro tuyo.

Mañana cumplo 30.000 días de vida.

Espero que todo marche bien con ustedes y que sigan cuidándose.

Con un fuerte abrazo,
I V A N

Después de leer este correo, permanezco mirando la pantalla, a la que mantengo despierta solo con un roce instintivo de mis dedos o con una leve pulsación de la primera tecla que tenga a mano. Contemplo su mensaje durante varios minutos. Repaso sus palabras que me llegan, quizás por primera vez, cargadas de sinceridad respecto de lo que siente este hombre que yace en esa celda, sobre una cama estrecha, aferrado a un libro o al sueño intermitente que aún le permite matar el tiempo.

Nelson ha descubierto finalmente sus temores: quedarse ciego muy pronto o que aquel libro que hoy está leyendo sea el último de su vida. Entreveo en sus frases la nostalgia que hoy lo embarga. Acudir al pasado, a sus caminatas solitarias entre los trigales o a la contemplación del hermoso Cotopaxi, el volcán activo y nevado más bello del planeta, han permitido que aflore por algún lugar un filamento de su espíritu. También me ha asombrado aquella mención a los nietos que no conoce, cuatro pequeños a los que quisiera ver alguna vez cara a cara no solamente por sentir el calor de su abrazo y de sus besos, por escuchar sus risas o ser cómplice de sus travesuras, sino y, sobre todo, intuyo, por poder decirles finalmente, con la frente en alto y en libertad, *yo soy tu abuelo, soy inocente...*

ENERO, 2019 – DICIEMBRE, 2020

EPÍLOGO

No quise dejar demasiados cabos sueltos en esta historia cuando la terminé de escribir en diciembre de
2020, sin embargo, estaba atado (aún lo estamos todos
los que seguimos vinculados al juicio), al ritmo lento al
que caminan los sistemas judiciales, en especial el del
estado de Florida que, en este caso, se ve agravado por
las descaradas dilaciones e incidentes propuestos por
los fiscales, aceptadas graciosamente por los jueces de
turno para mantener en el limbo esos recursos legales
a los que tiene derecho todo convicto que pretende
que su causa sea revisada en instancias superiores.

Así, apenas empezado 2021, el equipo de abogados de Nelson Serrano persistía en su empeño para
que se señalara la fecha de audiencia de resentencia
en la que se debería decidir si se mantiene la pena de
muerte sobre él, o si, en virtud de las violaciones procesales y de sus derechos, se conseguirá la reducción
de su condena a prisión perpetua. El abogado Greg
Eisenmenger, encargado de la resentencia, espera
que esta audiencia pudiera llevarse a cabo durante el
mes de junio o julio, pero hasta ahora cuando escribo este epílogo, a mediados de enero de 2021, todo
sigue siendo incierto.

Vale la pena señalar que, sea cual fuere el resultado
de aquella resentencia, inmediatamente después del

fallo, los abogados de la firma White & Fleisher presentarán el recurso final de habeas federal para que el proceso completo, incluso la etapa de pruebas, sea revisado y se lo tramite nuevamente sin vicios, sin corrupción y sin violaciones a los derechos del imputado tal como sucedió en los juicios anteriores. Si somos optimistas, en condiciones normales, estos recursos tardarán en evacuarse y resolverse por los menos en un par de años, pero ya hemos visto que la pandemia provocada por el Covid ha servido para extender los plazos de forma ilimitada sin tomar en cuenta los derechos de quienes están sufriendo condenas injustas en prisiones estadounidenses. Por todo lo dicho, la estrategia de los fiscales que acusaron y enjuiciaron a Nelson Serrano juega con el tiempo a su favor. No tengo dudas de que lo único que esperan en la corte de Bartow, tanto los fiscales como los jueces e investigadores, es que Nelson muera de forma natural en su encierro para poner así, de una vez por todas, el punto final a esta historia de corrupción e infamia en la que están envueltos los oscuros personajes de esta novela. Por desgracia, poco o nada podemos hacer al respecto en materia judicial.

En cuanto a la vía diplomática, el tema se encuentra en una situación similar de estancamiento. A pesar de la insistencia y de las reuniones que hemos mantenido con la CIDH y los representantes del Ecuador y de los Estados Unidos, no se ha conseguido la audiencia con el gobernador de Florida para evaluar una posibilidad (aunque muy lejana) de que Nelson Serrano sea devuelto al Ecuador para que pueda cumplir la condena de prisión en su país. Todo pasa por una decisión política de funcionarios del gobierno estadounidense, y, por esa misma razón, también estamos atados de manos.

No es extraño, por tanto, que quienes trabajamos en el caso de Nelson Serrano nos veamos rodeados de aguas pantanosas en las que nos cuesta una barbaridad dar apenas un paso, y mientras tanto, él continúa encerrado en su estrecha celda, acuciado por sus enfermedades y por los males que le siguen cayendo como una cascada, y, sobre todo, y aunque no nos lo diga nunca, sumergiéndose lentamente en esas aguas de la depresión que cada instante lo aleja más de la esperanza.

Hoy, 7 de enero de 2021, precisamente acabo de recibir un nuevo correo de Nelson:

Querido amigo:

En medio del envío de salutaciones por Navidad y Año Nuevo me quedé sin servicio de e-mail y los pocos mensajes que alcancé a mandar tuvieron que irse sin tarjetas ya que la falta de ellas parece que fue el primer síntoma de que algo no andaba bien con el servicio de correo. Por fin parece que el problema se ha solucionado y podré contestar un sinnúmero de cartas acumuladas durante ese período, que lo estoy haciendo, para ser justo, en orden de llegada.

La situación con la pandemia, como era de esperarse, ha progresado dentro de este lugar, y, aunque todavía no ha habido ningún caso en mi dormitorio o en mi piso, sé que un dormitorio del piso inferior se encuentra en cuarentena y que en otras alas del pabellón ya hay varios casos positivos.

Como se dice que "no hay mal que por bien no venga" o algo por el estilo, estar en este pabellón de seguridad máxima nos ha protegido de las infecciones y muertes que dicen han habido en el resto de esta prisión, y ahora que las vacunas ya empezaron a circular por el país, seremos de los últimos en vacunarse, o sea después de que las vacunas sean recontraprobadas y comprobadas. Parece ilógico, pero esa es la realidad.

La degeneración de la mácula del único ojo con el que todavía puedo ver ha empeorado, y no creo que una visión suficiente como para poder leer o escribir me dure más de un año. El problema es hereditario y como soy el menor, con ocho años de diferencia, puedo guiarme con lo sucedido con mis hermanos que se atrevieron a pisar los ochenta.

Los adelantos digitales, así como también los médicos, están saliendo con diferentes soluciones parciales para este problema, así que espero que cuando me llegue el momento pueda adquirir algún aparato que me extienda la visión por un tiempo más. Al momento sé de uno llamado Merlín, que el servicio médico en Alemania le dio a una media hermana mía que vive allá, y aunque ella es un par de años menor, su problema de la mácula está más adelantado. Sin embargo, no me hago muchas ilusiones, pues ese aparato es demasiado complicado y grande como para que se pueda usar en una celda, además supongo que el precio será tremendo.

Últimamente no he leído ningún libro digno de ser mencionado, después de The Guardians que te mencioné anteriormente, y ahora está en línea de lectura Madame Bovary, que por fin lo pude conseguir.

Recibe un fuerte abrazo y mis mejores deseos de que este Nuevo Año sea lleno de alegría, progreso y más que nada buena salud.

IVAN

P.D. ÚLTIMA HORA.
Los partidarios de Trump se acaban de tomar el Capitolio, así que voy a buscar noticias.... Adiós.

Minutos después, hablo con Francisco. Leo para él esa parte del correo en el que su padre comenta sobre sus graves problemas de visión. Me escucha atentamente y, con la voz entrecortada, dice: *Mientras esté encerrado jamás recibirá la atención que necesita. Me temo que muy pronto se quedará ciego y será su fin...* Luego comenta: *Por lo que me dices, no te ha contado nada del problema de sus medicamentos para el corazón. No* —respondo—. *¿Qué pasó?* Francisco contesta: *Pues, que hace más de seis semanas suspendieron la entrega de las medicinas que toma mi padre para la hipertensión.* Tras una breve pausa, respondo: *Increíble, lo van a matar. Eso es lo que buscan, precisamente* —concluye Francisco.

Al día siguiente, escribo otra vez a Nelson. Quiero saber qué me dice sobre la falta de entrega de sus medicamentos y también me interesa conocer su opinión sobre el asalto al Capitolio por parte de las turbas trumpistas. Sé que Nelson no tiene ninguna simpatía por el presidente Trump y este último acontecimiento seguramente lo habrá indignado aún más, como a todos los que vemos en ese personaje la encarnación del populismo más ignorante y repudiable.

El domingo 10 de enero, Nelson me responde:

Mi querido amigo.

Recibí tus dos cartas últimas. La segunda llegó primero. Todo depende de quién las inspecciona.

Gracias por preocuparte de mis problemas médicos.

Parece que la situación de la pandemia ha afectado a todos los servicios de esta prisión, y uno de ellos es el servicio médico. Nuevamente se retrasaron en proporcionarme algunas medicinas, pero ya las tengo.

Francisco me tiene pedido que lo mantenga al día de cualquier cosa que afecte mi estadía aquí y así lo hago, más que nada respecto a que ya tengo esperando por los aparatos para mis oídos por más de dos años. *La reparación de una dentadura parcial rota en abril y unas vitaminas especializadas para detener la degeneración de la mácula, que el oculista ordenó y debía haberlas recibido alrededor de septiembre. Eso sin mencionar que me las debían haber dado hace más de ocho años, cuando perdí la vista de mi ojo izquierdo debido al mismo mal, por no recibir ningún tratamiento, como inyecciones que detengan el avance de la mácula húmeda.*

Sobre de los sucesos en el Capitolio, qué te puedo comentar... Por fin este país se pudo librar de un ser indiscutiblemente enfermo y con un complejo de superioridad increíble, que lo hacía peligroso por su evidente admiración por el fascismo y los logros de sus líderes más notorios: Mussolini y Hitler.

Muchísimos líderes extranjeros han expresado la satisfacción de que este fulano ya no pueda hacer más daños.

Refiriéndome a libros leídos respecto a Italia y Alemania antes de la Segunda Guerra Mundial, es impresionante el parecido de los actos de este 'Duce Americano' a los del original, no solo en las maniobras usadas sino hasta en sus posturas físicas durante actuaciones públicas.

Un dato interesante que te puede dar una idea de lo peligroso del sujeto:

Al momento existen 30 Estados y el Gobierno Federal que mantienen la pena de muerte. En los Estados, el gobernador es el que firma las órdenes de ejecución y en el sistema federal esta responsabilidad recae sobre el presidente.

En los 40 años transcurridos desde 1977 al 2017 se produjeron (3) tres ejecuciones Federales, en cambio solamente el año pasado Trump autorizó (13) trece.

Es un narcisista de primera categoría con ambicio-
nes dictatoriales, que por falta de experiencia en política
cometió tantos errores que aniquiló cualquier posibilidad
que podría haber tenido de un segundo término.

Sin embargo, con la reacción de un número increíble
de gente en favor de Trump, uno puede darse cuenta de
la influencia que tiene el racismo en este país. Ese es el
atractivo más fuerte que el trumpismo en realidad tiene
y que seguramente otros políticos lo volverán a utilizar
en el futuro. El aumento de los grupos llamados "White
Supremacists" como el KKK, y otros similares, se han ro-
bustecido enormemente, y seguramente causarán pro-
blemas.

Espero que el Congreso penalice a los causantes de
las muertes y daños en el Capitolio, incluyendo al pro-
motor principal, para que sirva de advertencia a otros
que en el futuro piensen hacer lo mismo.

En la revista New Yorker *de enero hay un comen-*
tario muy bueno de un libro escrito por Manuel Vilas y
traducido al inglés por Andréa Rosemberg, el título es
Ordesa. Cuando tenga oportunidad de adquirirlo lo ha-
ré, los comentarios despertaron mi curiosidad.

Cuídense mucho y reciban un fuerte abrazo.
I V A N

El manuscrito, al que estoy por ponerle su punto
final, debe llegar al editor lo antes posible. Por tanto,
no puedo seguir extendiendo el tiempo con la esperanza de que tengamos pronto buenas noticias para
Nelson Serrano. De hecho, cada día que pasa siento
que se aleja aún más la posibilidad de que él vea finalmente la luz del sol perpendicular de su país, en plena línea equinoccial y en libertad. Ante este panorama de impotencia y frustración, lo único que me

alienta a seguir adelante es la convicción de que algún día, posiblemente en las cortes de otro estado que no sea Florida, alguien pronunciará aquellas palabras que tanto hemos anhelado escuchar: "*not guilty*" … Esas palabras que, traducidas automáticamente en nuestro cerebro, "inocente", pondrán fin a esta historia. Y aunque Nelson Serrano pudiera no estar allí presente para entonces, y aunque quizás tampoco estemos nosotros en esa sala de audiencias, sin duda habrá alguien que se encargará a partir de ese momento de reivindicar su nombre.

Quito, 18 de enero, 2021

ÁLBUM FOTOGRÁFICO

Nelson Iván Serrano
Sáenz, 1960.

Francisco Serrano,
Nelson Serrano, 1969.

Familia Serrano, diciembre 1990: arriba María del Carmen Pólit, Nelson Serrano. Abajo, de izquierda a derecha Cristina, Francisco y Michelle Serrano Pólit.

Familia Serrano, octubre 2017, de izquierda a derecha: Francisco Serrano, Cristina Serrano, María del Carmen Pólit, Nelson Serrano y Michelle Serrano.

GRACIAS...

A Francisco Serrano y a toda su familia, que se entusiasmaron con la idea de esta novela desde el principio.

A Eduardo Pólit, que me alentó a investigar esta historia.

A los lectores de este manuscrito, por su tiempo, comentarios y dedicación: Stefanie Alarcón, Hernán Vela, María de los Ángeles Descalzo, Francisco Serrano, Rafael Lugo, Miguel Molina, Arturo Moscoso, Nicolás García.

A Janeth Hinostroza, que creyó siempre en Nelson Serrano, y que ha sido un puntal en la investigación de esta causa y en varios de los descubrimientos que se relatan en esta historia.

A Alejandro Ponce Villacís, que con su trabajo y experiencia ha logrado que Ecuador y Estados Unidos sean condenados en la CIDH por violaciones a los derechos humanos en contra de Nelson Iván Serrano Sáenz.

A Greg y Cindy Eisenmenger, Charles White, Bruce Fleisher, Andrés Larrea, Pablo Chiriboga, Anni Mogollón, Caroline Dillingham, Damely Pérez, y a todos los equipos legales por la pasión, el esfuerzo y la dedicación con la que trabajan en este caso para que un día se haga justicia.

Al presidente Lenin Moreno, al canciller José Valencia, al embajador Mauricio Montalvo y al procurador Íñigo Salvador por su ayuda y constante preocupación por Nelson y el destino de su caso.

A Juan David Correa, por su confianza y apoyo en esta obra.

A Antonia Kerrigan, por sus valiosos consejos.

A Manuela Fajardo y Ludwing Cepeda, por el minucioso trabajo que hicieron con este texto.

Y, finalmente, a Nelson Serrano, por su amistad y por esa fortaleza que lo ha mantenido con cordura todo este tiempo.

Óscar Vela Descalzo